项目管理

宁 延 编著

东南大学出版社
SOUTHEAST UNIVERSITY PRESS
·南京·

内 容 提 要

本书关注项目管理的两条主线：最佳实践和理论发展。最佳实践主要体现在项目管理知识体系的构建上，而理论发展主要指项目管理学术理论的演进。项目管理专业组织的成立促进了项目管理实践的标准化。随着社会经济的发展，标准化的项目管理知识体系在项目开发策略、项目实施和组织等方面经历了持续迭代。项目管理理论最初以项目管理知识体系为基础，随后拓展到临时性组织领域，随着更广泛理论基础的引入，项目管理理论的发展也更为多元化。

本书呈现了项目管理最佳实践与理论发展的版图，可为研究人员和实践者提供参考，适合作为工程管理、项目管理专业的研究生教材和本科教学参考书。

图书在版编目(CIP)数据

项目管理 / 宁延编著. -- 南京 ： 东南大学出版社，
2025. 8. -- ISBN 978-7-5766-2268-3

Ⅰ. F224.5

中国国家版本馆 CIP 数据核字第 2025Q30M36 号

责任编辑：曹胜玫　　责任校对：张万莹　　封面设计：余武莉　　责任印制：周荣虎

项目管理
Xiangmu Guanli

编　著：	宁　延
出版发行：	东南大学出版社
社　址：	南京市四牌楼 2 号　　**邮编**：210096
出 版 人：	白云飞
网　址：	http://www.seupress.com
经　销：	全国各地新华书店
印　刷：	苏州市古得堡数码印刷有限公司
开　本：	787 mm×1 092 mm　1/16
印　张：	15
字　数：	346 千字
版　次：	2025 年 8 月第 1 版
印　次：	2025 年 8 月第 1 次印刷
书　号：	ISBN 978-7-5766-2268-3
定　价：	49.00 元

本社图书若有印装质量问题，请直接与营销部联系。电话(传真)：025-83791830

前　言

项目管理在工程建设、软件等传统场景的实践中日趋成熟,形成了成熟的管理制度、IT支持体系、标准体系等。众多互联网企业、科技企业等也将项目管理作为内训必修课,并在内部设立了项目经理岗位及相应的晋升通道。此外,随着社会经济的发展,新场景中也常见项目管理的身影,如工业生产领域的大规模定制、战略领域的变革项目管理、公共管理中的项目制及应急管理等。实践证明,以项目形式运作能够适应外部环境的快速变化,并具备快速调动资源以实现特定目标的优势。

在项目管理实践蓬勃发展的同时,项目管理知识体系与理论研究也取得了长足进步。项目管理知识体系完成了多次迭代。依托项目管理知识体系的项目管理能力认证也展现出了强大的市场号召力,受到众多项目管理从业人员和企业的青睐。项目管理在研究领域,也拥有高水平期刊、定期的学术会议和独立的学术团体。业界和学界构建了一个合作紧密的项目管理专业共同体。

尽管如此,项目管理领域仍面临大量挑战。在研究方面,虽然研究者努力与一般管理领域接轨,以寻求更基础性的理论贡献,但当前仍存在一定距离。虽然业界存在广泛认可的项目管理能力认证,但实践者仍发现认证与实践存在一定脱节,如存在虽被认证但实操能力不够,或是能管好项目但没法通过认证的情况。此外,虽然项目管理知识体系在实践中发挥了突出作用,但学界术对项目管理知识体系仍存在尖锐评价。项目管理知识体系与项目管理理论研究之间呈现出一种微妙的关系。作为一个经济大国,我国虽然具有非常肥沃的项目管理实践和理论发展的土壤,但项目管理理论发展相较于西方国家仍有差距。例如,虽然学术水平不能以论文数量来论高低,但客观上我国论文发表数量与项目管理实践的大体量和丰富性仍不匹配。虽然每年投稿量大,研究者基数较大,但发表论文的数量仍偏低。

笔者从2015年开始教授高校的项目管理课程,并在此过程中对项目管理知识体系与理论进行了整理。并针对项目组织、项目治理等议题展开了研究,获得多项国家自然科学基金的支持。在参与 *International Journal of Project Management* 副主编工作的过程中,加深了对项目管理研究的系统性认识。此外,将项目管理及其实践进行了一些结合和思考。早期以工程项目管理为研究对象,如政府投资项目集中建设、工程总承包项目、全过程工程咨询项目等;后期在与华为公司项目管理能力中心的合作中,扩展和加强了对一般项目管理实践的理解和认识。在教学、研究和咨询过程中,笔者尝试将一些感悟和体会在微信公众号"PM 项目管理笔记"中进行分享,也激发了持续的思考。另一个重要节点是撰写了《工程管理设计研究:原理与方法》一书。该书提出了工程管理设计研究的原理,为描述项目管理最佳实践与理论的关系以及实现两者的结合提供了支撑,这对本书的架构产生了重要影响。

本书意图呈现项目管理的最佳实践(以项目管理知识体系为载体)和学术理论的发展历程,也尝试对两者之间的关联做一些阐释。

(1)第一篇通过历史事件的描述来透视现代项目管理实践的发展,了解历史有助于更好地理解项目管理发展的现状。选取的关键历史事件包括北极星计划、敏捷项目管理和鲁布革水电站建设。

(2)第二篇以项目管理知识体系/标准/方法论为分析对象,呈现了项目管理最佳实践的标准化。通过对 PMBOK、ICB4.0、PRINCE2、ISO 21502、BS 6079、PM^2 方法论、APMBOK 等知识体系/标准/方法论的分析与对比,描述了项目管理最佳实践在"概念－开发策略－过程－组织与角色"框架下的轮廓。

(3)第三篇介绍概述了项目管理学术理论的发展。早期项目管理研究主要以项目管理知识体系为基础进行拓展,针对项目管理知识体系批判所形成的研究结论又反哺了项目管理知识体系的更迭。随着对理论贡献越来越重视,项目管理研究也逐渐与一般管理与组织领域接轨。

(4)第四篇为展望如何实现项目管理实践与理论发展的结合。

近十年,课题组学生持续做了大量整理、准备和研究工作,他们是李亚迪、冯敏杰、冯瑾、杨爽爽、杨路远、汪黎明、赵欢欣、陈娇娇、刘笑、陆帅、陈怡晓、王梦颖、鲁晓书、曹泽芳、孙宁、庞斯仪、薛袁、尚意然、苏开昕、王静、张慧敏、张丽婷、胡政、廖伟、张凌云、张在天、靳晶、高尚、赖苑苑、李敬业、欧阳萱、刘超楠、徐小淇、朱立峰、谢嘉康、汪一鸣、吴嘉欣、李永志、孙墨涵、庞星仪、黄志恒、杨斐然、翟武娟。感谢他们对本书的重要贡献。特别感谢成虎老师将我带入项目管理领域以及长久以来悉心指导。

在撰写过程中笔者发现要把项目管理最佳实践与理论发展描述清楚挑战很大,本书也一定存在以偏概全、遗漏、观点错误等问题,敬请各位同行批评指正。

宁延

2025 年 2 月

目　录

第三篇　项目管理理论发展

第四篇 展 望

第一篇

现代项目管理的
发展背景

虽然古代有大量卓越的项目,但普遍认为现代项目管理起源于二十世纪五六十年代美国,主要应用于军事项目,如曼哈顿计划、北极星计划等,该阶段项目管理最佳实践主要是以项目网络计划技术应用为主。由于项目网络计划技术在这些军事项目获得了成功,随后传播到其他不同领域。

随着项目管理逐渐获得社会认可,进而促成了专业组织(如项目管理协会、国际项目管理协会等)的成立,专业组织出版了标准化项目管理知识体系,并以组织、期刊、会议、认证、专业课程等为载体,推动了实践者、研究者等逐渐形成了项目管理专业社群。社群的形成加快了知识的生产与传播。到二十世纪七八十年代,随着计算机和软件领域的飞速发展,软件项目普遍出现预算超支、不符合实际需求和延期等问题,这催生了敏捷开发等新的项目管理方法。进入二十一世纪后,由于环境快速变化、可持续发展要求的提出、技术的快速发展,以及项目管理扎根于各行各业等的新趋势出现,实践中难以遵从统一的标准化项目管理方法,因此业界开始强调从价值认识入手,根据价值诉求、项目情境等对项目管理方法进行裁剪。总体上,项目管理实践与社会经济发展紧密关联,具有鲜明的时代特征。实践的不断发展推动了标准化的更新,而标准化又有助于实践的发展,两者呈现螺旋式上升。

第一篇现代项目管理的发展背景包含一章两小节。第一节选取三个关键性历史事件,以透视项目管理实践早期的发展。第一个事件是北极星计划及其相关的网络计划技术,代表现代项目管理的萌芽;第二个事件以敏捷项目管理为例,分析项目管理实践如何随着社会经济发展不断演进;第三个事件是鲁布革水电站建设,通过该项目来展示改革开放后我国项目管理实践如何受到国外经验的冲击。第二节介绍了项目管理专业组织的形成概况,包括项目管理协会、国际项目管理协会、中国的项目管理专业组织以及在我国早期出版的项目管理专著。

第1章

项目管理最佳实践标准化的早期发展

内容简介：

　　二十世纪五六十年代，项目管理萌芽，成为一种实践性管理技术，并形成了一系列工具与方法。本章主要从历史角度介绍项目管理最佳实践标准化的形成背景。首先介绍网络计划技术；进而介绍敏捷项目管理的出现，并选取我国代表性项目鲁布革水电站建设进行分析；最后介绍项目管理专业组织的形成。

1.1　现代项目管理早期发展进程

1.1.1　网络计划技术

1. 北极星计划

　　二战后，核武器是美国抗衡苏联的重要力量，而核武器发射运载系统则是其中的关键。美国空军、陆军和海军都提出了各自的运载策略，最终，海军提出的潜艇装载的方案被采用。由此，美国海军于 1956 年启动了研制导弹核潜艇的计划，即"北极星计划"。该计划是当时美国政府最大的投资项目之一。

　　北极星计划的主要任务包括研制核潜艇，开发全球导航和通信系统，设计导弹系统、发射系统、发射控制系统，以及实施维护、支持和训练计划等。所有任务都必须在 5 年内（1956—1960 年）完成。比如建造核潜艇，首先要进行设计，然后进行水池试验，最后进行建造。当时最新的鲟鱼级攻击核潜艇首艇"鲟鱼"号，从铺设龙骨到建成共耗时 29 个月，由此可见，北极星计划面临的进度压力和技术挑战都非常大。

　　由于受到强烈的政治、财政、国防等方面的影响，当国会批准北极星计划时，美国海军特意设置了一个新部门——特种计划局（Special Project Office，SPO）——来管理该项目。

　　1) 管理挑战

　　北极星计划面临的管理挑战包括：①计划具有很强挑战性，目标完成难度大。②创新性要求高。计划中的系统在之前几乎都不存在,且需要把这些系统进行再集成,由此可见是难上加难。③集成性强。由于项目的复杂性,整个项目分解为子系统。因此子系统间的界面管理极为重要。④实施过程中,进度和任务的重大调整。1957年10月4日,苏联发射了人类历史上第一颗人造卫星。面临这样的压力,美国海军对"北极星"计划进行了调整,将完成时间从原计划的1963年提前到1960年11月。新方案不仅提出要提升现有导弹的性能,并要求提出更多改进以增加作战性能,其数量也从原来的3个,改变为6个、9个、27个,最终达到41个。⑤自主性与获取支持的矛盾性。因受外界干扰多,不同部门都有自身的利益诉求,难以突显该项目的重要性,因此特种计划局需要对项目总体控制上具有充分的自主性和较强的集权性。但同时,该项目又需要其他部门的大力支持,而支持的同时意味着干预、监督和控制。因此特种计划局需要在获得外界支持的同时,尽管减少外界干预。

2) 管理措施

(1) 系统思考

注重子系统之间的协调,而非只关注单个子系统的改进。特种计划局评估了之前武器系统开发失败的重要原因之一——碎片化管理,因此在北极星计划中,特种计划局把重心放在系统集成、产出和功能导向上。同时,该项目要求员工的高度承诺。此外,特种计划局高度依赖承包商,因而需要有效调动承包商的主动性,如强调从多种方案中选优和承包商的参与,以获得更多创新想法,同时促进承包商之间的竞争。关注目标进展汇报,保证特种计划局的权威性,并强调早期预警和纠正。

(2) 面向未来

所有领域都面向未来战争和军事的需要。例如,如果该项目1965年完成,武器系统是否还能装载1958年的核弹头。如果不能,那么管理者需要前瞻性思考1965年的武器系统需求。

(3) 解决目标相互矛盾的管理措施

① 强调项目的差异化。特种计划局重点强调了该项目与其他武器系统的不同,特别是核潜艇的战略和战术上的优势,并成功说服国会支持该项目。在激励其员工方面,特种计划局有意将其员工与海军区分开,如为其设计特殊制服,将邮件标注为高优先级,宣称其任务的伟大等。同时,组织高级官员定期发表演讲以激励员工和承包商,也要求承包商对该项目进行大力宣传。媒体报道的正面引导也对员工形成了正向压力,促使其努力与报道保持一致。

② 保持参与性。为了应对外部的威胁,特种计划局有意将外部潜在威胁纳入该项目的领导团队或政策制定过程,即便是做名义上的参与。特种计划局也系统地收集了对该项目的批评和评价,并将其纳入管理当中。如对科学家、研究人员甚至猜疑者等都进行沟通汇报,设立征询外界建议的基金,雇佣私人造船厂以获得更广泛的政治支持等。项目过程中也始终保持善意沟通与共同参与。如关于装载导弹数量的问题,原则上可装2~48个,最开始特种计划局建议装载32个,但舰长认为装32个不利于掌控航行。为此,特种计划局采取

的策略是首先征询高级舰长们的意见,然后计算他们倾向数量的平均数,最后特种计划局决定采用 16 个,这远低于预先计划的 32 个。

③ 保持适度性。首先明确整体系统的成功高于任何子系统的成功。因此有意识地放弃了诸多子系统可能获得更大战术性成功的机会,专注于总目标的实现,从而避免了引发不必要的干扰。同时也对竞争者和反对者保持高度尊敬,并且不能批评竞争者。比如,在公开的汇报和国会面前,特种计划局高度尊重美国空军的计划,并宣称唯一的对手是苏联。另一个体现适度性的例子是对总部位置的选择,特种计划局将所有分支机构的办公室都安排在现场,而其在华盛顿的总部办公室也是中规中矩。同时,这些适度性都能被国会所观察到,以赢得国会的支持。

3) 管理方法和工具

该案例也涉及一些管理方法和工具,其中包括:

(1) 计划评审技术

1957 年 1 月北极星计划负责人海军少将 Admiral Raborn 指出:"我必须能够了解所有级别研究团队的活动,并能形成一个逻辑清晰,并与总体工作有所联系的计划和绩效报告,我们必须这么做"。后续,团队开始研制计划评审技术(Program Evaluation and Review Technique,PERT)。PERT 采用概率计算持续时间。在研制 PERT 之前,特种计划局也调研了同期出现的关键路径法(CPM),但最终并未采用。因为 PERT 具有强烈的政治目的,只考虑了进度,没有将成本纳入考量。虽然 PERT 在当时取得了巨大的成功,如 PERT 对项目的实时监控有助于应对外部质疑者,但特种计划局和承包商的项目经理都存在接受方面的障碍,其原因是 PERT 增加了考核和责任性。此外,PERT 使用成本较高,面对的系统和组织都过于复杂(包括 120 个承包商和上千个分包)。还有一个原因是缺乏 IT 技术。即便如此,由于北极星计划的重大成功,政府部门也开始采用 PERT。1959 年,第一篇 PERT 相关的学术论文发表;至 1962 年美国政府颁布了 139 个与 PERT 相关的文件。此后,PERT 逐渐被应用于各领域。

(2) 项目管理

特种计划局界定了项目管理的概念,即监督和控制下属的行为。特种计划局要求承包商建立项目团队,并全职服务于北极星计划。

(3) 项目管理计划

尽管所有任务都有事先计划、事后评估,但由于特种计划局一直改变其想法,项目管理计划使用得并不成功。

(4) 项目群管理中心

项目群管理中心位于项目的华盛顿总部,每周在此举行例会。

(5) 周计划评审会议

每周六早上的周计划评审会议有结构化流程,如将实现目标的进度问题分为四类,即无问题、些许问题、大问题和关键性问题,项目经理可从中四选一。管理者希望在会前了解问题,并做好足够准备。为促进汇报的真实性,会议通常请多方共同参与。

(6)图像和可视化

推行可视化汇报方式,可视化在说服国会中也发挥了重要作用。

(7)组织结构

特种计划局采用去中心化的组织结构,六个分支形成一个松散的联合。去中心化有助于避免外界猜疑,某种程度上也起到了保护作用。各分支间不仅要合作,还要保持一定程度的竞争。如出现失败事件,分支领导会在 24 小时内被撤职。

第二任负责人 William Smith 上将提出了一些管理方法:①绩效要求由有技术能力的员工提出,并有意地保持一定模糊性,以免限制承包商的探索。②关键任务由两到三个团队来完成。如果所有团队都成功了,选择其中最好的;如果一个失败,可选其他两个;如果两个失败,还有一个后备。③准备托底措施,即便一些方案不成功,特种计划局也能找到替代方案。优先选择能满足原定计划的措施,而放弃那些虽暂时拖延进度但长期能补回进度的措施。④目标导向。减少对不能支持该项目的相关活动的关注,以防止出现其他优先支持而削减财政支持。⑤关注界面。界面问题提前定义和紧密监督,这有助于特种计划局避免陷入管理具体的技术措施而忽视系统层面问题。⑥资源由技术总监和委员会控制。

北极星计划管理实践的讨论

(1) PERT 在技术方面发挥了重要作用,但也面临网络计划技术使用中常见的障碍——接受程度与实时更新的问题。尽管如此,PERT 在政治宣传方面发挥了重要作用,如赢得外界广泛关注、回应质疑者、提升项目的政治地位等。该作用服务于总体目标的实现,对项目具有战略意义。

(2)项目情境的认识。北极星计划面临的政治环境,如国际环境,美国海军与空军、陆军的竞争,以及国会和其他部门的干预等。为妥善处理这些关系,项目团队采取了一系列的措施,如差异化、适度性、参与性等。这些情境因素直接影响了管理措施的制定和实施。

(3)特种计划局关注系统集成,将技术挑战分派给分支机构与承包商,并通过促进承包商之间的竞争来维持其权威性和促进技术创新,进而有效地发挥各自的优势,同时保持系统的集成。特种计划局关注总目标的实现,尽可能减少干扰因素,如放弃局部的技术优化和技术完美。这也为该项目获得了更广泛的外部支持。

(4)对于重大研发项目,需要营造适合创新的环境,采用适合的管理措施(如多团队竞争),这些都区别于常规项目管理。重大工程通常是项目管理创新的重要载体,可有效地实现研究和实践的良性互动。

20 世纪 60 年代中期,项目管理主要指美国国防领域采用的工具和方法。北极星计划之后,美国军事项目开始由"不计成本的绩效"转向为"最优成本绩效",开始整合项目计划和预算,对军事项目进行全生命周期计算后再进行决策,强调国防部的集权性、系统开发前的完全定义以及采用阶段计划的方式。此时,项目管理转化为执行一个预先给定的任务,这个任务需要事前定义质量、进度、成本等。

2. 其他网络计划技术

1）甘特图

甘特图（Gantt chart）在项目计划和管理中被广泛使用。研究者在针对 750 个项目经理的调研中发现，甘特图在 70 个项目管理工具和技术应用中排名第四（Besner et al. ，2008）。甘特图绘制非常简便：纵轴为任务，横轴表示时间，任务的持续时间用横线表示。从而可以通过图表显示计划时间，并可进行过程跟踪。随着项目管理软件的出现，甘特图的绘制和使用变得更方便。

从 1880 年开始，在钢铁制造业诞生了科学管理。Henry Gantt 是美国的机械工程师和管理咨询人员。与科学管理中关注的效率相似，Henry Gantt 设计了图表来记录数据和执行诊断以提高效率，如负载图和绩效图。例如，负载图针对要制造的物品显示了批次的计划数量及其分配的时间段，以及实际、累计和每日总数。Wilson（2003）在对甘特图的百年回顾中提到，1903 年甘特最早描述了所谓的"甘特图"，这是典型的科学管理产物。Geraldi 和 Lechter（2012）基于科学管理的原则分析了甘特图的六个原则，分别是关注时间、客观、分析性、确定性、责任明确、顺序性。并观察到第一版的甘特图主要用于监测工人过往绩效和资源的使用情况，后续版本致力于协调生产车间工作，并考虑计划的安排。

当前所说的"甘特图"实际上是 Henry Gantt 去世后，Wallace Clark 于 1923 年出版的《甘特图：管理的工作工具》（*The Gantt Chart: A Working Tool of Management*）一书中所称，Henry Gantt 本人并未将其设计的图表称为"甘特图"[①]。Geraldi 和 Lechter（2012）通过分析 Henry Gantt 的著作发现，其主要关注工厂生产的重复性工作，在项目中使用甘特图只是其中的一个小领域。Wilson 查询到最早在项目中使用甘特图的记录是发表在 1939 年的文章。此外，项目网络计划和关键路径技术提升了大众对甘特图的关注度。相较于项目网络计划，甘特图具有较好的可视性和便利性（Geraldi et al. ，2012）。

2）关键路径法

1956 年美国杜邦公司（DuPont）决定使用通用自动计算机 I（Universal Automatic Computer I, UNIVAC I）电脑来支持生产设备的维修工作，管理团队期望证明电脑方面的投资价值。管理团队认为，将电脑用于计划和成本优化可以成为一个选项。随后，来自杜邦公司的 Morgan Walker 和来自 Remington Rand 的 James Kelley 加入了该项目，他们采用线性规划解决了计划和成本优化问题。1957 年 7 月，通过电脑模拟进度计划中的 61 个活动和 16 个虚拟活动。随后，James Kelley 成立了咨询公司，开始将关键路径法商业化。

3）单代号与双代号网络

John Fondahl 于 1961 年提出了顺序图法（Precedence Diagramming Method，PDM），此为单代号的前身。John Fondahl 最开始称其为"圈和连接线"（circle-and-connecting-line）

[①] 以下网站提供了佐证资料：https://www.mosaicprojects.com.au/PMKI-ZSY.php

或"运营与关联线"(operation and interrelation line)(Weaver，2014)。1964 年，IBM 软件中出现了"开始到开始"(Start-to-Start，SS)、"结束到开始"(Finish-to-Start，FS)和"结束到结束"(Finish-to-Finish，FF)等名词。同年，Moder 和 Phillips 提出"单代号网络"(Activity-on-Node，AON)。双代号(Activity-on-Arrow，AOA)又称箭头图法(Arrow Diagramming Method，ADM)，用虚线表示虚拟工作。双代号的英文直译是"用箭头表示活动"(两个节点连接而成的线表示活动)，与单代号中"用节点表示活动"相对应。

1.1.2 敏捷项目管理

1. 软件与计算机项目的兴起及瀑布开发方法的局限

1968 年，北约第一届"软件工程"会议提出了"软件危机"(soft crisis)的概念。软件危机指随着软件复杂度的不断提高，软件项目普遍出现预算超支、性能差、不符合实际需求和延期等问题。软件领域主要借鉴工程领域的开发方法，强调计划、管控和结构化，把软件开发分割为顺序性的阶段。瀑布式开发方法是其典型代表。瀑布是指团队只有在完成前一阶段后才能进入下一阶段，一个阶段完成就会被冻结。

尽管可通过对各个阶段设置关口、严格控制，但可能滞后集成和测试，延迟错误被发现的时间，造成软件系统交付滞后，难以满足企业快速的发展需求。例如，微软早期软件开发采用瀑布式开发方法，平均交付周期约为三年。对于软件产品，很难在项目开始设定完整和准确的需求，因为发现需求是一个持续挖掘的过程。瀑布式开发方法的提出者 Winston Royce 认为瀑布式开发方法不适用于大型软件开发，进而提出了一个包含原型和各阶段之间反馈的修正模型。

2. 敏捷开发的出现

面对传统软件工程方法的局限，一批轻量级的软件开发方法陆续涌现，它们共同的特点是遵循演进和迭代规律，如极限编程(Extreme Programming)、Scrum 等。2001 年 1 月，17 位软件开发专家聚在犹他州的滑雪胜地雪鸟(Snowbird)，分享他们的经验、想法和实践，并提出改进软件开发的方法；同时，采用"敏捷宣言"和"敏捷原则"来陈述他们共同认可的软件开发方法理念，并用"敏捷"一词来总领这些理念。

敏捷开发方法是一种迭代式开发方法，强调快速开发和有效适应需求变化。将软件项目切分成多个子项目，在每个迭代中完成一个子项目，各子项目的成果都经过测试，成为可交付使用的软件。在瀑布式开发方法中，需要预先定义用户需求，进行长周期开发，全部开发完成之后再推向市场。相对地，敏捷开发方法要求尽早投入市场、持续价值交付、不断迭代，以顺应市场变化。

(1)敏捷宣言的四大核心原则

敏捷宣言是一份对核心开发价值的精简表述。其强调敏捷软件开发的四个核心价值是：个体和互动胜于流程和工具；可工作的软件胜于详尽的文档；客户合作胜于合同谈判；响应变化胜于遵循计划。敏捷开发的业务目标包括更早交付价值和灵活应对变化。

（2）12 条敏捷原则

① 最高优先级是通过尽早并持续交付有价值的软件来满足客户的需求。

② 欢迎需求变更，即使在项目开发后期也不例外。敏捷流程要善于利用需求变更帮助客户获得竞争优势。

③ 要经常交付可用的软件，周期从几周到几个月不等，且交付时间越短越好。

④ 项目过程中，业务人员和开发人员日常必须并肩工作。

⑤ 激励项目团队人员，给予他们所需的环境和支持，并相信他们能够完成任务。

⑥ 针对开发团队和团队内部信息传达最有效的方法是面对面交谈。

⑦ 可用的软件是衡量进展的首要指标。

⑧ 敏捷过程提倡可持续开发。项目赞助人、开发人员和用户都能始终保持步调稳定。

⑨ 对技术卓越和良好设计的持续关注有助于提高敏捷性。

⑩ 简洁是关键的，简洁是最大化不必要工作的艺术。

⑪ 最佳架构、需求和设计涌现于自组织团队。

⑫ 团队定期反省怎样才能变得更有效，并相应地调整其行为。

附加原则：抵制形式化；团队思考与行动；可视化而非书写。

《PMOBK 指南》（第 6 版）在附件 X1.9 敏捷型中进行了部分解释和说明。PMI 于 2017 年发布《敏捷实践指南》（*Agile Practice Guide*），该指南由项目管理协会（PMI）和敏捷联盟（Agile Alliance）编写。

1.1.3　鲁布革冲击

鲁布革水电站是我国第一个利用世界银行贷款的基本建设项目。根据与世界银行的贷款协议，鲁布革部分项目实行国际招标，日本大成公司成功中标，并运用项目管理取得了很好的效果。1987 年，《人民日报》报道了"鲁布革冲击"。本节选取此案例作为我国项目管理实践早期发展的一个示例。

1. 背景

新中国成立后，我国基本建设采用"先施工、后算账，实报实销"的模式。党的十一届三中全会后，建筑业逐步推行投资包干制和招标承包制。鲁布革水电站建设正是处于这样的时代背景中。鲁布革水电站是 1981 年批准的国家重点工程，由水利水电第十四工程局（简称"水电十四局"）承担施工（1976 年进场筹建）。该项目包括首部枢纽、引水发电系统、地下厂房三部分。

1982 年，国家决定将鲁布革水电站作为水电改革开放试点，使用世界银行贷款。而使用世界银行贷款的要求之一是采用国际招标，并成立相应的"工程师"机构。鲁布革水电站成为我国水电建设对外开放的第一个窗口，其中对外的渠道和形式主要包括：①多渠道利用外资，包括世界银行贷款 1.454 亿美元，挪威政府和澳大利亚政府的赠款，以及用于购买水轮发电机设备的自由外汇；②外国专家的参与，如挪威和澳大利亚两个常驻的咨询组，世界银行的高级咨询团每半年一次定期的决策性咨询;③引水系统实行国际竞争性招标;④采购引进了国外先进的机械,如挪威的水轮机、联邦德国的发电机、日本的变压器,及美国、瑞典、日本等公司的一些施工机械等。

依据世界银行的要求,1982年7月,水利电力部向17个国外承包商和3家中外联营公司发出招标文件,其中,18家单位作出了反应,有12家进行了现场考察,最后有7家按期提交了投标书。1983年11月举行开标仪式,标底为1.4亿元,除一家超过标底外,其余6家的报价都低于标底,最低标价为463万元,比标底低40%,只有最高标价的47.2%。最终由日本大成公司中标。

1983年9月,水利电力部成立鲁布革工程管理局。鲁布革工程管理局是根据世界银行贷款要求设立的"工程师"机构,作为水电部的直属单位,对外代表业主,对内代表甲方,承担对鲁布革工程的管理和协调工作。此时,鲁布革并存着两种管理体制:一种是以云南电力局为业主,鲁布革工程管理局为业主代表及工程师机构,日本大成公司为承包方的合同制管理体制;另一种是以鲁布革工程管理局为甲方,以中国水利水电第十四工程局(承包的首部枢纽工程)为乙方的投资包干管理体制。

1984年7月14日,由鲁布革管理局代表业主和大成公司签订承发包合同,该合同文件是在澳大利亚咨询专家的协助下,以招标文件、投标文件及各种协议汇总为"综合标书",在此基础上编制,共三卷、七部分。合同以"信守合同、平等互利、公平合理、友好合作"为基本原则。1984年7月31日,管理局发布开工命令,合同工期1594天(截止于1988年12月13日)。大成公司于1984年10月开工。

2. 典型实践

(1)组织方面

大成公司派驻现场一支由30多人组成的管理队伍,并从水电十四局雇了400多名工人。组织结构的层级为:所长—课长—系长—主任—工长—领班长—工人。各级均全面负责,不设副职。工作中,上级对下级充分信任,下级对上级严肃服从。所长对整个承包工程负责,既熟悉技术业务,又懂财务和经济,是人事、财务、计划、施工技术等方面的最高决策者。一般情况下,对于施工中发生的问题,所长有权就地处理。所长下设有4名课长,分管各自工作。由于组织机构精干,职责明确,工作效率高,扯皮情况少。管理团队采用集体办公方式,各级管理人员与所长共处一个办公室,既能互相了解,又可互相约束。作业层和管理层分开,工程的质量、进度、效益完全由项目管理层控制,作业层实行计件制等管理方式。

(2)现场第一

大成公司的口号是"安全第一,质量第二,进度第三"。奉行现场第一的原则。通信设备配备齐全,与上海、广东及日本东京可直接通话。技术上和配件供应上遇到问题时,可电传到东京,快速解决问题。

(3)综合管理

大成公司不是按专业分工,而是按工程项目和部位分工进行综合管理,对各部位的计划、技术、安全、质量、劳务、施工设备与进度等进行统一管理,并按工作面为单位,以形象进度为主要考核指标。该方式有助于培养统一的目标意识,并可顺利推行混合工种的劳动组合,打破工种界限,有利于培养一专多能的生产人员,也有助于降低人工费用和增加收入。例如,在隧洞开挖过程中,布孔、钻进、装药、连线等都由开挖工负责;司机出渣后,还需负责挖排水沟、修路、加工封堵炮孔的砂带等勤杂工作。工人一专多能可避免分工过细带来扯皮推诿。大成公司对每个工种都制订了操作规程和劳动纪律的指导书,发现违反规定时,即采取教育、再教育以及调整工作等惩处措施。

（4）计划管理

大成公司在开工前编制了总进度计划。全程计划未作大的调整,基本实现。每一个项目施工前,都会编制详细的作业计划。例如,调压井混凝土滑模施工前,对钢筋、水泥、砂、骨料等主要材料的每日需要量、库存量和使用量进行详细规划,严格按计划组织施工。生产组织强调均衡生产,不追求高指标,不搞突击会战。

（5）制度化

施工技术措施讲究科学化和规格化。公司成员了解和掌握了几十个规格化工法,实现施工管理制度化。

（6）注重经济效益

经济观念渗透到各个管理环节。例如,选择最佳方案,并努力使人力、设备、材料、技术等生产要素得到最优化组合。注重设备选型,重视小工艺、小设备和小材料的研制和使用,形成综合配套的应用技术。在劳务管理方面,大成公司将合同规定的工人工资支付给劳务单位,对工人收入没有直接分配权。大成主张工人工资按工人实际能力和劳动态度定级,不与中国的八级工资挂钩。

3. 实施效果

（1）工效消耗

我国公司工程费用与日本大成公司在工效消耗方面差距较大。例如,在隧洞衬砌施工中,我国公司采用常规技术,每立方米混凝土水泥用量一般为 360 kg;而大成公司采用了水泥裹沙新技术,每立方米仅用 270 kg。在隧洞开挖方法上,我国公司习惯于先挖成马蹄形断面,以便于出渣运输,然后用混凝土回填;而大成公司由于严格控制爆破,采用圆形断面一次开挖作业,每米隧洞可比我国公司减少石方开挖和混凝土工程量各 7 m³。这样,大成的水泥用量只有 5.2 万多吨,比我国公司用量 9.2 万多吨节约了 43%,钢筋用量也节约了 4%。

大成公司用工计划月累计为 2.2 万多人,高峰人数为 721 人;而我国公司则月累计为 2.9 万人,高峰人数为 849 人。由于我国公司用人多,相应工资支出也多,工资费用为 1 181 万元,而大成仅为 917 万元。另外,由于我国公司的施工队伍包括老、弱、病、残,及家属,非生产人员比重大(为 30% 左右),管理费用高;而国外同类工程驻现场管理人员一般只有三五十人,相应的临时房屋建筑、生活设施支出大幅减少。此外,两年施工中,大成公司主要设备因机械故障造成停产仅 20 多个小时。

（2）进度管理

大成公司单月平均进尺 222.5 m，相当于我国当时同类工程的 2～2.5 倍。1986 年 8 月，大成公司在开挖直径 8.8 m 的圆形发电隧洞中，创造出单头进尺 373.7 m 的国际先进纪录。1986 年 10 月 30 日，隧洞全线贯通，工程质量优良，比合同计划提前了 5 个月。经济激励是其中重要原因之一，一位当年的台车工回忆："在十四局拿等级工资，月收入大概 50 元。到了大成，每月加上奖金能有 200 多元，最多的一个月 930 多元。发的大多是 1 元券和角票，没东西装钱，就用安全帽装了满满一帽子。"大成按照工人的技能高低和工作效率计算工资，激发了工人的干劲。而十四局工程进展迟缓，世界银行特别咨询团于 1984 年 4 月和 1985 年 5 月两次来工地考察，都认为按期完成截流的计划难以实现。

（3）现场管理

1985 年 2 月，水利电力部部长调研鲁布革工程，走进大成公司施工的隧洞，洞内干净整洁，原料工具井然有序，每次爆破之后，烟尘三分钟即可随通风管道吸出。而当部长来到十四局施工的隧洞时，不得不换上水鞋，因为洞里污水横流，十分杂乱。

1985 年 11 月，经国务院批准，水电十四局参照日本大成公司的项目管理经验，组建现场指挥所，精减管理机构，优化劳动组合，改革分配制度，强化技术措施，使用先进设备。不但抢回了耽误的工期，还创下泄洪洞大断面开挖月进尺 245 m 新纪录。最终，电站提前 108 天建成。

1986 年 10 月，国家计委等五个部门联合发出通知，批准 18 个企业为推广鲁布革工程管理经验试点单位。

1987 年 6 月 3 日，时任国务院副总理在全国施工工作会议上以"学习鲁布革经验"为题，要求建筑行业推广鲁布革经验。

1987 年 8 月 6 日，《人民日报》头版头条刊登题为《鲁布革冲击》的文章。

1.2　项目管理专业组织的形成

1. 项目管理协会

项目管理协会（Project Management Institute，PMI）是项目管理行业的非营利性专业协会。其五位创始人是 James Snyder、Eric Jenett、Gordon Davis、E. A. "Ned" Engman、Susan Gallagher。1969 年 10 月 9 日，PMI 在佐治亚理工大学举行了第一次正式会议，随后于同年正式成立。成立之初，PMI 主要关注项目管理方法和工具，如工作分解结构、关键路径法、成本控制等。当时可替代的名称叫"美国计划与调度协会"（The American Planning and Scheduling Society），但由于创始人认识到其包含范围要宽于这些，最终取名为项目管理协会[①]。

---

① PMI，PMI founders[EB/OL].[2025-01-18].https://www.pmi.org/about/our-legacy#PMI-Founders

2. 国际项目管理协会

国际项目管理协会（International Project Management Association，IPMA）始创于1965年。IPMA成员主要是各国的项目管理协会，截至2024年，已有70个成员组织[①]。据IPMA官网介绍，1964年欧洲的一位项目经理 Pierre Koch，受荷兰 Dick Vullinghs 和德国的 Roland Gutsch 邀请，讨论关键路径法。参与者建议成立 INTERnational NETwork，简称 INTERNET。1965年国际管理系统协会（International Management Systems Association，IMSA）于瑞士成立。1967年，INTERNET 举行了第一次国际欧洲网络会议。1996年，在巴黎举行的第十三届全球大会，改名为 IPMA，并沿用至今。

3. PRINCE2

虽然 PRINCE2 是由英国政府正式提出的，但其理论渊源可追溯至 Simpact Systems 公司1975年创建的项目资源组织管理和计划技术（Project Resource Organization Management and Planning Techniques，PROMPT）。PROMPT 旨在应对计算机项目超支与延期的问题，将 IT 项目划分为发起、规格书、设计、开发、安装、运行六个阶段。

1989年，英国政府寻求一种 IT 项目管理的方法，中央计算机和电信局（Central Computer and Telecommunications Agency，CCTA）于1989年正式推出 PRINCE，并将其作为英国政府 IT 项目管理标准，称之为 PROMPTII。2001年 CCTA 纳入政府商务部（Office of Government Commerce，OGC）。1989年4月 PROMPTII 改名为 PRINCE（Projects IN Controlled Environments）。1990年，PRINCE 向公共领域开放，包含了非 IT 项目。

4. 中国项目管理专业组织

20世纪60年代，华罗庚教授着力引进和推广网络计划技术，并结合我国"统筹兼顾，全面安排"的指导思想，形成"统筹法"，以处理生产组织与管理问题。1965年，在华罗庚教授主持下，首次项目管理网络计划培训顺利举办。华罗庚教授组织小分队推广优选法与统筹法"双法"，应用于化工、电子、冶金、煤炭、石油、电力、机械制造、交通运输、粮油加工、建材、医药卫生、环境保护、农林畜牧、国防工业和科学研究等领域（华罗庚，2020）。该阶段的发展与国际网络计划技术的兴起同步。

1981年，在华罗庚教授等研究者的倡导下，中国优选法统筹法与经济数学研究会成立。1991年6月，中国优选法统筹法与经济数学研究会项目管理研究委员会成立。2001年7月，中国优选法统筹法与经济数学研究会项目管理研究委员会成为国际项目管理协会（IPMA）的成员组织以及成立中国区授权机构。同年，建立了《中国项目管理知识体系》（C-PMBOK），并开始在中国推行认证工作。

1999年，中国国际人才交流基金会将 PMI 的《项目管理知识体系指南（PMBOK 指

---

① IPMA. About international project management association[EB/OL]. (2015-08-28)[2024-08-06]. https://ipma.world/about-us/.

南)》和项目管理专业人士职业资格认证(PMP)引入中国①。2000年,国内组织了首次PMP认证考试,当年有316人参加。中国国际人才交流基金会开展国际化人才培养和国际人才交流工作,并承担国际先进知识体系引进推广工作。截至2021年底,我国累计约88万人次参加PMP认证考试,约50万人持有证书,持证人数约占全球三分之一。国内部分城市将PMP认证纳入地方人才鼓励政策中,提供人才引进、落户办理、职称认定等优惠政策。

我国早期出版了三本项目管理相关书籍:1982年,由姚廷纲等人组成的编写组编著的《世界银行项目管理》出版,该书目录包括世界银行集团;国际开发协会和国际金融公司;世界银行的贷款业务;项目周期;项目的监督与管理;项目的土建与采购;成本效益分析;项目的财务分析;投资分析;成本产销利润分析;经济敏感性和决策树分析;财务报表分析。此书的前言提到,1980年5月,我国在世界银行的席位恢复两年多来,达成了一些贷款协议。世界银行除了向会员国提供贷款外,还向接受其贷款的会员国提供技术援助,其中包括向会员国政府的中、高级官员提供经济管理,特别是项目管理的培训。

1980年至1985年期间,美国专家约翰·宾曾四次来到中国工业科技管理大连培训中心讲授项目管理课程,后根据授课录音内容整理,由中国工业科技管理大连培训中心编著成《项目管理》,1986年由企业管理出版社出版。约翰·宾是美国凯尔塔石油公司的总工程师和凯洛格公司的项目副总裁。该书目录包括导言;组织;合同;项目的控制;进度计划;预算和成本控制;可行性研究;项目管理的其他应用;电子计算机在项目管理的应用;实际工程和实际管理;项目经理的选拔和培训。

1987年同济大学丁士昭教授的《建筑工程项目管理》出版。其目录包括建筑工程项目管理学概论;项目经理的含义、任务和责任;建筑工程项目的组织;建筑工程项目的控制;建筑工程项目的信息管理。

---

① 中国国际人才交流基金会是由原中国国际人才交流基金会与原国家外国专家培训中心于2019年整合而成。

第二篇

项目管理最佳实践的标准化

项目管理专业组织的成立促进了项目管理最佳实践的标准化。对最佳实践的标准化可有效促进实践经验传播。当前项目管理最佳实践的标准化的呈现形式主要包括标准、知识体系、方法论等。①标准。英国标准化组织提出，"从本质上说，标准就是既定的做事方式""标准即是知识"(BSI,2024)。《PMBOK 指南》(第 6 版)指出，标准是基于权威、惯例或共识而建立并用作模式或范例的文件。②知识体系。知识是对实践规律性的提炼，知识体系是基于知识之间的内在联系构建的一个系统性知识框架。项目管理知识体系整体地呈现了项目管理知识的内在逻辑，使其成为一个具有内在关联的整体。例如，APMBOK 指出，知识体系是一系列概念、术语和活动组成的一个专业化领域。③方法论。PRINCE2 提出，在项目管理情境下的方法论类似于航行者的地图，作为一个系统框架指导整个项目生命周期(PRINCE2,2024)。

各项目管理知识体系的结构和构成各不相同，如表 2.0 所示。除 ISO 21502 和 BS 6079 外，其他知识体系或标准都用于认证。项目管理知识体系均进行了版本更替，以更有效地适应实践要求，如 PRINCE2、《PMBOK 指南》和 APMBOK 更新到了第 7 版。各项目管理知识体系之间也相互借鉴。PRINCE2 在附录 B 标准一致性中讨论了与 BS 6079 和 ISO 的一致性。ISO 21500(ISO 21502 的早先版本)主要基于英国的 BS 6079、德国的 DIN 69901(第 2 部分)和《PMBOK 指南》中的流程部分。《PMBOK 指南》(第 6 版)在标准编制过程中，审查、解释并确保其与 ISO 21500 具有适当的一致性。

表 2.0　不同项目管理知识体系的比较

知识体系	组织	最新版	主要构成
PMBOK	PMI	第 7 版，2021 年	价值交付系统;12 个原则;8 个绩效域;裁剪;模型、方法与工件
ICB	IPMA	第 4 版，2015 年	5 个环境能力要素;10 个行为能力要素;14 个技术能力要素
ISO 21502	ISO	第 1 版，2020 年	术语定义;7 个概念;规范化项目管理的先决条件;8 个集成项目管理实践;17 个项目的管理实践
PRINCE2	PeopleCert	第 7 版，2023 年	7 个原则;7 个实践;7 个过程;人员;项目情境
PM²	European Commission	V3.1，2023 年	9 个章节和 7 个附表;第一到第三章是相关背景介绍;第四章关于项目组织和角色;第五到第九章分别关于发起、计划、执行、关闭、监测与控制
APMBOK	APM	第 7 版，2019 年	4 个章节(每章含 3 个部分)，共 80 个主题。第一章为成功做准备;第二章为变革做准备;第三章人员与行为;第四章计划与管理部署
BS	BSI Standards	2019 年	14 条款

第二篇的章节安排总体遵循"概念—开发策略—实施过程—组织与角色"的思路。其中，概念部分介绍项目、项目管理两个基本概念(第 3 章);项目开发策略介绍项目价值、项目管理原则、项目开发方法、项目全生命周期与阶段、情境与裁剪、项目管理集成流程(第 4 章);项目实施过程关注计划与监控(第 5 章);组织与关键角色包括项目治理、项目组织与项目经理(第 6 章)。

第 2 章

项目管理知识体系的总体框架

内容简介：

　　本章介绍九个项目管理知识体系/标准/方法论的总体框架，包含发展历程与主要结构两方面的内容，从总体框架的介绍中认识项目管理最佳实践的标准化。

2.1　项目管理协会的《PMBOK 指南》

2.1.1　《PMBOK 指南》的发展历程

　　PMI 成立后，致力于项目管理最佳实践的标准化。1983 年 PMI 在《项目管理季刊》（*Project Management Quarterly*）中发表了《职业道德、标准与认证项目》（*Ethics, Standards and Accreditation project*，ESA）报告。其中，职业道德指项目管理从业人员的特征；标准是关于项目管理知识体系的内容与结构，包含范围管理、成本管理、进度管理、质量管理、人力资源管理、沟通管理；认证是对教育机构与个人职业资格的认证。1986 年 8 月，PMI 在《项目管理杂志》（*Project Management Journal*，PMJ）正式发布《项目管理知识体系》（PMBOK）的第 1 版出版，增加了合同和采购管理作为第七个知识领域。1987 年 8 月增加了第八个知识领域——风险管理。

　　PMI 为了能够使项目管理具备公认的解释以及标准化的说明，于 1996 年 8 月出版了第 1 版《PMBOK 指南》，即现在常说的《PMBOK 指南》，并在该版中增加了项目整合管理作为第九个知识领域。《PMBOK 指南》定位于"项目管理知识体系指南"而非项目管理知识体系。

　　PMI 在 2000 年、2004 年、2008 年、2012 年、2017 年、2021 年六次更新了《PMBOK 指南》（如表 2-1）。其中，第 5 版增加了项目干系人管理作为第十个知识领域[①]。在 PMI 的推

---

　　① 在《PMBOK 指南》的中文译本中，stakeholder 被翻译成干系人、项目相关方、利益相关方。此外也可翻译成利益相关者，如管理理论中的利益相关者理论。本书主要采用干系人和利益相关者两个翻译，前者主要是 PMBOK 指南相关内容，其他知识体系都采用后者。

厂下,《PMBOK 指南》已成为全球普遍公认的项目管理知识体系之一。

表 2-1　《PMBOK 指南》的变化

版本	变化
第 1 版(1996 年)	定位于"项目管理知识体系指南"而非项目管理知识体系; 反映了项目管理知识体系的一部分是"公认的",意味着它在多数时候适用于多数项目,而且其实践价值和有效性获得了广泛的一致认可; 将项目管理定义为"将知识、技能、工具和技术应用于项目活动,以便达到或超过干系人的需要和对项目的要求"; 采用基于过程的标准
第 3 版(2004 年)	在封面上印制了"ANSI 标准"的标识; 正式指明"项目的项目管理标准"独立于且有别于"项目管理框架和知识体系"的版本; 包含了"被公认为多数时候适用于多数项目的良好实践"; 将项目管理定义为"将知识、技能、工具和技术应用于项目活动",以便达到项目要求
第 6 版(2017 年)	区分了 ANSI 标准和指南的版本; 将"敏捷"内容纳入正文,而非仅在示例中提及; 拓展了知识领域前言部分,包括核心概念、发展趋势和新兴实践、裁剪时需要考虑的因素以及在敏捷或适应性环境中需要考虑的因素
第 7 版(2021 年)	采用基于原则的标准; 从系统视角论述项目管理; "知识领域"转变为八个绩效域; 新增了"模型、方法和工件"一章; 新增了 PMI 标准+作为交互式数字平台

参考:部分摘自《PMBOK 指南》(第 7 版)。

　　《PMBOK 指南》包含项目管理相关的专业知识、技能、工具和技术,识别并定义了项目管理的关键组成部分及基本单元,并建立了它们之间的逻辑关系。根据项目管理过程所需的知识内容,对项目管理的知识领域进行了分类。具体地,《PMBOK 指南》(第 6 版)将项目管理过程规范化为五大过程组和 47 个子过程,将项目管理知识结构化为十大知识领域。规定了管理项目的良好实践的流程、输入和输出;此外,对概念、工具和技术的分类遵循了一定的规范,以提高项目管理结构化、标准化程度。

　　具体而言,《PMBOK 指南》(第 6 版)由"项目管理知识指南"(简称"指南部分")和"项目管理标准"(简称"标准部分")两部分组成。

　　指南部分包括十大知识领域,具体为项目整合管理、范围管理、进度管理、成本管理、质量管理、资源管理、沟通管理、风险管理、采购管理、干系人管理。知识领域指按所需知识内容来定义的项目管理领域,并用其过程、实践、输入、输出、工具和技术来描述。

　　标准部分包括启动、规划(planning)、执行、监控和收尾五大过程组(process group)①。

----

　　① PMBOK 指南的中文译本中,planning 被译为规划,如第 6 版的规划过程组,第 7 版的规划绩效域。本书中,针对 PMBOK 相关的内容时,采用规划一词,其他内容采用计划。此外,PMBOK 指南的中文译本中,process 被译为过程,也可以翻译成流程。如 4.4 中所介绍,五大过程组并不是顺序性过程,更倾向于表达在不同阶段所调用的流程。项目的生命周期包括开始项目、组织与准备、执行项目工作、结束项目,如图 2-1。

项目管理过程组是指对项目管理过程进行逻辑分组,以达成项目的特定目标。通过合理运用与整合 47 个项目管理过程,将其归类成五大过程组。标准是基于权威、惯例或共识而建立并用作模式或范例的文件。作为美国国家标准学会(ANSI)认可的标准,《项目管理标准部分》根据协商一致、开放公开、程序公正和各方平衡等原则予以制定。《PMBOK 指南》(第 6 版)的声明提到,"本指南是通过相关人员的自愿参与和共同协商而开发的。其开发过程汇集了一批志愿者,并广泛收集了对本指南内容感兴趣的人士的观点。PMI 管理该开发过程并制定规则以促进协商的公平性,但并没有直接参与写作,也没有独立测试、评估或核实本指南所含任何信息的准确性、完整性或本指南所含任何判断的有效性"。在标准编制过程中,审查、解释并确保其与 ISO 21500 具有适当的一致性。

项目管理将知识、技能、工具与技术应用于项目活动,以满足项目的要求。《PMBOK 指南》包含了被普遍认可为"良好实践"的部分。"普遍认可"是指这些知识和做法在大多数时候适用于大多数项目,并且其价值和有效性已获得一致认可。"良好做法"指人们普遍认为,使用这些知识、技能、工具和技术,能够提高项目成功的可能性,但并不意味着这些知识一成不变地应用于所有项目组织和(或)项目管理。团队负责确定哪些知识适用于具体项目。

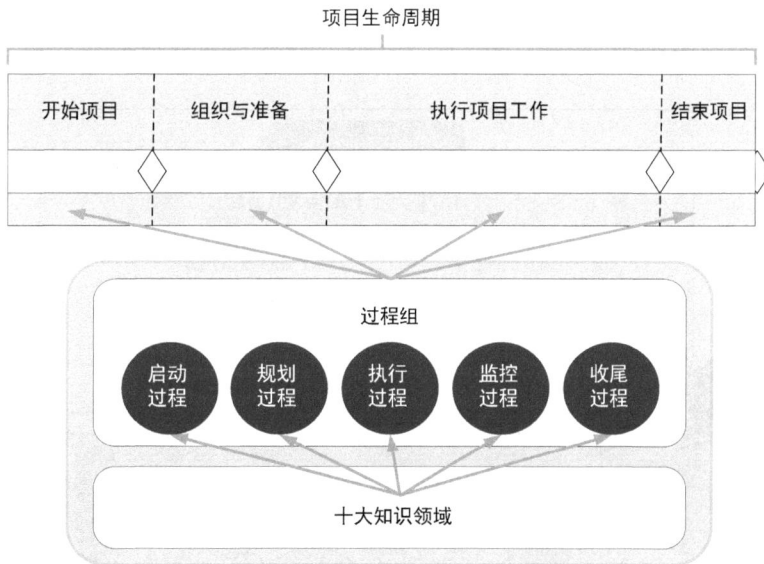

图 2-1 《PMBOK 指南》(第 6 版)内容框架

2021 年 7 月 PMI 发布了《PMBOK 指南》的第 7 版,从五大过程组与十大知识领域转变为十二大原则与八大绩效域,如表 2-2。在《PMBOK 指南》(第 7 版)的变更摘要中提到,"在支持良好实践方面,虽然这些做法是有效的,但从本质上看,基于过程的项目管理标准是规定性的。随着项目管理在按比以往更快的速度发展,过去基于过程导向的版本难以为继,无法反映价值交付的整个大环境。因此,本版指南转而采用基于原则的标准,为有效的项目管理提供支持,并更多地关注预期成果,而非可交付物"。"本版《项目管理标准》或《项目管理知识体系指南》中的任何内容都不否定与过去版本中基于过程的方法的一致性。对于指导项目管理能力、调整方法论并评估项目管理能力方面,很多组织和从业人员仍然认为基于过程的方法非常有用"。

表 2-2　《PMBOK 指南》第 6、7 版的比较

比较内容	《PMBOK 指南》(第 6 版)	《PMBOK 指南》(第 7 版)
总体方法	规定性的,强调如何做; 以过程为中心,使用工具和技术,通过特定的过程将输入转化为输出	以原则指导思维和行为; 聚焦交付物、项目成果、价值; 绩效域与常用的工具、技术、工件和框架; 提供特定的裁剪指导
适用范围	大多数项目	任何项目
较旧版的修改	进行增量修订	结构性调整;基于原则,强调价值交付

《PMBOK 指南》(第 7 版)仍由"项目管理标准"和"项目管理知识指南"两部分组成。标准部分包括价值交付系统和项目管理原则。指南部分包括绩效域和裁剪,并介绍了模型、方法与工件。此外,《PMBOK 指南》(第 7 版)推出了 PMI 标准＋交互式数字平台,结合了实践、方法、工件及其他有用信息,新增了"模型、方法和工件",为项目管理实践提供了模型、方法和工件。《PMBOK 指南》(第 7 版)的知识内容框架如图 2-2 所示。

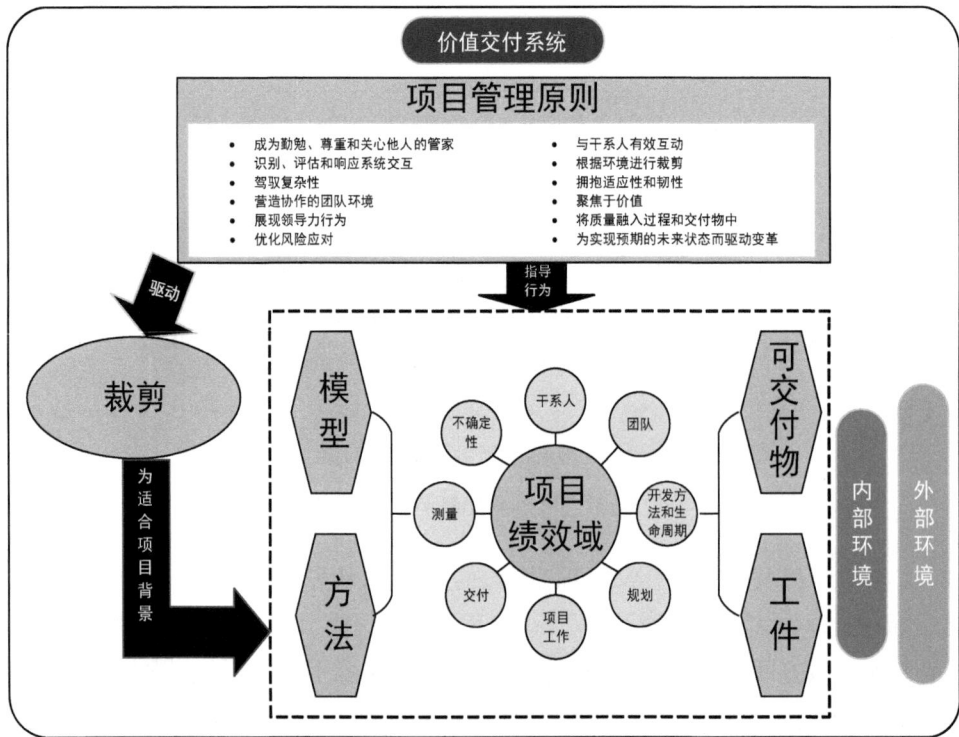

图 2-2　《PMBOK 指南》(第 7 版)的内容框架

截至 2020 年 3 月,PMI 出版的 PMBOK 已被译成 11 种语言,所有版本的发行量超过 633 万册,全球共有 1 034 640 位项目管理专业人士被 PMI 认证[①]。此外,PMI 形成了较为完整的标准体系,如表 2-3。

表 2-3　PMI 标准体系

类别	标准
PMI 全球基础标准	《PMBOK 指南》 《PMI 商业分析指南》 《组织级项目管理标准》 《项目集管理标准》 《项目组合管理标准》 ……
PMI 全球实践标准	《项目风险管理实践标准》 《挣值管理实践标准》 《项目配置管理实践标准》 《项目估算实践标准》 《进度管理实践标准》 《工作分解结构(WBS)实践标准》 ……
PMI 全球标准应用领域扩展	《PMBOK 指南》的建设领域 《PMBOK 指南》的政府领域 《PMBOK 指南》的软件领域
实践指南	《敏捷实践指南》 《需求管理实践指南》 《PMI 商业分析指南》 《组织变革管理实践指南》 《项目组合、项目集和项目治理实践指南》 《组织级项目管理实践指南》 《项目复杂性管理实践指南》
其他	《PMI 项目管理术语》 项目经理胜任力发展框架

2.1.2　《PMBOK 指南》的主要结构

1.《PMBOK 指南》(第 6 版)的十大知识领域与五大过程组

1)十大知识领域

《PMBOK 指南》(第 6 版)的项目管理指南部分包括引论、项目环境和项目经理的

---

① 数据来源:https://pmichina.org/pminews/3902.jhtml

角色,以及十大知识领域。知识领域指按所需知识内容来定义的项目管理领域,并用其所含过程、实践、输入、输出、工具和技术进行描述。指南部分的十个知识领域包括:

(1)项目整合管理:涵盖识别、定义、组合、统一和协调各项目管理过程组的各个过程和活动而开展的过程与活动。

(2)项目范围管理:确保项目做且只做所需的全部工作以成功完成项目的各个过程。

(3)项目进度管理:涉及管理项目按时完成所需的各个过程。

(4)项目成本管理:包括为使项目在批准的预算内完成而对成本进行规划、估算、预算、融资、筹资、管理和控制的各个过程。

(5)项目质量管理:把组织的质量政策应用于规划、管理、控制项目和产品质量要求,以满足干系人的期望的各个过程。

(6)项目资源管理:包括识别、获取和管理所需资源以成功完成项目的各个过程。

(7)项目沟通管理:确保项目信息及时且恰当地规划、收集、生成、发布、存储、检索、管理、控制、监督和最终处置所需的各个过程。

(8)项目风险管理:包括规划风险管理、识别风险、开展风险分析、规划风险应对、实施风险应对和监督风险的各个过程。

(9)项目采购管理:包括从项目团队外部采购或获取所需产品、服务或成果的各个过程。

(10)项目干系人管理:包括识别影响或受项目影响的人员、团队或组织,分析干系人方对项目的期望和影响,制定合适的管理策略,以有效调动干系人参与项目决策和执行。

十大知识领域依照ITTO的结构来组织。I是指输入(input);TT指工具与技术(tool & technology);O是输出(output)。例如,《PMBOK指南》(第6版)中,项目"成本管理"一章包括规划成本管理、估算成本、制定预算、控制成本四节。每个小节包括输入、工具与技术、输出三个部分,如表2-4所示。不同知识领域所涉及的工具与技术呈现在《PMBOK指南》(第6版)的附录X6中,共包括132种工具与技术,分为数据收集技术、数据分析技术、数据表现技术、决策技术、沟通技巧、人际关系与团队技能,及其他等类别。

表2-4 项目成本管理概述

阶段	输入	工具与技术	输出
7.1规划成本管理	项目章程 项目管理计划 事业环境因素 组织过程资产	专家判断 数据分析 会议	成本管理计划

阶段	输入	工具与技术	输出
7.2 估算成本	项目管理计划 项目文件 事业环境因素 组织过程资产	专家判断 类比估算 参数估算 自下而上估算 三点估算 数据分析 项目管理信息系统 决策	成本估算 估算依据 项目文件更新
7.3 制定预算	项目管理计划 项目文件 商业文件 协议 事业环境因素 组织过程资产	专家判断 成本汇总 数据分析 历史信息审核 资金限制平衡 融资	成本基准 项目资金需求 项目文件更新
7.4 控制成本	项目管理计划 项目文件 项目资金需求 工作绩效数据 组织过程资产	专家判断 数据分析 完工尚需绩效指数 项目管理信息系统	输出 成本预测 项目管理计划更新 项目文件更新

2）五大过程组

《PMBOK 指南》(第 6 版)的项目管理标准部分包括五大过程组。项目管理过程组是指对项目管理过程进行逻辑分组，以达成项目的特定目标。具体包括：

（1）启动过程组：作为定义一个新项目或现有项目的一个新阶段，授权开始该项目或阶段的一组过程。

（2）规划过程组：作为明确项目范围，优化目标，为实现目标制定行动方案的一组过程。

（3）执行过程组：完成项目管理计划中确定的工作，以满足项目要求的一组过程。

（4）监控过程组：跟踪、审查和调整项目进展与绩效，识别必要的计划变更并启动相应变更的一组过程。

（5）收尾过程组：正式完成或结束项目、阶段或合同所执行的一组过程。

2. 《PMBOK 指南》(第 7 版)的 12 个项目管理原则与 8 个绩效域

《PMBOK 指南》(第 7 版)采用基于原则的标准，为有效的项目管理提供支持，并更多地关注预期成果，而非交付物。其主体内容是 12 个项目管理原则与 8 个绩效域(见表 2-5)。其中，原则是"战略、决策和问题解决的基本指导准则。专业标准和方法论往往以原则为基础。在某些职业中，原则起着法律或规则的作用，因此具有规定性。项目管理原则在本质上不是规定性的,它们旨在指导项目参与者的行为"。绩效域是"一组对有效地交付项目成果至关重要的相关活动。总的来说,绩效域所代表的项目管理系统体现了彼此交互、相互关联且相互依赖的管理能力,这些能力只有协调一致才能实现期望的项目成果。随着各个绩效域彼此交互和相互作用,变化也会随之发生"。

表 2-5 《PMBOK 指南》(第 7 版)的 12 个项目管理原则与 8 个绩效域

12 个项目管理原则	8 个绩效域
1) 管家精神:成为勤勉、尊重和关心他人的管家 2) 团队:营造协作的项目团队环境 3) 干系人:有效的干系人参与 4) 价值:聚焦于价值 5) 系统思考:识别、评估和响应系统交互 6) 领导力:展现领导力行为 7) 裁剪:根据环境进行裁剪 8) 质量:将质量融入过程和交付物中 9) 复杂性:驾驭复杂性 10) 风险:优化风险应对 11) 适应性和韧性:拥抱适应性和韧性 12) 变革:为实现预期的未来状态而驱动变革	1) 干系人 2) 团队 3) 开发方法和生命周期 4) 规划 5) 项目工作 6) 交付 7) 测量 8) 不确定性

2.2　国际项目管理协会的 ICB4.0

2.2.1　ICB 的发展历程

IPMA 综合借鉴英国、法国、德国和瑞士等国家的项目管理标准,制定了 IPMA 项目管理能力基准(IPMA Competence Baseline,ICB),并于 1992 年、1999 年、2006 年发布了三个版本。2015 年发布的 ICB4.0 将名称调整为个人能力基准(Individual Competence Baseline,ICB)。在项目管理知识体系标准化与认证方面,IPMA 于 1989 年正式开设了提升项目、项目群、项目组合管理能力的课程①。1998 年,IPMA 采用 ICB1.0 开始进行个人认证;2012 年,IPMA 开始进行组织评估和认证(IPMA,2024)。

ICB 将能力定义为在某种功能中取得成功所需的知识、个人态度、技能和相关经验的集合。个人能力是指综合运用知识、技能和才能以达成预期结果的基本要素的集合。其中,知识是个人掌握的信息和经验的集合;技能是个人有效运用特定技术来完成某项任务的能力;才能是在特定的环境中运用知识和技能以实现有效交付结果的一种更高表现。

---

　　① Program 可翻译成项目集群、项目群、项目集。本书中,统一采用项目群的翻译。

ICB通过"能力之眼"展示项目、项目群和项目组合管理所需的个人能力,具体由行为能力、技术能力和环境能力三个维度构成:①行为能力是指成功参与或领导一个项目、项目群或项目组合所需的与人相关和人际关系相关的能力;②技术能力是指有助于项目、项目群或项目组合成功而使用的具体方法、工具和技术;③环境能力是指可用于支持个人与环境交互的方法、工具和技术,以及引领个人、组织和社会发起或支持项目、项目群和项目组合的理论依据。

在ICB3.0中,三个能力包括技术能力(technical competences)、行为能力(behavioral competences)和环境能力(contextual competences)。在ICB4.0中,三个能力包括环境能力(perspective)、行为能力(people competences)和技术能力(practice competences)(图2-3)。虽然,ICB4.0中文版沿用了ICB3.0中"技术能力""行为能力"和"环境能力"这三个能力维度的中文表述,但ICB4.0中三个能力维度的英文表述与ICB3.0均不相同。ICB3.0与ICB4.0的对比见表2-6。

图 2-3   ICB4.0 的"能力之眼"

表 2-6   ICB3.0 与 ICB4.0 对比

比较项目	ICB3.0	ICB4.0
目的	面向个人的认证体系服务	聚焦于项目管理的个人能力
范围	项目管理	项目管理、项目群管理和项目组合管理
结构	"能力之眼",包括环境能力、行为能力和技术能力三个维度	"能力之眼",包括环境能力、行为能力和技术能力三个维度
要素	11个环境能力要素、15个行为能力要素、20个技术能力要素。共46个能力要素	5个环境能力要素、10个行为能力要素、14个技术能力要素。共29个能力要素
内容	每个能力要素的内容构成包括可能的步骤、主题、各级别的关键能力等内容	每个能力要素包含知识、技能和才能,以及关键能力指标及其观察点等内容

参考:欧立雄(2019)。

2.2.2   ICB 的主要结构

ICB4.0定义了项目管理领域的28个能力要素,以及项目群管理、项目组合管理领域的29个能力要素。其中包含5个环境能力要素、10个行为能力要素以及13或14个技术能力要素(表 2-7)。

表 2-7　项目管理、项目群管理与项目组合管理对比

能力要素	项目管理	项目群管理	项目组合管理
环境能力	1) 战略 2) 治理、结构与流程 3) 遵循的要求、标准与规则 4) 权力与利益 5) 文化与价值	1) 战略 2) 治理、结构与流程 3) 遵循的要求、标准与规则 4) 权力与利益 5) 文化与价值	1) 战略 2) 治理、结构与流程 3) 遵循的要求、标准与规则 4) 权力与利益 5) 文化与价值
行为能力	6) 自我反思与自我管理 7) 诚信与可靠 8) 人际沟通 9) 关系与参与度 10) 领导力 11) 团队合作 12) 冲突与危机 13) 谋略 14) 谈判 15) 结果导向	6) 自我反思与自我管理 7) 诚信与可靠 8) 人际沟通 9) 关系与参与度 10) 领导力 11) 团队合作 12) 冲突与危机 13) 谋略 14) 谈判 15) 结果导向	6) 自我反思与自我管理 7) 诚信与可靠 8) 人际沟通 9) 关系与参与度 10) 领导力 11) 团队合作 12) 冲突与危机 13) 谋略 14) 谈判 15) 结果导向
技术能力	16) 项目策划 17) 需求与目标 18) 范围 19) 时间 20) 组织与信息 21) 质量 22) 财务 23) 资源 24) 采购 25) 计划与控制 26) 风险与机会 27) 利益相关方 28) 变革与转变	16) 项目群策划 17) 收益与目标 18) 范围 19) 时间 20) 组织与信息 21) 质量 22) 财务 23) 资源 24) 采购与伙伴关系 25) 计划与控制 26) 风险与机会 27) 利益相关方 28) 变革与转变 29) 选择与权衡	16) 项目组合策划 17) 收益 18) 范围 19) 时间 20) 组织与信息 21) 质量 22) 财务 23) 资源 24) 采购与伙伴关系 25) 计划与控制 26) 风险与机会 27) 利益相关方 28) 变革与转变 29) 选择与权衡

　　ICB4.0 明确了能力要素的定义、目的、描述、知识点、技能和才能、相关能力要素、关键能力指标及其观察点等内容。其中,能力被定义为达到预期成果所需要的知识、技术和能力。ICB4.0 对这些知识、技术和才能进行了详细介绍。每个能力要素包括 4~7 个关键能力指标(技术),每个关键能力指标有 3~7 个衡量标准(能力)。表 2-8 展示了项目策划技术能力的定义、目的、知识点等。

表 2-8　项目管理中的个人能力——技术 1：项目策划(示例)

定义	策划主要描述的是个人如何理解并权衡组织的需求、期望和影响，并将其转化成项目中的高水平策划，以尽可能多地提高项目成功的概率。基于以上描述的外部环境，"策划"草拟出资源、资金、利益相关者的目标、利益和组织变革、风险与机会、治理、交付、优先级和紧迫程度是如何被考虑的，并呈现在蓝图或者整体构造中。因为所有的外部因素和成功的标准均会经常变化，"策划"需要周期性地进行评估,必要时可以做一些调整	
目的	使个人能够成功地整合所有环境和社会方面的因素,识别对项目最高效的管理方法,以确保项目的成功	
知识点	● 关键成功因素 ● 经验教训 ● 复杂性 ● 项目管理、项目群管理和项目组合管理的成功 ● 领导风格 ● 三重约束(铁三角) ● 组织项目策划的规则和方法 ● 组织模型(如权变理论)	● 成功标准 ● 标杆管理 ● 项目、项目群和项目组合的成功 ● 项目管理、项目群管理和项目组合管理的工具 ● 战略 ● 绩效管理 ● 与组织环境和业务相关的特定方法 ● 变革理论
技能和才能	● 情境意识 ● 结果导向 ● 结构分解	● 系统思维 ● 在经验教训基础上的改进 ● 分析与综合
相关能力要素	● 所有其他技术能力要素 ● 行为 5：领导力 ● 行为 9：谈判	● 所有环境能力要素 ● 行为 8：谋略 ● 行为 10：结果导向
关键能力指标	1) 对成功的标准进行确定、优先级排序和动态评审。并设置相应观察点。 2) 评估、吸取从其他项目取得的经验教训，并与其他项目进行经验教训的交流。并设置相应观察点。 3) 确定项目的复杂度及其对管理方法的影响。并设置相应观察点。 4) 选择和评估项目管理方法。并设置相应观察点。 5) 策划项目执行体系架构。并设置相应观察点	

除此外,IPMA 还发布了项目卓越基准(IPMA Project Excellence Baseline, PEB)、IPMA 组织能力基准(IPMA Organizational Competence Baseline, OCB)、研究评价基准(IPMA Research Evaluation Baseline, REB)等一系列标准。其中,IPMA 项目卓越基准包括三个维度：①人员与目的(A)。具体包括领导力和价值(A1)、目标与战略(A2)、项目团队、合作伙伴与供应商(A3)。②过程与资源(B)。具体包括项目管理过程与资源(B1)、其他关键过程和资源的管理(B2)。③项目效果(C)。具体包括顾客满意度(C1)、项目团队满意度(C2)、其他利益相关者满意度(C3)、项目效果和对环境的影响(C4)。

IPMA 组织能力基准在 5 个领域描述了 18 个组织能力。其中 5 个领域分别为治理(G)、管理(M)、组织一致性(A)、资源(R)、人力胜任力(P)。治理包括使命(G1)、愿景和战略、管理发展(G2)、领导力(G3)、绩效(G4)；管理包括项目管理(M1)、项目群管理(M2)、项目组合管理(M3)；组织一致性包括过程一致性(A1)、结构一致性(A2)、文化一致性(A3)；

资源包括资源需求(R1)、资源状态(R2)、资源获取(R3)、资源发展(R4);人力胜任力包括人力胜任力需求(P1)、人力胜任力状态(P2)、人力胜任力获取(P3)、人力胜任力发展(P4)。

2.3 其他代表性项目管理知识体系

2.3.1 国际标准化组织的 ISO 21502

1. 发展历程

在 2012 年前,国际标准化组织(International Organization for Standardization,ISO)的标准体系中尚未设立独立的项目管理标准,只在质量管理标准(ISO 10006)中设有一个附加的项目质量管理指南。2007 年,ISO 的项目委员会(Project Committee, PC)236 汇集了一批专家,他们分成 3 个工作组,利用 5 年时间开发了 ISO 21500。ISO 21500 是一个基于流程的标准,主要基于英国的 BS 6079、德国的 DIN 69901(第 2 部分)和《PMBOK 指南》中的流程部分编制而成。国际标准化组织也倡导国家标准机构、特定行业和国际项目管理协会在其标准中采用 ISO 21500 的术语、概念框架和过程。

ISO 21500 出版以后,ISO 陆续发布了一系列项目管理相关的标准。2020 年,ISO 技术委员会(Technical Committee, TC)258 修订了 ISO 21500,正式发布了 ISO 21502。相关标准还包括《ISO 21502:2020 项目、项目群和项目组合管理——项目管理指南》《ISO 21503:2017 项目、项目群和项目组合管理——项目群管理指南》《ISO 21504:2015 项目、项目群和项目组合管理——项目组合管理指南》《ISO 21500:2021 项目、项目群和项目组合管理——情境和概念》等。

2. ISO 21502 的主要结构

ISO 21502:2020 在 ISO 21500:2012 基础上更新了如下内容:①项目管理的概念扩展到发起组织的监督和指导;②描述了项目如何交付成果以及促进价值实现;③增加对项目组织情境的考量;④增加对项目角色和责任的描述;⑤增加新主题,如创造项目环境、项目全生命周期、决策点和关卡、价值管理、变更控制等;⑥补充项目前和项目后的阶段活动;⑦从基于过程转变为实践导向。ISO 21502:2020 的附录 A 比较了 ISO 21500:2012 流程导向与 ISO 21502:2020 实践导向之间的关联。

ISO 21502 的主要内容由 5 个部分构成,分别是术语与定义、项目管理 7 大概念、规范化项目管理的先决条件、集成的项目管理实践和项目的管理实践。

(1)项目管理的 7 大概念包括项目、项目管理、项目环境、项目生命周期、项目组织、项目角色、项目人员的能力。

(2)规范化项目管理的先决条件包括实施项目管理的注意事项、持续改善项目管理环境以及与组织流程和系统保持一致。

（3）集成的项目管理实践规定了承担项目、实施具体阶段和其他项目活动相关的项目管理实践。包括项目前活动、监督（overseeing）项目、指导（directing）项目、启动项目、控制项目、管理交付、关闭项目、项目后活动八大过程，如图2-4。

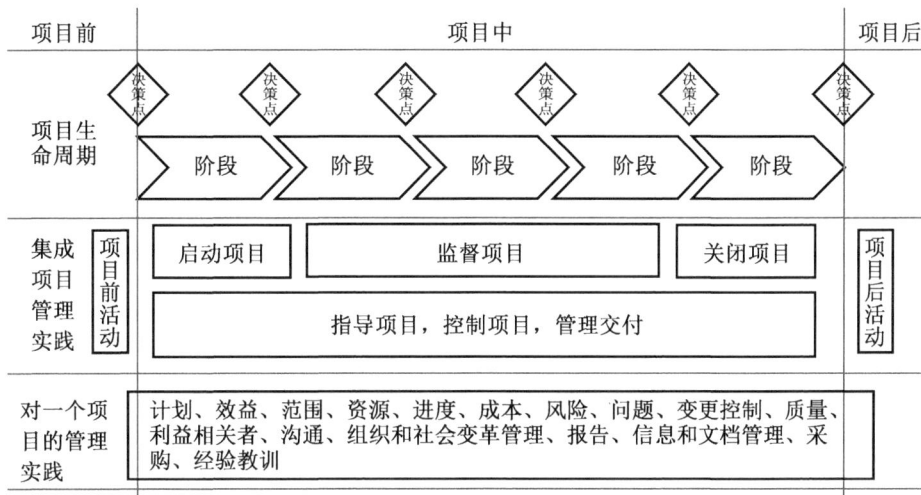

图2-4　项目生命周期、集成项目管理实践和项目管理实践之间的关系（ISO 21502）

（4）项目的管理实践描述了在整个项目中应考虑的项目管理实践，并可以在集成项目管理实践中使用。项目的管理实践包括计划、效益管理、范围、资源管理、进度管理、成本管理、风险管理、问题管理、变更控制、质量管理、项目利益相关者参与（engagement）、沟通管理、组织和社会变革管理、报告、信息和文档管理、采购、经验教训17大项目的管理实践。

我国现行标准的《项目、项目群和项目组合管理　项目管理指南》（GB/T 37507—2025）等同采用ISO 21502：2020。此外，我国有关管理的标准指南还有《项目、项目群和项目组合管理　项目群管理指南》（GB/T 41246—2022）、《项目、项目群和项目组合管理　项目组合管理指南》（GB/T 37490—2019）。

2.3.2　PeopleCert 公司的 PRINCE2

1. 发展历程

自1993年起，CCTA着手PRINCE的开发工作，旨在创立一种适用于所有项目类型、通用的、最佳实践的项目管理方法。通过组织项目管理专家和学者进行研究，收集来自社会各界的反馈，CCTA于1996年出版PRINCE2，并推出认证体系。PRINCE2分别于1998年、2002年、2005年、2009年、2017年、2023年先后发布了更新版本。在2009年版本进了个重大修订，引入了七大原则。2013年PRINCE2的所有权转移到AXELOS公司。2017年、2023年又分别进行重大修订，形成了PRINCE2第6版和第7版（PRINCE2，2024b）。2009年版本更名为PRINCE2：2009 Refresh；2017年更名为PRINCE2 2017 Update，后改名为 PRINCE2 第 6 版；第 7 版则由 PeopleCert 公司发布①。

2. PRINCE2 第 6 版的主要结构

PRINCE2 第 6 版由项目环境、PRINCE2
主题、PRINCE2 原则、PRINCE2 流程四个部
分组成，具体见图 2-5。PRINCE2 以流程为核
心，以主题和原则为规范，以环境为约束，构建
系统性项目管理方法。

（1）项目环境

PRINCE2 的全称为受控环境下的项目
（Projects IN Controlled Environment），是一
种将项目置于具体环境中的项目管理方法论。

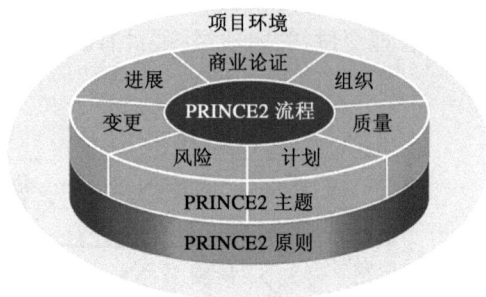

图 2-5　PRINCE2 第 6 版的内容框架

（2）七个原则

具体包括持续的商业验证（business justification）、吸取经验教训、定义的角色和职责、
按阶段管理、例外管理、关注产品、根据项目剪裁。

（3）七大主题

这些主题描述了项目管理中必须持续关注的重要方面。分别为商业论证、组织、质量、
计划、风险、变更、进展，具体见表 2-9。每个主题章节的描述结构包括主题、PRINCE2 对主
题的要求、对有效主题应用的指导、技术几个小节。

表 2-9　PRINCE2 第 6 版的 7 大主题

主题	回答的问题	目的
商业论证②	为什么	建立一种机制来判断项目是否是（并保持是）可取的、可交付的和可实现的，为是否对这个项目进行（继续）投资的决策提供支持手段
组织	谁	定义与建立项目的责任和职责结构
质量	什么	定义并实施项目用来验证其产品是否符合其目的的方法
计划	如何？多少？什么时候	通过定义交付产品的方式（在哪里、如何、由谁，并估算什么时间和多少成本）来促进沟通与控制
风险	如果……将会怎样	识别、评估和控制不确定性，从而提高项目的成功率
变更	影响是什么	识别、评估、控制任何潜在的和已批准的对项目基线的变更
进展	现在在哪？要去哪里？是否应该继续	建立监督和比较计划成果与实际成果的机制；对项目目标和项目的持续可行性提供预测；对不可容忍的偏离进行控制

---

①　第 6 版的名称是 PRINCE2 6ᵗʰ Edition，2023 年的更新版为 PRINCE2 7。为表述方便，在本书中称为 PRINCE2
第 6 版和 PRINCE2 第 7 版。

②　原文 Business case 也可翻译成商业计划。

（4）七大流程

具体包括项目准备、项目指导、项目启动、阶段控制、产品交付管理、阶段边界管理、项目收尾。PRINCE2 强调以流程为核心，并被认为是一种基于流程的项目管理方法，主题、原则均围绕并约束着流程。每个流程章节的结构包括目的、目标、情境、活动、裁剪指南。

PRINCE2 强调聚焦关键领域，即 PRINCE2 不涵盖所有知识领域和细节，而是专注于关键领域，提取了其认为对成功完成项目至关重要的要素，通过有效地组织这些要素，来最有效地降低项目风险和实现项目质量。PRINCE2 提出，如果项目被定义为 PRINCE2 项目，那么该项目必须具有如下特征：①遵循 PRINCE2 的原则；②满足主题中的最低要求；③建立能满足 PRINCE2 流程的目的和目标的流程；④使用 PRINCE 推荐的工具或其他等效工具。

3. PRINCE2 第 7 版的主要结构

PRINCE2 第 7 版提出五个集成要素（如图 2-6）：

（1）原则

包含确保持续的商业验证；吸取经验教训；定义角色、职责和关系；按阶段管理；例外管理；关注产品；根据项目裁剪 7 个原则。相较于第 6 版，7 个原则做了微小的调整。例如，原则 2.1 节增加了"确保"，2.3 节增加了"关系"，其他原则的名称未做修改。

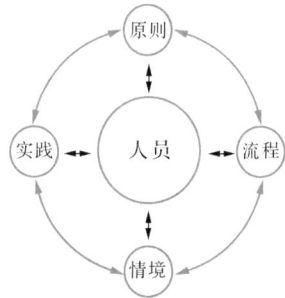

图 2-6　PRINCE2 第 7 版的内容框架

（2）人员

指参与项目工作的人员及受项目影响的人员。在第 6 版中，组织作为一个主题，定义的角色和职责作为一个原则，包含了项目角色、角色责任和关系等相关内容。在保留这两部分基础之上，第 7 版新增加了"人员"一章，并将人员放在五个要素的中心（第 6 版将流程置于中心）。"人员"一章包括情境、领导成功的变革（change）、领导成功的团队、沟通、人是方法的核心五个小节。

（3）实践

第 7 版的主题改为实践，包括商业论证、组织、计划、质量、风险、问题（issue）、进展 6 个实践。相比较第 6 版，组织由第 6 版的名词 organization 改为动名词 organizing；"变更"改为"问题"。章节的结构也进行了部分调整，每个实践章节的结构依次包括：①实践目的；②有效使用和管理实践的指南；③为实践提供支持的技术；④应用实践；⑤为实践提供支持的管理产品；⑥实践中关键角色的重点；⑦与原则的关键关系。

（4）流程

与第 6 版一致，第 7 版的流程包括项目准备、项目指导、项目启动、阶段控制、产品交付管理、阶段边界流程、项目收尾。每个流程都有建议活动和相关职责的检查清单。流程章节的结构依次包括：①目的。执行流程的理由。②目标。流程所要达到的具体目标。③情境。情境包括每个活动相关的管理产品的输入/产出表。④活动。每个 PRINCE2 流程由一组活动组成。⑤应用流程。⑥职责。通过 RACI(responsible,accountable,consulted,informed)表描述了每个流程涉及的职责。⑦实践在流程中的应用。

(5)情境

指相关人员应用原则、实践和流程,以确保该方法适合项目情境。第 7 版将第 6 版的环境(environment)改成情境(context)[1],并将情境作为与实践、原则、流程并列的要素。

PRINCE2 的五个集成要素可协同工作,即借助实践,确保在流程中以特定于项目情境的方式持续应用原则,并考虑项目团队内外部人员的关系和需求。

总体而言,在 PRINCE2 第 7 版的主要调整包括:①关注人员,人员置于方法论的核心位置。②将主题改为实践。③项目绩效中融入可持续。可持续绩效指标引用了联合国的 17 个可持续发展目标。④新的管理方法,如数字化和数据管理、可持续、商业、变革管理方法。例如,进展中包含了数字化和数据管理方法;领导成功变革中提出了变革管理方法;商业计划实践中提出了可持续管理方法。⑤提升了裁剪,基于项目情境和组织需求。⑥兼容于敏捷、精益、IT 基础架构库(IT Infrastructure Library,ITIL)[2]。

2.3.3 欧盟委员会的项目管理方法论

PM^2(project management methodology)是由欧盟委员会开发的项目管理方法论,旨在通过有效管理项目全生命周期,帮助项目经理为其组织提供解决方案并实现效益。2007年,PM^2 的第一版被推出,仅应用于欧盟内部。2012 年发布 PM^2 指南第 1 版,2013 年推出 PM^2 方法论 v2.0 和 PM^2 指南第 2 版。2015 年发布 PM^2 方法论指南版本 2.5。2018 年 PM^2 v3.0 开始对外。2021 年发布项目管理方法指南 v3.0.1。2023 年 12 月出版了 v3.1 版 (European Commission,2024)。此外,PM^2 的系列管理方法还有 PM^2 敏捷、PM^2 项目群管理、PM^2 项目组合管理。

PM^2 方法论建立在项目管理最佳实践的基础上,其四大支柱分别是项目治理模型(角色和责任)、项目生命周期(项目阶段)、流程(项目管理活动)、项目文件(文档模板与指南),构建了"项目管理方法论之屋"(图 2-7)。PM^2 方法论的精神进一步由 PM^2 心态(mindsets)所定义。PM^2 心态能凝聚 PM^2 实践,并为 PM^2 项目团队提供共同的信念和价值观。

PM^2 的特色包括:①结合全球公认的项目管理方法和标准,以及欧洲的项目管理最佳实践;②为组织内部和组织间项目的有效管理提供通用词汇;③实现改进的担责制、透明度以及更好的利益相关者沟通和协作;④提供治理结构,并明确描述项目角色和职责;⑤提供定制,以适应特定的项目需求和组织环境;⑥为项目的启动、计划、执行和结束提供指南,并

---

① 本书中,context 翻译为"情境",environment 翻译为"环境",setting 翻译为"背景",scenario 翻译成"情景"。
② ITIL 也是同属 Axelos 的认证,用于指导 IT 专业人士来标准化其流程。

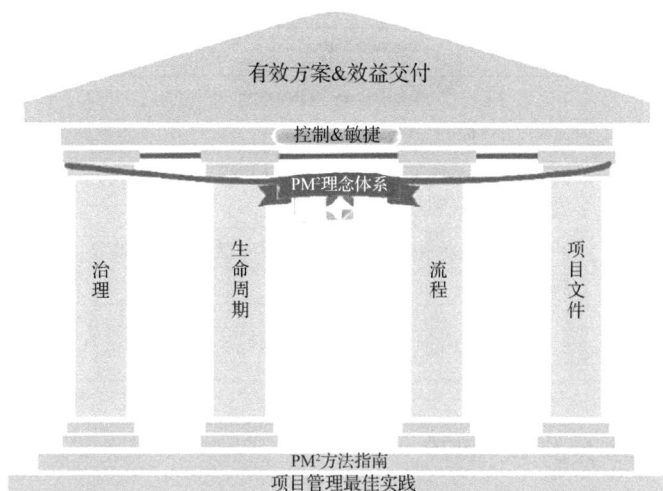

图 2-7　PM² 方法论的内容框架

监视和控制有关项目绩效的活动;⑦提供一套项目管理文件模板来帮助记录和管理项目;⑧积极赞助并进行详细的记录。

PM² 方法论包含 9 个章节和 7 个附表。其中 9 个章节分别是 PM² 指南介绍、项目管理、PM² 方法概述、项目组织和角色、发起阶段、规划阶段、执行阶段、关闭阶段、监控和控制阶段。7 个附表包括贡献与感谢、项目管理计划和日志、项目管理工具和技术、PM² 扩展、额外资源、道德与行为、词汇表。

2.3.4　英国项目管理协会的 APMBOK

英国项目管理协会(Association for Project Management, APM)开发的 APMBOK (APM Body of Knowledge),首版发行于 1992 年,同年 7 月改版;1994 年再次更新,第 3 版于 1996 年发布;第 4 版进行了根本性修订并于 2000 年出版;此后,分别于 2006 年、2012 年再次进行更新;2019 年出版了最新的第 7 版。

APMBOK 是英国项目管理协会用于审查、认证和实践的规范性文件。APMBOK 涵盖了与项目管理相关的知识,从组织和战略,到项目管理工具和技术,再到项目经理的行为和能力。APMBOK 认为知识体系是一系列可组成一个职业化领域的概念、名词或活动。

APMBOK 分为 4 章,每章包含 3 个部分(表 2-10),每节下设置若干主题,共计 80 个主题。每一主题中罗列了一系列参考资料,作为引申阅读和参考。其中 4 章分别是:①第一章为成功做准备,针对组织中具有决定权的领导;②第二章为变革做准备,针对领导项目、项目群和项目组合的负责人;③第三章人员与行为,针对参与项目、项目群和项目组合的所有人;④第四章计划与管理部署,针对参与项目交付端到端流程的人员。

表 2-10 APMBOK 的框架

章	节	对应的主体对象
第一章：为成功做准备	1.1 执行战略；1.2 生命周期选项与选择；1.3 建立治理与监督（oversight）	针对组织中具有决定权的领导
第二章：为变革做准备	2.1 塑造早期生命周期；2.2 保证、学习和成熟度；2.3 过渡到使用	针对领导项目、项目群和项目组合的负责人
第三章：人员与行为	3.1 融合利益相关者；3.2 领导团队；3.3 职业化地工作	针对参与项目、项目群和项目组合的所有人
第四章：计划与管理部署	4.1 定义产出；4.2 集成的计划；4.3 控制部署	针对参与项目交付端到端流程的人员

2.3.5 英国标准协会的 BS 6079

英国标准协会（British Standards Institution）颁布的 BS 6079：2019，从 2019 年 4 月 30 日开始实施，由技术委员会 MS/2 项目管理负责起草，其全称是《项目管理——项目的管理的原则与指南》（*Project Management-Principles and Guidance for the Management of Projects*）[①]。BS 6079 标准设置了原则和指南来委托（commissioning）、赞助、指导和管理项目。BS 6079 主要内容包括：概念和情境；项目管理原则；项目治理；角色和责任；项目生命周期；委托项目；指导项目；启动、管理和关闭项目；管理交付；项目支持活动；项目管理的技能与胜任力（图 2-8）。

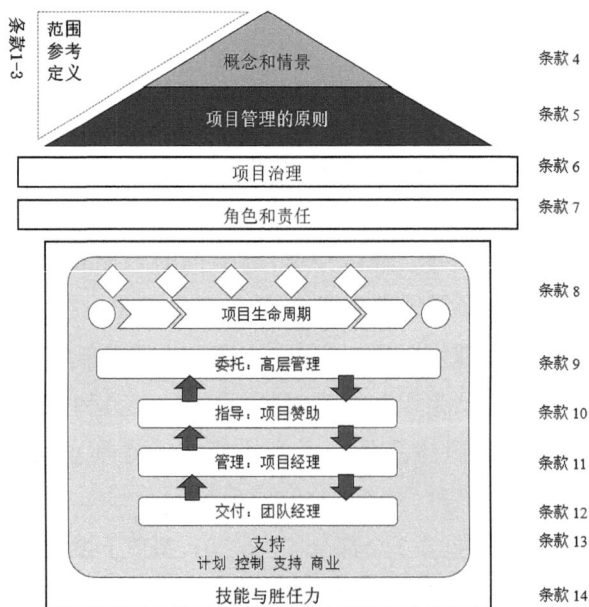

图 2-8 BS 6079 的内容框架

----

① 项目的管理翻译自 management of projects。

2.3.6 专业领域的项目管理知识体系

通常项目管理知识体系被认为可应用于所有行业和领域。同时,在特定领域,如建设工程领域,也有专设的知识体系或标准。例如,我国的《建设工程项目管理规范》(GB/T 50326—2017)由住房城乡建设部与国家质量监督检验检疫总局于 2017 年 5 月联合发布。其内容包括总则、术语、基本规定、项目管理责任制度、项目管理策划、采购与投标管理、合同管理、设计与技术管理、进度管理、质量管理、成本管理、安全生产管理、绿色建造与环境管理、资源管理、信息与知识管理、沟通管理、风险管理、收尾管理、管理绩效评价。

针对特定的承发包方式我国也制定了特定的项目管理规范。以工程总承包模式为例,我国出台了《建设项目工程总承包管理规范》(GB/T 50358—2017)。其主要内容包括项目策划、项目设计管理、项目采购管理、项目施工管理、项目试运行管理、项目风险管理、项目进度管理、项目质量管理、项目费用管理、项目安全职业健康与环境管理、项目资源管理、项目沟通与信息管理、项目合同管理、项目收尾。

从这两个专业领域的标准可以看出,其结构受到了 PMBOK 指南等知识体系的影响。

第3章

项目与项目管理的概念

> **内容简介：**
>
> 　　项目与项目管理的概念是项目管理实践和研究的基础，本章介绍项目和项目管理两个基本概念。

3.1　项目的定义

1. 项目的定义和特征

项目的定义是界定和理解项目管理的基础。当不同体系下的项目定义存在差别时，项目管理相关的学术观点或实践所指对象也会存在差异，难以形成对其的一致理解。不同项目管理知识体系对于项目的定义如表 3-1 所示。

表 3-1　项目定义的比较

知识体系	定义
PMBOK 指南	为创造独特的产品、服务或结果而进行的临时性工作（endeavor）
PM² 方法论	项目是一种临时性的组织结构，旨在在时间、成本和质量等特定约束条件下创造独特的产品或服务（产出）
APMBOK	为带来变革和实现计划目标而进行的独特、短暂的工作（endeavor）
ISO 21502	实现一个或多个既定目标的临时性工作（endeavor）
ICB4.0	项目被定义为一种独特的、临时的、多学科的、有组织的努力，以在预定义的要求和约束条件下实现商定的可交付成果
PRINCE2	项目是按照一个被批准的商业论证，为了交付一个或多个商业产品而创建的一个临时性组织（第 7 版 1.3 节）。具有变革、临时性、跨职能、独特、不确定性五个特征
BS 6079	临时性的项目管理环境，通常是以阶段形式承担，为实现交付一个或多个商业产出或成果的目的而创造

虽然各项目管理知识体系中对项目的定义并非完全一致,但总体上有以下特征:

1)上层系统的需要与约束

项目在既有的上层系统中被提出并实施,需要满足上层系统的需要与约束条件,同时项目的实施也将对上层系统产生影响。典型的上层系统因素包括:①组织的战略安排,如组织的价值诉求;②组织的资源约束,如投资、人力资源、技术、物资等;③项目和组织所处的外部环境,如自然环境、政策法规等约束条件。

各项目管理知识体系也涉及项目的上层系统需求与约束。例如,PM² 方法论提到项目面临一定约束;BS 6079 提到项目很少孤立存在,是在一些假设、限制和绩效要求下完成的,需要与其他项目或组织进行交互;PMBOK 指南强调了项目处于一定情境中,这些情境多为上层系统的约束;PM² 方法论认为约束包括时间、成本、质量等。

2)目标导向

项目从上层系统中被提出,需要符合上层系统的需求,以更好地在该系统中实施。目标导向是为了交付特定成果而设置,如成本、进度、质量等。目标来自上层系统的需要和约束,以及项目自身所具备的能力和对资源的综合考虑,包括产出性目标(如质量、范围等针对交付成果)和约束性目标(如进度、成本)。项目目标需要在产出性目标与约束性目标之间取得平衡。

3)项目任务

项目任务针对活动或工作,项目实施流程由活动构成。《PMBOK 指南》、APMPOK、ISO 21502 等认为项目是一项"努力"(endeavor)[①],该努力具有独特、临时性等特征。但在项目管理知识体系中,并未明确定义"努力"。项目管理是针对工作或活动的管理,基于工作分解结构,项目的职能管理是对工作进行分解和定义后进行的管理。项目管理知识体系定义了其他几个相关概念,如活动、流程、工作包,如表 3-2 所示。项目管理是针对工作或活动的管理,所以清晰定义工作和活动尤为重要。

表 3-2　活动相关的定义

名词	定义	文献
活动(activity)	一个区别性、被计划,并在项目过程中执行的部分工作	PMI WBS 标准
	一个流程、功能或任务随着时间发生,并具有可被识别的结果,并可被管理。它通常被定义为流程或计划中的一部分	PRINCE2 第 6 版
工作包(work package)	WBS 最底层中被定义的工作,其成本和持续时间可被估计和管理	PMI WBS 标准

---

① endeavor 直译成中文是"努力",各项目管理知识体系则将其译成"工作"。在工作结构分解中,"工作"对应的英文是 work。

名词	定义	文献
工作包 （work package）	关于一个或多个产品创造相关的信息，它包括工作描述、产品描述、生产的约束、项目经理和在约束范围内执行工作的个人或团队管理者之间的协商	PRINCE2
	一组具有确定范围、交付物、时间和成本的活动	ISO 21502
	在工作结构分解中的一组相关联的活动和交付物，具有明确的范围、时间和单一责任人	BS 6079
工作清单 （activity list）	对进度活动的文档化表格，呈现了活动描述、活动编号，以及足够细节的工作描述范围，进而项目团队成员可获知哪些工作将被执行	《PBMOK 指南》（第 7版）
流程（process）	设计的一系列结构化的活动来实现某个具体目标。一个流程涉及一个或多个定义的输入和转化为定义的输出	PRINCE2 第 6 版
程序（procedure）	为项目管理某特定方面的一系列行动，专门为项目而建立	PRINCE2 第 6 版

4）临时性组织

临时性组织指组织成员由于任务而集结，完成任务后即解散。成员的能力要求、数量等由任务的需求所决定，并随着任务的变化组织呈现出动态性。项目管理知识体系也强调了临时性组织。例如，PM^2 方法论将项目定义为"一种临时性的组织结构"，项目有开始和结束的时间。BS 6079 的描述更为宽泛，即"临时性的项目管理环境"，项目存在一个有计划的开始和结束时间期限，并由临时性组织支持任务完成，该组织在项目生命周期过程会发生演化。

5）交付成果①

项目结束交付特定的成果，如产品（建筑物等）或服务。该成果可能是有形的，也可能是无形的。不同的知识体系对交付成果的界定存在差异。例如，《PMBOK 指南》（第 7 版）认为交付物是为完成某一过程、阶段或项目而必须产出的独特并可核实的产品、结果或服务能力；ISO 21502 定义的交付物是由项目产生的独特和可验证的要素；PRINCE2 的七个原则之一是关注产品，并指出"产出"和"交付物"这两个术语与"产品"具有相同的意思；PM^2 方法论采用"独特的产出"概念，强调项目的产品或服务在之前没有被创造过，可能与其他产品相似，但总存在一定程度的独特性；BS 6079 提出项目，创造或带来具体的效益、成果和（或）产出。

项目的交付物具有一定的独特性，其依据特定的上层系统条件而构想、设计和交付。APMBOK 和 PRINCE2 强调了项目的变革性，认为项目是引入变革的手段。

———————————

① 成果作为统称，包括交付物、产出等。

2. 项目与其他相关定义的比较

1）价值维度：项目价值与交付物价值

虽然项目管理知识体系对项目价值与交付物价值做了区分，但不同项目管理知识体系所指的对象存在差异。《PMBOK 指南》(第 7 版)关注项目交付，将交付物定义为项目的临时或最终的产品、服务或结果。项目交付聚焦于满足需求、范围和质量期望，产生预期的交付物，以推动预期的项目成果。PRINCE2 不仅关注产品交付是否成功，更关注产品是否得到成功应用。从效益交付来判定项目商业合理性，通过特定的产品交付管理流程来管理交付结果。ISO 21502 认为交付成果可用于创建产出、组织和社会变革或成果，进而实现赞助组织或客户的利益。PM² 方法论提出项目产出包括产品或服务，成果是由项目产出所带来的。

2）对象维度：产品和项目

在《PMBOK 指南》(第 7 版)中，产品是"可以量化的生产出的工件，既可以是最终制品，也可以是组件制品"。产品管理主要针对产品生命周期，包括引入、成长、成熟、衰退、退役等，在生命周期存在各种类型的项目，产品生命周期各个阶段的项目综合形成项目群。交付物是指项目的临时或最终的产品、服务或结果。

PRINCE2 描述到：①产品分解结构是对计划期内将要生产的产品进行层次化分解，产品分解结构面向产品；②工作分解结构是对计划期内将要完成的工作进行层次化的分解，工作分解结构面向相关活动。

BS 6079 强调配置管理，认为配置管理可以通过文档、记录、数据等来控制产品或服务的物理和功能特征。

在《PMBOK 指南》(第 6 版)中，工作分解结构被定义为项目团队为实现项目目标、创建所需交付成果而需要实施的全部工作范围的层级分解。"工作分解结构"中的"工作"是指作为活动结果的工作产品或可交付成果，而不是活动本身。

WBS 使用的要求包括：①层级性，按照一定要求划分为层级。②分解。将项目范围和项目交付物划分为更小的、便于管理的部分。③范围。包括项目所提供的产品、服务和成果的总和。④可交付成果。

3）组织维度：临时性组织与永久性组织

项目活动和任务的执行者组成临时性组织。从结构维度看，虽然临时性组织会在某个时点解散，但组织成员并非完全临时。如矩阵式组织中职能部门的组织成员属于职能部门，但其承担了项目工作，因此其对项目工作而言虽是临时性的，但对于职能部门工作而言是永久性的。并且考核上也会综合考虑其在项目组织或职能部门组织的工作表现。

项目定义的讨论

(1) 项目通常具有明确的开始和结束时间。但也有例外情况：有些项目有开始时间，没有明确的结束时间，如抢险救灾；有些项目的开始时间较为宽泛，如施工企业签订合同之前的营销管理、机会和线索管理等。因此,如何界定项目的开始和结束时间仍值得探讨。

（2）虽然任务和交付成果都存在一定独特性,但性质上有所差异。任务针对活动、时间是线性的,活动本身具有独特性;而交付成果的独特性来自外部环境的要求与约束,以及交付成果内在结构。

（3）项目由执行主体组成临时性组织。从承担项目任务的角度看,项目组织是临时的;但从企业运营的角度看,项目团队成员是永久属于企业组织的。因此,如何定义临时性组织仍是值得探讨的问题。

3.2　项目管理的定义

通过对项目管理内涵进行界定可明确项目管理的边界,即哪些包含在项目管理范围内,哪些不包含在该范围内。对项目管理形成一致的认识有助于形成理论成果和传播实践经验。各知识体系对项目管理的定义如表3-3所示。

表3-3　项目管理定义的比较

知识体系	定义
PMBOK 指南	将知识、技能、工具与技术应用于项目活动,以满足项目的要求①
PM²	项目管理可以描述成计划、组织、获取、监督、管理资源和工作的活动,以有效率和有效果的方式来交付特定项目目的和目标
BS 6079	项目管理包括计划、监督、控制一个项目的所有方面和激励所有参与者来实现项目目标
PRINCE2	项目管理是计划、授权(delegating)、监测和控制项目的所有方面和激励所有参与者来实现在期望进度、成本、质量、范围、效益和风险范围的项目目标 项目管理是应用方法、工具、技术和能力,以使项目能实现其目标
ISO 21502	协调性的活动来指导和控制商定目标的实现

项目管理的内涵可从以下方面分析:

（1）目标导向是项目管理定义的典型特征之一。管理相关的定义也突出了目标导向,例如周三多等(2024)将管理定义为"为了实现组织共同的目标,在特定的时空中,对组织成员在目标活动中的行为进行协调的过程"。目标界定需要区分项目目标与项目管理目标。当项目被定义为临时性活动时,项目管理即为针对活动的管理。但在实践中,项目管理包括部分超出临时性活动的内容,如质量要求不仅包含验收质量,还需考虑运营使用质量。

（2）项目管理定义也可通过职能范围来界定,如 BS 6079 所述的计划、监督与控制,RRINCE2 涉及的计划、授权、监测、控制等。

---

① 在《PMBOK 指南》中文版中 requirements 翻译成"需求"。

（3）当项目管理指向特定项目层级时,需梳理该层级与其他层级的关系。项目之上的层级涉及项目群、项目组合、项目治理;项目往下的层级包括项目生命周期的阶段和活动。例如,《PMBOK 指南》(第 6 版)界定的项目管理范围主要针对十大知识领域和五大过程组,该范围相对稳定,也被大家所熟知。BS 6079 认为项目管理由四个部分组成,分别是项目治理、项目全生命周期、项目交付方式、项目管理活动,该范围则更为宽泛。

（4）为界定项目管理的范围,可将项目管理与其他研究领域(如运营管理、战略管理)进行比较。项目管理所管理的活动是生产活动,而管理项目管理的活动可纳为运营管理。在实践中,岗位安排也存在差异,如运营经理负责保证业务运营的高效性;职能经理负责某职能领域或业务部门的管理;项目经理领导项目团队,负责实现项目目标。这些岗位在项目运作过程中需紧密合作。

（5）项目管理与项目交付的关系。PRINCE2 产品交付管理流程提出验收、执行和交付的要求。交付主要活动包括接收工作包、执行工作包、交付工作包。PRINCE2 所关注的交付面向工作包的生产,而项目管理是对项目交付活动的管理。

第4章

项目开发策略

> **内容简介：**
>
> 项目开发策略是项目计划和实施前的综合部署，涉及更高层级的管理工作。本章的项目开发策略从项目价值、项目管理原则、项目开发方法、项目全生命周期和阶段、情境与裁剪五个方面进行介绍。

4.1　项目价值

1.《PMBOK 指南》

虽然《PMBOK 指南》(第 6 版)提到了项目价值相关的概念，但仍未对其做系统分析。《PMBOK 指南》(第 7 版)提出了"价值交付系统"，并将此作为项目管理标准的一部分，提出"聚焦于价值"的项目管理原则，并在交付绩效域中提出了"价值的交付"。

在《PMBOK 指南》(第 7 版)中，价值交付系统"旨在建立、维持和/或使组织得到发展的一系列战略业务活动。项目组合、项目群、项目、产品和运营都可以成为组织价值交付系统的一部分"。价值是"某种事物的作用、重要性或实用性"。价值交付系统部分介绍了创造价值、组织治理系统、与项目有关的职能、项目环境、产品管理考虑因素五部分的内容。

《PMBOK 指南》(第 7 版)提出可以单独或共同使用多种组件(如项目组合、项目群、项目、产品和运营)来创造价值。这些组件共同组成了一个符合组织战略的价值交付系统。价值交付系统中的组件可形成用于产出成果的交付物。成果是某一过程或项目的结果。成果可带来效益(benefit)①，效益是组织实现的获得，效益继而可创造价值。当所有组件之间的信息和反馈达成一致时，价值交付系统最为有效。

此外，治理系统与价值交付系统协同运作时，可支持工作流程运转。治理系统提供了

---

① 《PMBOK 指南》(第 6 版)中文译本的翻译是"收益"，也可翻译成"效益"。

一个框架,治理框架内包括监督、控制、价值评估、各组件之间的整合以及决策等要素。

项目中常见的职能包括提供监督和协调、提出目标和反馈、引导和支持、开展工作并贡献洞察、运用专业知识、提供业务方向和洞察、提供资源和方向、维持治理。项目价值交付时需要考虑组织内、外部环境。

"价值的交付"绩效域部分"涉及与交付项目要实现的范围和质量相关的活动和功能"。包括价值的交付、交付物(deliverable)①、质量、次优的成果、与其他绩效域的相互作用五个部分内容。其中,交付物是指项目的临时或最终的产品、服务或结果。交付物体现了干系人需求、范围和质量,以及对利润、人员和环境的长期影响。因此,从需求、范围定义、完成的目标不断移动等方面进行了介绍。

《PMBOK 指南》(第 7 版)指出项目授权文件试图量化项目的预期成果,以便进行定期测量。这些文件可能包括详细的基准计划或高层级路线图,概述了项目生命周期、主要发布、关键交付物、评审和其他顶层信息。

2. PRINCE2

虽然 PRINCE2 没有明确将"价值"一词交付列入其原则、主题和流程中,但其原则和主题中强调了商业论证。建立商业论证主题的目的是建立一种机制来判断项目是否为可取的、可交付的和可实现的,为是否对这个项目进行(继续)投资的决策提供支持手段。第 7 版提出绩效目标设定了预期的成功水平,以此来评判项目管理,包含效益、成本、时间②、质量、范围、可持续和风险,并且 7 个方面可以设置容许的偏差,相较于第 6 版,增加了可持续的绩效目标。

PRINCE2 提出了"关注产品"原则,强调关注产品,要求项目以产品的交付和质量为导向。PRINCE2 强调产品需要被应用,而不仅是交付。PRINCE2 项目交付以产品的形式产出,产品带来组织业务的改变,进而创造了成果。这些成果为业务带来效益,从而为项目提供业务验证。PRINCE2 也明确了交付物、成果和效益之间的关系,并列举了如下示例来说明产出、成果和收益的关系:①产出是新的销售系统;②成果体现在对销售订单的处理速度加快,处理过程的准确度更高上;③效益则体现在量化的效果,如成本降低了 10%,销售订单数量增加了 15%,年收入增加了 10%。其中,产出是产品的形式,成果是能力的提高,效益是最终成本和销售的利润。

在第 7 版中,着重突出以成果为中心是 PRINCE2 的优势,其中提到,确保项目参与者关注项目对商业论证目标的可行性,而不仅仅将项目的完成视为目的本身。并定义了产出、能力、成果、效益、商业目标等,其中产出是活动的有形或无形交付物;能力是交付成果所需的一组已完成的项目产出;成果是变革的结果;效益是由成果带来的可测量的改进;商业目标是可测量的成果。

---

① 《PMBOK 指南》(第 6 版)中文译本的翻译是"可交付物",也可翻译成"交付物"。
② "时间"在第 6 版的英文是 timescale,第 7 版改为 time。

PRINCE2 强调持续的商业验证，其中包含：①开发，表示获得决策所需要的正确信息；②验证，表示评估项目是否值得做；③维护，表示根据实际和目前预测的成本与收益来更新商业论证；④确认，表示评估预期收益是否已经实现，如图 4-1。PRINCE2 提出项目必须有文档化的业务验证。证实了项目是否：①可取的，即成本、收益和风险相对平衡；②可行的，即能够交付产品；③可实现的，即使用产品是否能实现预期的成果及收益。

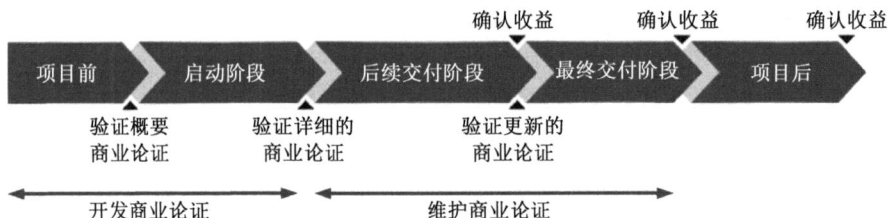

图 4-1 持续的商业验证[PRINCE2(第 6 版)]

3. ISO 21502：2020

ISO 21502 定义的成果是通过使用项目产出所产生的变化。产出组成了项目的结果。效益创造出优势、价值或其他积极的效果。通过项目和项目群来创造价值，根据内外环境和目标来定义项目，形成成果、产出和交付物以实现收益，促进达成战略目标。

ISO 21502 在"效益管理"章节中呈现了项目如何交付成果以及促进价值实现。管理交付的最终目的是实现项目的成果和效益，并通过效益管理来帮助项目赞助组织和客户从项目成果中获取效益。

在"效益管理"章节中提到，在项目开始前期，首先要确定和分析效益，确保满足项目赞助组织和利益相关者的共同利益；其次监控效益，监测整个项目生命周期在实现成果方面的进展及其对实现预期效益的影响；最后进行维持效益，如果有偏离计划效益的情况，应采取纠正措施。

4. APMBOK

APMBOK 涉及价值的部分包括战略部分的"组织的效益"、过渡到使用的"项目成果的转换"、采用与效益实现、定义产出的"成功与效益"。在"组织的效益"部分，APMBOK 认为效益是组织实施项目的主要原因，因此项目应当为发起组织带来效益，体现了投资的价值，效益可以是有形的或无形的。

在"延长的生命周期"一节中，APMBOK 提出为实现最终效益，项目的生命周期相比于传统定义的阶段需增加与"采用""效益实现"相关的阶段。为了促进在延长的项目周期内的效益实现，效益管理需要将效益方面的需求转化为方案部署，并对其进行管理。

APMBOK 体现了可持续性方面的要求。明确提出项目应与环境、社会、经济和管理等方面保持平衡，既要满足项目利益相关者的当前需求，又不能损害后代或者使后代负担过重。

效益管理围绕投资生命周期。效益驱动的项目和项目群支持投资生命周期，采用项目组合和治理结构来监测。效益驱动的变革需要在整个生命周期中进行管理。在生命周期早期，确认哪些效益需要被治理以及如何治理，建立基线；在变革期间，需要监控；在生命周期后期，项目团队交付产品，从产品向效益实现过渡。

在"成功与效益"部分，APMBOK认为项目成功是一个相对概念，项目成功标准与效益不同，主要由利益相关者来评价。

5. PM² 方法论

PM² 方法论在项目产出、成果和效益部分定义了三者之间的关系。项目产出是指产品或服务，引入了一些新的东西（或变化）；成果是由项目产出的结果；项目效益是指成果带来的可衡量的效益，如图4-2。PM² 方法论认为项目的真正目的是实现预期成果，从而产生可衡量的效益。因此，参与管理和执行项目的人员有必要理解项目产出、成果和效益之间的关系。

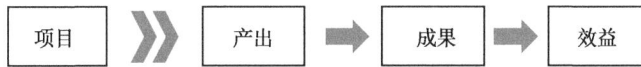

图4-2　项目、产出、成果、效益之间的关系（PM² 方法论）

项目组织根据项目目标产生交付成果，并且将其移交给客户。客户接受成果后，项目团队解散。项目采用临时性组织形式，以便于管理。项目交付成果是达到目的的一种手段。

6. BS 6079

虽然 BS 6079 没有定义效益或价值，但定义了产出和成果。产出是指由计划的活动、项目生命周期阶段或项目所产生、建造或创造的专业性的产品（人造物）。成果指变革的结果，通常会影响真实世界的行为和/或环境。

管理原则中包含"由需要和效益驱动"小节。在委托（commission）项目章节指出，为项目做准备时，高层管理委托一个高层管理者（如项目赞助人）对项目效益实现负责，并建立项目目标。其他涉及价值相关活动的内容包括评审项目成果和效益、开发商业计划、发展项目计划、监测与控制项目、关闭项目、管理效益等。

项目价值的讨论

1）项目管理中价值交付的重要性

传统项目管理仅关注"进度、成本和质量"目标，存在局限性，而价值概念的引入扩展了项目管理的范围。项目管理需要考虑项目完成后能否为企业创造价值，支撑企业战略发展，甚至影响环境可持续等。价值这一概念连接了战略、项目组合、项目群、项目、运营等内容。

由于项目需要满足上层系统的要求，上层系统的价值诉求影响项目的价值范围。项目不仅以单独形式存在，还可以以多种形式成立，如项目组合、项目群。例如，项目在项目群环境下能够通过各成果相互协调,为组织带来效益,创造价值。

虽然项目管理知识体系意识到了价值的重要性,但如何定义价值仍是一个问题。在知识体系中,价值的范围仍比较笼统,如表4-1。

表4-1　价值定义的比较

知识体系	价值相关的定义	其他相关用词
《PMBOK 指南》	某种事物的作用、重要性或实用性	价值交付系统中的组件创建了用于产出成果的交付物;成果是某一过程或项目的结果;成果可带来效益,效益进而创造价值
PM² 方法论	效益是指成果带来的可衡量的改进	项目产出是产品或服务引入了一些新的东西(变化);项目产出会产生一个成果
ISO 21502	效益是创造的优势、价值或其他积极的效果	

2)业主组织与交付组织的价值交付①

业主组织和交付组织的全生命周期划分不同。其中,业主组织管理的全生命周期包括策划、实施与运营三个阶段;交付组织管理的全生命周期包括营销、交付和交付后三个阶段。从客户和利益相关者的需求角度看,业主组织和交付组织的价值诉求存在显著差异。业主组织(如学校、医院)主要通过运营交付物(如资产)为客户提供服务,以满足客户需求。运营是长期性的,而项目交付是短暂性的。交付组织通过交付项目满足客户需求,以项目为工作管理对象。BS 6079 的 4.3.3 小节分析了两类企业;ISO 21502 的 4.2.3 节也做了对比分析。

3)价值链:价值的实现过程

工程价值链中存在以下主要关系:

(1)用户需求。项目本源的目的是满足用户的使用需求,为用户创造价值,从而获得价值回报。需求是项目的起点,如交通服务需求,汽车产品需求、住房需求。其中,用户是工程的使用者,而客户是相对供给方而言的。企业面对的是客户,通过销售产品与服务给客户,以获得价值。

(2)在需求的基础上,建立工程的价值目标体系。总目标既包括实现用户需求所需要的实体和能力,还包括在一定约束条件下(如政策、法规、市场、投资等),对实施和运维所需资源的总体安排。同时,对于持续影响、资源消耗极大的工程,还需考虑环境责任、社会责任,确保其经得起社会发展的检验。

---

① 业主组织泛指投资、项目所有者、运营企业等;交付组织泛指承包商、项目型企业等。考虑到实践中业主和交付并非完全以企业形式存在,也可能是企业内部组织,因此采用"业主组织"与"交付组织",而非"业主企业"与"交付企业"。

（3）总目标指导工程实施，形成工程技术系统①。工程实施包括设计和建造两个主要阶段。其中，设计是在目标约束条件下从图纸/概念角度细化技术系统；建造是将设计成果转化成人造物（包括实体和服务）的过程，最终形成工程技术系统。

技术系统人造物与服务系统人造物形成的周期和形式存在差异。前者的技术系统形成与服务（使用）的提供是分离的（如大桥、大飞机）；后者的服务提供与使用则同步进行（如活动、咨询服务）。

（4）交付物承载产出的能力。例如，交付的大桥具备产生交通流量的能力，但还不具备产生成果的能力，即直接提供交通服务的能力。提供交通服务还需依赖运营管理工作，如提供收费站服务、日常养护等。软件产品具有产出成果的能力，但还需通过有效地使用才可以具有提供服务的能力。

（5）通过运营管理产生成果。运营管理针对重复性的日常工作。如大桥通过运营提供通行服务；工厂通过运营管理生产产品。运营管理影响产生成果的效果和效率。

（6）通过产生的成果满足用户需求，进而形成效益。如大桥有使用者通行，工厂生产的产品被购买。

（7）在考虑成本的情形下，效益转化成价值。价值是效益和成本的综合评估。如效益很高，但成本也很高，其产生的价值并非最优；如经济效益很高，但产生的环境污染严重，也意味着价值实现并非最优。也有研究认为，价值是交付物、产生成果能力、成果、效益等因素的综合体现。

（8）价值最终反馈工程的总体目标，形成闭环。

4.2 项目管理原则

"Principle"的中文翻译是道德原则、工作准则、规范，或法则、原则、原理。在中文情境下，不同的翻译所表达的意思存在一定差异。Project management principle 常翻译成"项目管理原则"。

1.《PMBOK 指南》（第 7 版）

《PMBOK 指南》（第 7 版）强调了以项目管理原则为导向，提出 12 条项目管理原则：

（1）管家式管理：成为勤勉、尊重和关心他人的管家。

（2）团队：营造协作的项目团队环境。

（3）干系人：有效的干系人参与。

（4）价值：聚焦于价值。

---

① 本书中工程技术系统、交付物、人造物指同一对象，但适用于不同场合。在工程管理中主要指工程技术系统或者交付物，在项目管理中指交付物。

（5）系统思考：识别、评估和响应系统交互。

（6）领导力：展现领导力行为。

（7）裁剪：根据环境进行裁剪。

（8）质量：将质量融入过程和交付物中。

（9）复杂性：驾驭复杂性。

（10）风险：优化风险应对。

（11）适应性和韧性：拥抱适应性和韧性。

（12）变革：为实现预期的未来状态而驱动变革。

《PMBOK 指南》(第 7 版)并未对 12 条项目管理原则进行分类，以及阐述其中的内在联系。此外，也未明确地建立项目管理原则与绩效域之间的联系，两者处于相对松散的关联状态。

2. PRINCE2

PRINCE2 中的主题、流程和产品描述说明了应该做什么，而不是如何做。PRINCE2 的 7 个原则是非规定性的，具有通用性、可自我验证、赋能性。PRINCE2 的 7 个原则包括：

（1）持续的商业验证，该原则在第 7 版中改为确保持续的商业验证。在项目开始前，存在可验证的理由来启动项目，并且该验证需要被记录和批准。在项目生命周期中，进行持续验证。

（2）从经验中学习。学习贯穿了开始、过程和收尾几个阶段。

（3）定义角色和责任。在第 7 版中改为定义角色、职责和关系。

（4）按阶段管理。

（5）例外管理。在绩效的六个维度都设定了一定的容忍范围。超过这个容忍范围，需要上升到上一层级，并采用保证措施来确保该机制的有效性。第 7 版增加了可持续绩效维度。

（6）关注产品。第 6 版本关注管理产品和专业产品两类产品。PRINCE2 项目关注产品的定义与交付，特别是产品的质量要求。第 7 版本定义了管理产品、专业产品、项目产品、外部产品四个类型。

（7）裁剪以适应项目。

3. BS 6079

BS 6079 认为原则是适用于所有项目类型。项目管理原则包括：

（1）需要和效益驱动；

（2）在项目过程中，融合利益相关者；

（3）在项目过程中，采用单一责任；

（4）推行协作性工作；

（5）治理和管理应该是合适的和相称的；

（6）经验和教训应该被获取、分享和使用；

（7）为专业交付物和产出定义工作方法；

（8）在项目中采用阶段管理方式。

4.3 项目开发方法

1.《PMBOK 指南》(第 6 版)

第 6 版在附录 X3"敏捷型、迭代型、适应型和混合型项目环境"中对项目开发做了初步介绍。项目生命周期内通常有一个或多个阶段与产品、服务或成果的开发相关,这些阶段被称为开发生命周期。开发生命周期可沿着一个连续区间分为预测型(计划驱动型)、迭代型、增量型、敏捷型(图 4-3)。

预测型	迭代型　　增量型	敏捷型
需求在开发前预先确定	需求在交付期间定期细化	需求在交付期间频繁细化
针对最终可交付成果制定交付计划,然后在项目终了时一次交付最终产品	分次交付整体产品的各种子集	频繁交付对客户有价值的各种子集(隶属于整体产品)
尽量限制变更	定期把变更融入项目	在交付期间实时把变更融入项目
关键干系人在特定里程碑时点参与	关键干系人定期参与	关键干系人持续参与
通过对基本可知情况编制详细计划而控制风险和成本	通过用新信息逐渐细化计划而控制风险和成本	随需求和制约因素的显现而控制风险和成本

图 4-3　项目生命周期的连续区间

2.《PMBOK 指南》(第 7 版)

《PMBOK 指南》(第 7 版)将"开发方法和生命周期"作为一个绩效域,强调需要建立合适的开发方法、交付节奏和项目生命周期。开发方法是指"在项目生命周期内创建和演变产品、服务或结果的方法",其中包括预测型、混合型和适应型三种开发方法。预测型、混合型和适应型开发方法可被视为一个频谱,从一端的"预测型方法"到另一端的"适应型方法"逐渐变化。混合型方法比预测型方法更具适应性,但不如纯适应型方法的适应性强。其中混合型方法和适应型方法通常使用迭代型或增量型方法。

（1）迭代型方法。通过初始简化实施,然后逐步增加特性集的内容并做出详尽阐述,直至交付物达到完成状态。迭代型方法有助于澄清需求和探索不同的选项。

（2）增量型方法。通过增加功能逐步形成交付物,直到交付物包含必要且足够的能力。增量型方法采用一系列迭代过程以形成交付物。每个迭代都会在预先确定的时间期限(时间盒)内增加功能,最后一个迭代结束后,交付物才被视为完成。

选择开发方法需考虑的因素包括产品、服务或结果,项目和组织(表 4-2)。

表 4-2　影响项目开发方法的因素（《PMBOK 指南》第 7 版）

类别	因素
产品、服务或结果方面	创新程度；需求确定性；范围稳定性；变更的难易程度；交付选项方案；风险；安全需求；法规
项目	干系人；进度制约因素；资金可用情况
组织	组织结构；文化；组织能力；项目团队的规模和所处位置

开发方法会进而影响其他方面：①交付物的类型和开发方法共同影响项目交付的次数和节奏。需要有效协调交付节奏、开发方法和项目生命周期。交付物的开发方法和期望的交付节奏决定了项目生命周期及其阶段。交付节奏是指项目交付物的时间安排和频率。项目可一次性交付、多次交付或定期交付。②开发方法影响项目生命周期。需要选择与项目交付物相符的开发方法与生命周期。

在《工作分解结构（WBS）实践标准》（第 3 版）也分析了如何在不同项目开发方法下建立 WBS。

（1）在预测型生命周期中，需在早期阶段确定项目范围、时间和成本。对范围的变更需要进行检查。

（2）在迭代型生命周期中，虽然项目范围在早期得以确定，但时间及成本估算会随着项目团队对产品理解的深入而被修改。迭代是通过一系列重复的活动来开发产品。工作分解结构的第二层级是项目阶段（如分析、设计、构建和测试、交付），对各阶段可针对不同的对象进行多次迭代，如对分析阶段可进行多次迭代。

（3）在增量型生命周期中，通过在一定时间内一系列迭代来渐进地增加产品功能。在最后一次迭代中，交付成果可视为完成。工作分解结构的第一层级是项目名称，项目阶段是第二层级，第二层级作为迭代的对象。

（4）在敏捷型生命周期中，通过一系列迭代来交付所需要的功能。

2. BS 6079

BS 6079 提出了项目交付方法（project delivery approach），并提及产出和成果类型影响交付方法，交付方法进而影响项目生命周期，以及治理方式和项目管理活动的选择。交付方法通常也称作方法论或开发方法。

项目交付方法可用于定义项目产出和成果，并与项目管理计划相关联。项目交付方法涉及需求如何被决定，解决方案如何被定义和融入已有环境，以及解决方法与需求的确认与验证等。管理交付主要涉及对工作包的管理。

3. PRINCE2

PRINCE2 提出了项目方法（project approach），即项目工作交付方法。第 6 版提出的典型方法有：①瀑布式，指交付过程是顺序性的；②敏捷式，指在项目中，各阶段工作迭代进行。项目中依赖一种或多种交付方式。在项目发起阶段，需明确所采用的交付方法。交付方法包含几个交付步骤，如敏捷式中的迭代，瀑布式中的研究、设计、建设、测试等。

PRINCE2通过对项目产品描述来定义产品的目的、组成、来源、格式、质量标准和质量方法。它提供了确定项目投入、资源需求、依赖关系以及活动安排的方法。对于运用敏捷交付方法的项目,在初期重点关注项目产品的目的、来源和质量标准,以实现初始功能。关于组成和格式的进一步信息,将在产品推进过程中逐步呈现。PRINCE2也在裁剪部分介绍了使用敏捷方法的项目启动流程。

第7版将交付方法(delivery method)定义为交付项目工作的方法(术语表),提出三种交付方法:线性-顺序方法、迭代-增量方法、混合方法。项目可能以一种或多种交付方法来创造所需的产品。PRINCE2为专业交付方法提供了受控环境,可将项目管理与生产项目产品的专业工作相分离。

4. APMBOK

APMBOK采用部署方法(deployment approach)。项目部署方法影响项目生命周期的结构,进而影响项目包含的阶段,以及不同阶段间的顺序和相互关系。部署方法包括:

(1)线性(型)。项目被分成不同的阶段,这些阶段按顺序完成,每个阶段通常提供部分能力,直到最后状态被实现。其跨度从最初概念的形成到最终结果、成果或效益的部署。

(2)增量型。目标状态可通过一些阶段性的规划来实现,每个规则包含若干步骤,这些规划可以形成"快赢",进而节约稀有资源或交付早期效益。

(3)迭代型。迭代侧重通过原型、时间框、并行活动来获得新洞察和反馈或探索高风险可能性。

(4)演化型。部署需要一些大的转换,每个转换都是基于上一个阶段的反馈。

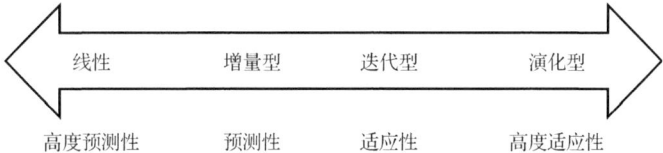

图4-4 APMBOK部署方法

APMBOK提到不存在通用的最佳部署方法,项目中需要根据情境选择适合的方法,通常是上述部署方法的组合。

此外,APMBOK还定义了项目群开发方法,包括:①线性。②增量。达到新状态是通过阶段式的过程,过程中改变交付效益的能力,形成"快赢"。③试验性。当前进的方向不明确时,通过并行项目的活动来探索高风险选项;④演化型。

项目开发方法的讨论

1)概念的翻译

《PMBOK指南》(第7版)采用development approach,直译为"开发方法",被定义为"在项目生命周期内创建和演变产品、服务或结果的方法",包括预测型、迭代型、增量型、敏捷型、混合型方法。此外,也使用过开发方法(development methods),用词并未完全统一。在几个开发方法中,《PMBOK指南》(第7版)中将 adaptive approach 翻译成适应型方法;APMBOK采用"演化型"(evolutionary),两者表达的意思相似。此外,以下几个术语的翻译需要再斟酌,如预测型(predictive)、增量型(incremental)、迭代型(iterate)、演化型(evolutionary)、适应型(adaptive),以及方法(methods)、方式(approach)。

2)项目开发方法

从操作层面,敏捷和预测型开发方法已经具有较为成熟的方法和工具,而其他类型尚没有。在工程项目中,可区分工程开发方法和项目开发方法:工程开发方法强调以工程提供功能、产生效益为导向的工程组织实施方式。工程直接联系功能和效益产出。如片区如何分期,高速公路如何分段,工厂如何分期,地产项目的毛坯或精装修交付。项目开发方法是以项目的交付物为导向的实施方案,通过将项目全生命周期划分为几段进行分段管理。该交付物可能是过程性或结果性交付物。如设计项目采用迭代开发方法,包括方案设计、初步设计、施工图设计。施工项目采用增量开发方法,分部分项进行工程验收。

3)开发方法的选择和实施

(1)开发方法的选择遵循范围界定、分解、验证和集成的总体思路。其中,分解后的结构应是可定义、可实施和可验证的。范围包括交付物范围和过程范围。分解主要涉及交付物分解和过程分解。范围与分解结构可以用于初步定义项目生命周期。

(2)不同的项目开发方法在分解、定义、实施和验证的方式和方法上存在差异。不同开发方法影响范围界定、实施周期和阶段、进度、质量、成本管控方式、能力要求等。

4.4 项目生命周期和阶段

1.《PMBOK指南》

《PMBOK指南》(第6版)将项目生命周期定义为项目从开始到完成所经历的一系列阶段,如表4-3所示。项目阶段是一组具有逻辑关系的项目活动的集合,通常以一个或多个交付成果的完成为结束。如图2-1中,项目生命周期包含的开始项目、组织与准备、执行项目工作、结束项目四个阶段。这些阶段之间可能是顺序、迭代、交叠的关系。

表4-3 项目管理阶段相关概念

阶段相关概念	定义
项目生命周期	项目从开始到结束所经历的一系列阶段
项目阶段	一组具有逻辑关系的项目活动的集合,通常以一个或多个交付成果的完成为结束
阶段关口	为做出进入下一阶段、进行整改或结束项目群或项目的决定,而开展的阶段性审查

阶段相关概念	定义
项目管理过程	旨在创造最终结果的系列活动,以便对一个或多个输入进行加工,生成一个或多个输出
项目管理过程组	项目管理输入、工具和技术以及输出的逻辑组合。项目管理过程组包括启动、规划、执行、监控和收尾。项目管理过程组不同于项目阶段

在《PMBOK 指南》(第 6 版)中,项目阶段具有以下特征:①每个阶段有一定时限,包括起始点、结束点或控制点;②在各时点,可把项目绩效与项目管理计划进行比较,以确定项目是否应该变更、终止或按计划继续;③项目阶段的名称、数量和持续时间取决于参与项目的一个或多个组织的管理与控制需要、项目特征及其所在的领域。

阶段关口设置在项目阶段结束时,用于将项目的绩效和进度与项目和业务文件进行比较。在不同组织、行业或工作类型中,阶段关口可能被称为阶段审查、阶段门、关键决策点和阶段入口或阶段出口等。

项目生命周期包含一系列项目管理活动,活动组成项目管理过程。项目管理过程通过合适的项目管理工具和技术将输入转化为输出。输出可以是交付成果或结果。结果是过程的最终成果。过程通常分为三类:①仅开展一次或仅在项目预定点开展的过程;②根据需要周期性开展的过程;③贯穿项目始终执行的过程。项目管理过程组指对项目管理过程进行逻辑分组,以达成项目的特定目标。项目管理过程可分为启动、规划、执行、监控、收尾五个过程组。

此外,第 6 版的附录 X3.2 介绍了"基于迭代的顺序阶段"和"持续进行的交叠阶段"。虽然《PMBOK 指南》(第 7 版)对项目生命周期和阶段的定义与第 6 版没有区别,但突出了开发方法和交付节奏两者对项目生命周期中阶段的类型和数量的影响。项目阶段间设有阶段关口,以便在进入下一阶段之前检查是否已达到预期成果或满足当前阶段的退出要求。退出要求可能与交付物、合同义务、特定绩效目标或特定验收标准相关。

2. ISO 21502

ISO 21502 将项目生命周期定义为项目开始到结束的一系列阶段。项目阶段的数量和名称取决于项目类型、治理类型和预期风险。这些阶段可以反映所采取的交付方法,如预测型、迭代型、增量型、适应型或不同方法的混合。

项目生命周期的定义需要考虑组织和项目的治理、风险、控制因素、项目属性和特征、其他组织与环境因素。项目生命周期包括项目前活动、计划和控制项目活动,项目后活动。其中项目后活动用于验证成果的可持续性及效益的实现。

每个阶段有确定的开始和结束时间,有具体的可联系决策、关键服务、产出和成果的里程碑事件。每个阶段结束之前有一个决策点。每个阶段的开始也有一些特定指标。在某些项目中,阶段之间存在重合。

3. PRINCE2

PRINCE2 认为项目生命周期由管理阶段所组成,管理阶段也是项目计划和治理的基础模块。PRINCE2提供了一个典型的线性(型)生命周期模型,包括启动阶段、后续阶段、最后阶段。项目生命周期之外还包括项目前期和项目后期两个阶段。前期对应项目准备流程,后期对应项目成果及效益的评审活动。

PRINCE2设置了阶段边界管理流程。阶段边界管理流程的目的是确保项目经理向项目管理委员会提供充分的信息,使之能够:①评审当前阶段的成果;②批准下一个阶段计划;③评审更新的项目计划;④确认持续商业验证和风险的可接受性。在每个管理阶段结束或临近结束时,执行该流程。

PRINCE2第7版的计划实践中提到,阶段划分需要考虑交付方法、交付活动的顺序、涉及的人员和资源类型、关键决策点、风险等。并描述了阶段的数量、阶段的长度、阶段和工作包。

4. APMBOK

APMBOK将项目生命周期定义为由一系列不同阶段所构成的框架,用以将概念和想法通过有序、有效的方式转化为现实。生命周期也作为重要的管理工具,用以分配资源、集成活动、支持及时决策、减轻风险以及提供相匹配的控制和治理机制。项目生命周期可作为项目管理的基础。

项目生命周期与部署方法紧密关联。部署方法的范围介于高度预测性和高度自适应性之间,可以沿着一个频谱来描述。依据部署方法可将项目生命周期分为线性(型)、迭代型、混合型等。

(1)线性(型)生命周期。过程按顺序执行,当一个阶段的里程碑完成后,才能进入下一个阶段。

(2)迭代型生命周期。由几个迭代组成,允许先部署初始能力,再连续交付进一步的价值。迭代型生命周期是基于并行工程的思想,允许不同的开发步骤同步进行。迭代型生命周期在进入下一个阶段之前重复一个或多个阶段,并通过学习,发现和处理其中的不确定性。快速地部署部分解决方案可以获得及时反馈和新洞察,进而有助于后续工作的开展。迭代通常采用渐进性的步骤。

(3)混合型生命周期。混合型生命周期融合预测型和适应型方法,使用原型设计、时间箱或迭代思维。对项目生命周期的裁剪可以将预测型方法集成到适应型方法中,也可以借用敏捷概念和工具加强预测部署。

(4)扩展的生命周期。项目生命周期扩展到了采用和效益实现阶段,采用是指新项目的运用,效益实现是指其产出相应的效益。

(5)产品生命周期。产品生命周期阶段还需考虑运营、演化和报废处置。

5. PM² 方法论

PM² 方法论将项目生命周期分为四个阶段,每个阶段有不同类型的活动占据主导地位。与阶段相关的活动也可以在邻近阶段中执行。例如,计划阶段的活动也在执行阶段中重复,各阶段的活动存在关联(图4-5)。

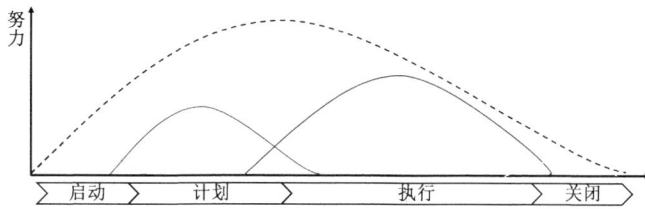

图 4-5　项目生命周期(PM² 方法论)

具体包括:

(1)启动阶段。定义所需的结果,创建业务案例,定义项目范围。

(2)计划阶段。分配项目核心团队,详细阐述项目范围,计划工作。

(3)执行阶段。协调项目计划的执行,生产交付成果。

(4)关闭阶段。协调项目验收,项目绩效报告,获取经验教训和项目完成后的建议,关闭项目。

(5)监测和控制。监督项目生命周期内的所有工作和管理活动,监控项目绩效,衡量进度,管理变更,解决风险和问题,确定纠正措施等。在 PM² 方法论中,监测和控制并不是具体的一个阶段。

每个阶段都定义了主体、阶段的输入、阶段的内容、阶段的输出、关口。在每个阶段结束时,由适当的人员(如项目经理、项目指导委员会或其他授权角色)对项目进行审查。这些关口有助于促使项目以受控的方式进行。

6. BS 6079

BS 6079 第八章包含项目生命周期的内容,其中包括项目生命周期定义、项目生命周期的组成、扩展的项目生命周期、认识不同项目生命周期的相同工作。

项目生命周期是一个结构化的框架,用于控制项目从构想到完成的过程。设置生命周期的目的包括:①在项目开始阶段做出决策,并为后续成功奠定基础;②确保工作开展具有合适规模和可管理的阶段,以促进合适的治理、控制与检查;③确保项目实施过程继续投资与开始新阶段的决策是可控且谨慎的;④实现项目有清晰定义和组织的结束时点。项目生命周期是由项目集成化管理活动支持的。

项目生命周期包括关口、阶段、评审、里程碑等要素,如图 4-6 所示。此外,BS 6079 中并没有明确项目阶段的名称,而是代以"第一个阶段""最后一个阶段"等,并在阶段之间设置关口。此外,在项目生命周期外有"项目前阶段"和"项目后阶段"。在扩展的项目生命周期小节,项目生命周期也扩展到使用甚至到拆除阶段。BS 6079 也提到了项目群、多组织参与的项目的生命周期,但未作展开描述。

项目阶段中具有相互关联和联系的活动。项目阶段一般是顺序性的,但也可能存在重叠的可能性。阶段一般包括:①项目团队动员、规划项目、通过商业计划研究项目的可行性;②开发解决方案来实现商业需求;③项目产出的开发;④将项目产出转换到运营;⑤试运行以确认成果是可持续的。

关口是正式授权的决策点,通过设置关口来启动新的项目阶段和保证项目进展的可控。关口的决策内容包括:项目的必要性;确认项目的商业计划的有效性以及期望的效益的可实现性;验证风险的可管理、可接受性;验证开始下一阶段的指标的可满足情况;评估项目的受控性;评审和批准后续工作计划以及详细的下一阶段计划;确认项目有充足的资源;考虑阶段内的评审结果;对开启下一项目阶段进行决策。决策者一般是项目赞助人或更高层级的管理者。

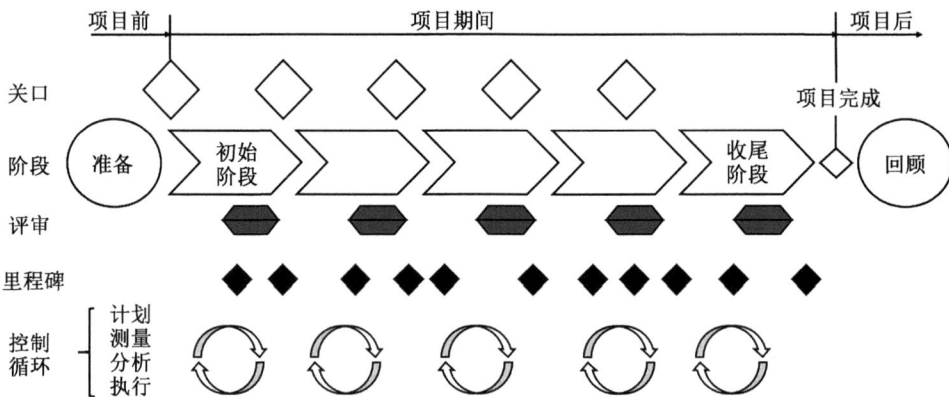

图 4-6 项目生命周期与阶段(BS 6079)

此外,BS 6079 中还考虑了扩展的项目生命周期,并指出项目不仅提供产品、服务或能力,还产生运营成果。

项目生命周期与阶段的讨论

1)项目生命周期

(1)线性生命周期。各阶段的活动侧重不同,并且各阶段有明确的关口、进入和退出标准。通常分为:①一般线性生命周期。《PMBOK 指南》(第 6 版)和 PM² 方法论采用一般线性生命周期模型。②扩展的线性生命周期。APMBOK 采用扩展的项目生命周期、产品生命周期。线性生命周期中的阶段之间存在特定的联系。例如,PM² 方法论中特定阶段的活动虽然可以跨阶段,但只在相邻阶段交叠;《PMBOK 指南》(第 6 版)的五大过程组中,启动、计划、执行、关闭四大过程组对应项目生命周期的特定阶段,监控过程组贯穿整个生命周期始终;PM² 方法论类似,监控贯穿整个项目生命周期始终。

(2)非线性生命周期。当将开发方法纳入考虑时,项目生命周期可能变成非线性。《PMBOK 指南》(第 7 版)指出,针对不同开发方法有不同的项目生命周期模型,体现出不同的阶段定义和阶段间的关系。非线性生命周期分为混合型、适应型、增量型、迭代型。APMBOK 针对预测型和适应型的区间(线性、增量、迭代、进化),将生命周期模型分为三种:线性生命周期、迭代型生命周期和混合型生命周期。

项目生命周期类型具有多样性,可能会受到目标、环境、组织和其他激励措施或约束因素的影响。因此,需要根据情境和开发方法对项目生命周期进行裁剪。在不同的知识体系中,尽管项目的全生命周期定义存在差异,但总体上各项目生命周期都有明确的定义,以及相对明确的开始和结束时间。

2)项目阶段的划分和关口

项目生命周期为项目管理提供基本的框架,而分阶段提供更为可操作的实施路径。不同项目管理知识体系在线性生命周期的阶段划分上大致相同。例如,PM² 将项目生命周期划分为四个阶段,分别为启动、计划、执行和关闭阶段。与阶段有关的活动也可以在相邻阶段中重复执行。ICB4.0 中没有具体对项目周期和决策点进行定义和划分,但它强调在项目中遵循组织既定阶段流程,以及正确确定关键决策点。PRINCE2 中生命周期有三个管理阶段,分别是启动阶段、后续阶段和最后阶段。ISO21502 包括项目前、项目实施过程和项目后三个阶段。

每个阶段包括主体、输入、活动内容、输出、关口等。阶段与阶段之间有关口,在关口处做出决策,以确定项目是否变更、中止或者进入下一个阶段。

4.5 情境与裁剪

4.5.1 情境

1.《PMBOK 指南》

在《PMBOK 指南》(第 6 版)的"项目管理指南"的第二部分"项目运行环境"中,介绍了事业环境因素、组织过程资产、组织系统。事业环境因素源于项目外部(往往是企业外部)的环境,并可能对企业、项目组合、项目群或项目产生影响。组织过程资产源于企业内部,可能来自企业自身、项目组合、项目群、其他项目或这些方面的组合。组织过程资产可分成过程、政策和程序、组织知识库两大类。此外,项目管理标准部分的 1.10 节简单介绍了事业环境因素和组织过程资产。

《PMBOK 指南》(第 7 版)在价值交付体系中引入了"项目环境"(project environment),认为项目在特定的内部和外部环境中运作,项目环境对价值交付会产生不同程度的影响,也会影响到其他项目活动。其中内部环境包括过程资产、治理文件、数据资产、知识资产、安保和安全、组织文化、结构和治理、设施和资源的地理分布、基础设施、信息技术软件、资源可用性、员工能力等。外部环境包括市场条件、社会和文化影响与问题、监管环境、商业数据库、学术研究、行业标准、财务考虑因素、物理环境等。

十二大项目管理原则之一是"依据情境进行裁剪",强调通过裁剪来适应项目情境。此外,在项目管理原则"识别、评估和响应系统交互"中提出从整体角度识别、评估和响应项目内部和外部的动态环境。在项目管理原则"驾驭复杂性"中提出复杂性是由于人类行为、系统行为和模糊性而难以管理的项目或其环境的特征。

2. BS 6079

BS 6079 介绍了项目情境,其将项目情境定义为承担项目所处的环境(circumstance)和条件。项目情境影响项目治理的选择、生命周期、管理和交付方法。

项目情境体现在以下几个方面的组合:①项目对于组织的重要程度;②组织在项目中的角色;③组织的运行模型;④项目与上层级项目群、项目组合之间的关系;⑤项目复杂性和组织的能力和成熟度。

3. ISO 21502

ISO 21502 用单独章节阐述了项目情境,包括项目情境的影响、组织策略和项目、客户与供应视角、项目约束以及项目作为独立项目或作为项目群/项目组织的一部分的特定情况。ISO 21502 认为项目情境影响项目的绩效和成功,因此项目团队应充分考虑组织内部和外部因素,确保项目的治理框架和组织流程和系统相适应。其中,组织内部因素包括战略、技术、管理和项目管理成熟度、资源可获取性、组织文化与结构等;组织外部因素包括政治、经济、文化、地理等方面,这些因素将带来约束条件或风险等。项目与其情境的关系在裁剪项目管理、形成商业计划、开展可行性研究、设计项目实施到运营的转换等都需重点考虑。

ISO 21502 介绍了组织战略相关的情境。组织建立战略需要考虑内外部因素,同时项目是实现战略的重要手段。在情境一节中从客户与供应商的视角,介绍了项目约束及项目与项目群、项目组合的关系。

4. PRINCE2

PRINCE2 第 6 版认为项目可能处于多种不同的情境下,既可能是独立的某个项目,也可能是项目群或项目组合的一部分,或者是商业交易的一部分。此外,PRINCE2 还关注组织环境,认为组织通常需要根据自身的工作方式进行裁剪和调整。

在 PRINCE2 第 7 版中,将第 6 版的"环境"改为了"情境",并将情境作为五个核心的要素之一。项目情境包括组织情境、商务情境、交付方法、可持续性情境、规模五个部分。此外,7 个实践对情境做了重点强调,突出了实践中情境差异的影响,每个实践章节中都有单独的小节介绍情境。

5. APMBOK

APMBOK(第 6 版)第一部分涉及情境,将其定义为应对项目、项目群、项目组合的契合于更大范围组织的方式,包括治理和背景两部分。其中背景是关于更大范围的、对项目实施带来影响的组织因素,具体包括环境、运营管理、战略管理三部分。APMBOK(第 7 版)并未设置单独的情境章节,但在"执行战略"一节中提及组织环境,指出环境中产生大量不确定性。

6. ICB4.0

ICB4.0 提出项目管理者"环境能力"要求,表明 ICB 认为项目管理应当考虑项目情境,并应具备应对项目情境的能力。环境能力包括：①战略；②治理、结构与流程；③遵循的要求、标准与规则；④权力与利益；⑤文化与价值。

4.5.2 文档与模板

1.《PMBOK 指南》(第 7 版)

《PMBOK 指南》(第 7 版)在 4.6 章节呈现了常见工件。工件是一种模板、文件、输出或项目交付物，其中包括：

（1）战略工件。包括商业论证、商业模式画布、项目简介、项目章程、项目愿景说明书、路线图。

（2）日志和登记册。包括假设日志、待办事项列表、变更日志、问题日志、经验教训登记册、风险调整待办事项列表、风险登记册、干系人登记册。

（3）计划。包括变更控制计划、沟通管理计划、成本管理计划、迭代计划、采购管理计划、项目管理计划、质量管理计划、发布计划、需求管理计划、资源管理计划、风险管理计划、范围管理计划、进度管理计划、干系人参与计划、测试计划。

（4）层级图。包括组织分解结构、产品分解结构、资源分解结构、风险分解结构、工作分解结构。

（5）基线。预算、里程碑进度计划、绩效测量基线、项目进度计划、范围基线。

（6）可视化数据和信息。包括亲和图、燃尽图/燃起图、因果图、累积流量图等。

（7）报告。包括质量报告、风险报告、状态报告等。

（8）协议和合同。

（9）其他工件。

2. PM² 方法论

关键的文档包括项目发起提议、商业计划、项目章程、项目手册、项目工作计划、项目交付物、项目总结报告。项目文档的作用包括：①促使项目成员将模糊的内容付诸文字，以此来细化想法；②落实计划；③定义批准的项目范围，保证所有项目利益相关者对交付物和交付计划形成共同的预期；④提供清晰的项目需求；⑤促进内外部成员的沟通；⑥提供监测和控制项目进展的基准；⑦提供决策记录；⑧提供官方审计所需的信息；⑨保存组织记忆，并作为历史参考。

3. PRINCE2 第 7 版

管理产品在其附录 A 中列出。管理产品分为三种类型：基线、报告和记录，呈现的格式如文本文件、幻灯片、电子表格或信息系统中的数据等：①基线管理产品是指定义项目各个方面的管理产品，包括商业论证、计划、产品描述、项目概述文件、项目启动文件、项目产品描述、工作包描述。②报告指提供项目特定方面状态的管理产品，包括检查点报告、项目竣工报告、例外报告、要点报告、问题报告、经验教训报告。③记录是维度项目进展信息的动态管理产品，包括日志、问题登记单、经验教训记录单、产品登记单、质量等级单和风险登记单。

4.5.3 裁剪

1.《PMBOK 指南》

1)《PMBOK 指南》(第 6 版)

《PMBOK 指南》(第 6 版)的"项目管理指南"的引论章节介绍了基本要素"裁剪"。在项目管理标准的引论部分介绍了"裁剪项目工件",项目工件包括项目管理过程、输入、工具、技术、输出、事业环境因素和组织过程资产。

《PMBOK 指南》(第 6 版)所述的"裁剪"是指项目经理与项目团队和其他相关方携手合作,共同确定并采用适用于各个项目且被普遍认可的良好实践。确定过程、输入、工具、技术、输出和生命周期阶段的合适组合,以管理项目的过程。其中解释道,这些标准文件可识别项目管理知识体系中被普遍认可为"良好实践",但良好实践并不意味着这些知识将一成不变地应用于所有项目。同时,分析了不同的知识领域裁剪的考虑因素,例如,整合管理裁剪需要考虑的因素包括项目生命周期、开发生命周期、管理方法、知识管理、变更、治理、经验教训、效益。《PMBOK 指南》(第 6 版)的附录 X5 总结了知识领域裁剪的考虑因素。

2)《PMBOK 指南》(第 7 版)

在《PMBOK 指南》(第 7 版)中,裁剪的概念得到了进一步强化。在其变更摘要中提到:"原先版本的《PMBOK 指南》强调必须对项目管理方法进行裁剪,使之适应于各项目的独有特征及其运行背景。第 6 版包括了相关考虑因素,以帮助项目团队思考如何对其项目管理方法进行裁剪。这些内容包含在各知识领域章节的前言部分,同时介绍了各类项目环境的考虑因素。本版特设'裁剪'一章,对这项内容做出了进一步阐述。"

《PMBOK 指南》(第 7 版)在指南部分的 12 条项目管理原则中设置了"根据环境进行裁剪"原则。在标准部分专门设置了"裁剪"章节。裁剪根据项目的背景及其目标、干系人、治理和环境设计项目开发方法,使用"刚好够"的过程实现预期成果,同时使价值最大化。并且,裁剪是迭代的过程,在整个项目进行期间,裁剪是一个持续的过程。裁剪旨在最大化价值、管理制约因素并提高绩效。

裁剪的定义是"对有关项目管理方法、治理和过程做出调整,使之更适合特定环境和当前工作"。《PMBOK 指南》(第 7 版)指出不存在一种适用于所有组织的治理框架。组织应根据组织文化、项目类型和组织需求来裁剪治理框架。裁剪旨在更好地满足组织、运行环境和项目的需要。裁剪的内容包括生命周期和开发方法、过程、参与、工具、方法和工件。

裁剪的过程如图 4-7 所示。进行裁剪时,首先选择开发和交付方法,其次对组织和项目进行裁剪,最后实施持续改进。

图 4-7　裁剪过程的步骤[《PMBOK 指南》(第 7 版)]

此外,还介绍了对绩效域进行裁剪,与每个绩效域相关的一些裁剪考虑事项包括干系人、项目团队、开发方法和生命周期、规划、项目工作、交付、不确定性、测量。

2. PM² 方法论

PM² 方法论的裁剪需要注意以下方面:①正确理解 PM² 方法论要素的目的和价值;②避免简单地删除整块内容,而是对要素范围进行调整;③平衡好项目中需要的控制程度与额外控制所需的努力;④虽然可以删除多余的要素,但仍需遵循 PM² 方法论在四个支柱与心智中所体现的精神;⑤裁剪和设计应成为一个整体,以避免不必要的变异。

3. PRINCE2

PRINCE2 的七大原则之一是"裁剪以适应项目"。根据项目的环境、规模、复杂性、重要性、团队能力和风险来剪裁 PRINCE2。剪裁的目的是确保项目管理方法论与项目环境相关,确保项目控制水平能够适应项目的规模、复杂性、重要性、能力和风险。进行剪裁需要项目管理委员会和项目经理对如何应用这种方法论做出选择和决策。并且,项目启动文件中应描述针对具体项目如何剪裁 PRINCE2,项目中的每一个人都需要了解如何使用PRINCE2,以及应该如何履行他们在项目中的责任。

PRINCE2 中单独探讨了"裁剪和采用 PRINCE2",描述如何裁剪 PRINCE2 以适应项目,例如可以裁剪什么、由谁负责裁剪等。裁剪是指"对一个方法或流程进行相应的调整,使之适应其所需要应用的环境"。剪裁内容包括流程、主题、角色、管理产品及术语等。PRINCE2 提出剪裁作为原则之一,是强制性的。但对一个项目来说,不存在所谓唯一正确的剪裁方案。有效的剪裁要求有相应的技能、经验和判断力。剪裁受环境的制约和影响,如图 4-8 所示。

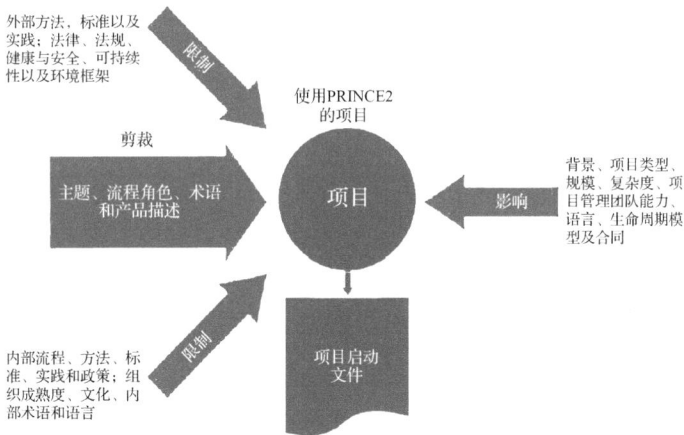

图 4-8 裁剪的限制和影响(PRINCE2)

具体而言,包括以下方面:

(1)对主题进行裁剪。虽然 PRINCE2 提出 7 个主题必须全部应用到项目中,但需要按照项目的风险、规模、特点属性和复杂程度进行剪裁,要始终确保主题中任何一个最小的、细化的要求得以满足。对 PRINCE2 主题的剪裁允许创建合适过程和控制,条件是坚持 PRINCE2 原则,满足每一个主题的最低要求,不违背每一个主题的目标。例如,为了灵活应对不同环境及不同项目规模,PRINCE2 定义了一系列角色及其职责。PRINCE2 没有将每一个角色的工作定义给每一个人。根据项目的需要,一个角色可以由多个人共同承担,或将几个角色合并而由一个人承担。但职责必须分配到位。

(2)对流程进行裁剪。对 PRINCE2 流程进行调整,修改流程、活动、顺序以及角色职责的分配,其前提是坚持 PRINCE2 原则,不影响被裁剪流程的目的和目标。并在准备流程、指导流程、启动流程、阶段控制流程、产品交付管理流程、阶段边界管理流程、收尾流程介绍了流程裁剪指南。

(3)裁剪管理产品描述。管理产品按照每个项目的需求和环境进行裁剪。可以包括管理产品的组成、格式、质量标准以及命名。

PRINCE2 认为裁剪有两种情形:①如果组织中没有特定的项目管理方法,可以直接从 PRINCE2 中进行裁剪;②如果组织中有基于 PRINCE2 的项目管理方法,可以裁剪来适用于某特定项目。PRINCE2 的第 21 章提供了关于如何在组织中剪裁并采用 PRINCE2 的建议和示例。对 PRINCE2 进行裁剪,以创建特有的方法,将裁剪过的方法植入组织的工作实践中,并确保其广泛使用。PRINCE2 提到可以采用成熟度模型评估来帮助裁剪。

PRINCE2 第 7 版也提出了依据项目情境进行裁剪,并在实践、流程章节都具体介绍了如何依据情境进行裁剪。

4. ISO 21502

ISO 21502 认为应当裁剪项目管理实践以适应组织需求、风险等级和项目团队人员的能力,工作方法和流程也应当裁剪。

项目情境与裁剪的讨论

1)情境和裁剪的重要性

当前不同的项目管理知识体系/标准/方法论充分意识到了难以用一个统一框架管理所有项目类型,因此都强调了裁剪的重要性。裁剪的核心是权变思想,即如果发生或存在着某种情境因素,则需要采取对应的管理措施和方法来与之匹配,以更好地实现组织目标。因此,有效区分和定义情境因素、项目管理体系,有助于对裁剪达成一致理解。

2)情境的内容

翻译用词中情境(context)和环境(environment)不同:情境是指项目管理所处的背景,即项目管理嵌入在这些情境中;而环境是指约束或外部因素。常见的情境因素可从以下方面分析:①情境中存在常见的假设条件。如研究中国事业单位的项目组织问题,其编制、薪酬等情境因素构成了问题所处的假设条件,影响研究结论的适用范围和边界。②项目管理由其上层系统提出的需求所决定,上层系统通常与情境融为一体。③当项目管理应用于不同特征的载体上时,也呈现出差异化的情境条件要求,如重大基础设施和软件项目的质量管理,重大基础设施和软件开发是质量管理的载体。

相较于情境,边界和约束条件直接影响项目管理的设计。很多约束条件难以量化和显性化,但又直接影响项目管理目标的设定、项目管理体系的设计和实施。

3)标准化与定制化的统一

裁剪的优势是根据情境可以进行针对性调整,避免因使用统一的项目管理体系而错配不同的情境。裁剪的前提条件是具备一定的标准化内容,实现标准化和定制化的统一。其中标准化可实现规模经济,但是项目的特殊性则需要一定程度的定制。

裁剪的项目管理应遵循以下原则:①目标导向原则。裁剪的目的是使得项目管理体系更有效地运转,以支撑项目目标的实现。②最适合原则。形成适合的项目管理体系来实现预定的目标。最适合意味着实践中并不以追求最优为目的。③整体性原则。裁剪所得到的项目管理形成一个整体。

项目管理知识体系中一般用"tailor"一词表达裁剪。实践中需要综合多种来源的知识,包括标准、规范、知识体系、实践经验等,来设计一个项目管理体系,并且该项目管理体系是动态变化的。在裁剪过程中,除情境因素外,还受其他因素的影响,如最典型的其他因素是边界和约束条件。

4)探索式创新与应用式创新

裁剪应用的条件之一是项目较为类似,属于应用式创新,即对原有项目管理体系的调整,其目的在于更好地满足当前项目的要求。但当面临更加复杂的情境时,裁剪不再适用,因此需要进行探索性创新。例如,《PMBOK指南》(第7版)将"驾驭复杂性"、"拥抱适应性和韧性"以及"为实现预期的未来状态而驱动变革"作为项目管理原则。要求项目团队警惕项目中出现复杂性问题,及时调整方法和计划,以有效地交付项目。此外,《PMBOK指南》(第7版)在"不确定性绩效域"中分析了项目应对不确定性、模糊性、复杂性和易变性等时将产生的预期成果。

4.6 项目管理集成流程

项目管理强调系统性和集成性,将整个管理过程视为一个系统,以实现整体性。

1.《PMBOK指南》(第6版)

《PMBOK指南》(第6版)中的项目整合管理突出了集成概念。项目整合管理包括识别、定义、组合、统一和协调各项目管理过程组的各个过程和活动而开展的过程与活动。整合管理包括指定项目章程、指定项目管理计划、指导与管理项目管理工作、管理项目知识、监控项目工作、实施整体变更控制、结束项目或阶段。

项目整合管理具体包括:①确保项目交付成果的最终交付日期、项目生命周期及效益实现计划保持一致;②提供可实现项目目标的项目管理计划;③确保创造合适的知识以运用到项目中,并从项目中汲取知识;④管理项目绩效和项目活动的变更;⑤做出针对影响项目的关键变更的综合决策;⑥衡量和监督进展,并采取适当的措施;⑦收集、分析项目信息,并将其传递给有关的干系人;⑧完成全部项目工作,正式关闭各个阶段、合同以及整个项目;⑨管理可能需要的阶段过渡。

项目整合管理包括进行以下选择:①资源分配;②平衡竞争性需求;③研究各种备选方法;④为实现项目目标而裁剪过程;⑤管理各个项目管理知识领域之间的依赖关系。

2.《PMBOK 指南》(第 7 版)

在《PMBOK 指南》(第 7 版)中,"系统思考"是 12 大项目管理原则之一。系统思考原则从整体角度识别、评估和响应项目内外部的动态环境,从而积极地影响项目绩效。

系统思考认为:①项目是由多个相互依赖且相互作用的活动域组成的一个系统;②系统思考需要从整体角度了解项目的各个部分如何相互作用以及如何与外部系统交互;③系统不断变化,需要始终关注内、外部条件;④项目团队应该对系统交互做出响应,从而允许项目团队充分利用积极的成果。

3. ISO 21502

ISO 21502 认为项目管理活动集成的目的包括:①实现项目目标;②在约束范围内定义和管理项目范围,并考虑风险和资源需求;③从参与和执行组织中获得支持。集成促使组织和项目生命周期活动形成一个整体(图 4-9)。其中包括:

(1) 全生命周期活动。ISO 21502 将项目生命周期,集成项目管理实践以及项目管理实践进行了融合,划分的项目阶段包括项目前活动、启动项目、控制项目、监督项目、指导项目、管理交付等方面。

(2) 组织层级包括:①赞助组织层,承担项目前活动、监督项目、项目后活动;②项目赞助人,指导项目;③项目经理,承担启动项目、控制项目、关闭或中止项目;④工作包负责人,管理交付。从上层到下层采用指导、建议、决策、情境;从下层到上层采用请求指导、建议、决策、汇报、升级。

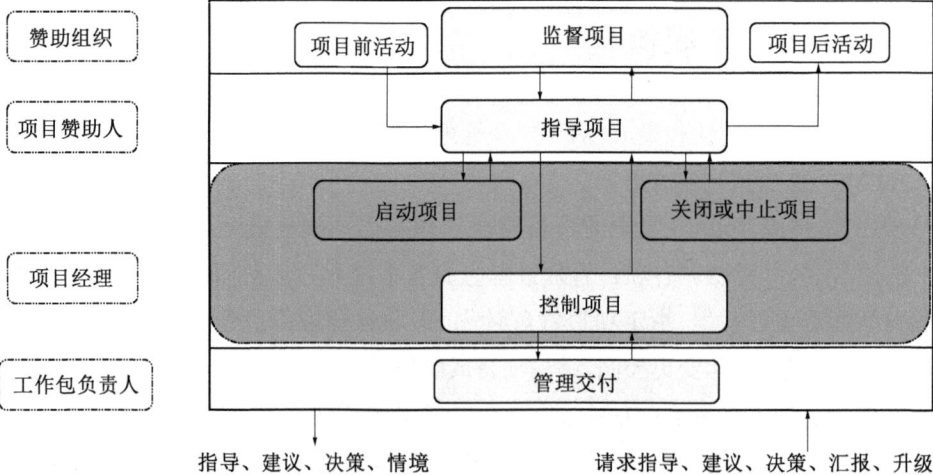

图 4-9 集成项目管理实践(ISO 21502)

4. PRINCE2

PRINCE2 是一种基于流程的项目管理方法,流程是为完成特定目标而设计的一组结构化的活动。它需要一个或多个确定的输入,并将这些输入转变成确定的输出。流程包含项目生命周期流程、项目指导流程及集成流程三个部分。集成流程将项目准备流程、项目指导流程、阶段控制流程及产品交付管理流程进行融合。PRINCE2 指出流程要在公司、项目群管理层或客户方、项目指导、项目管理和交付层的管理层次保持一致(图 4-10)。

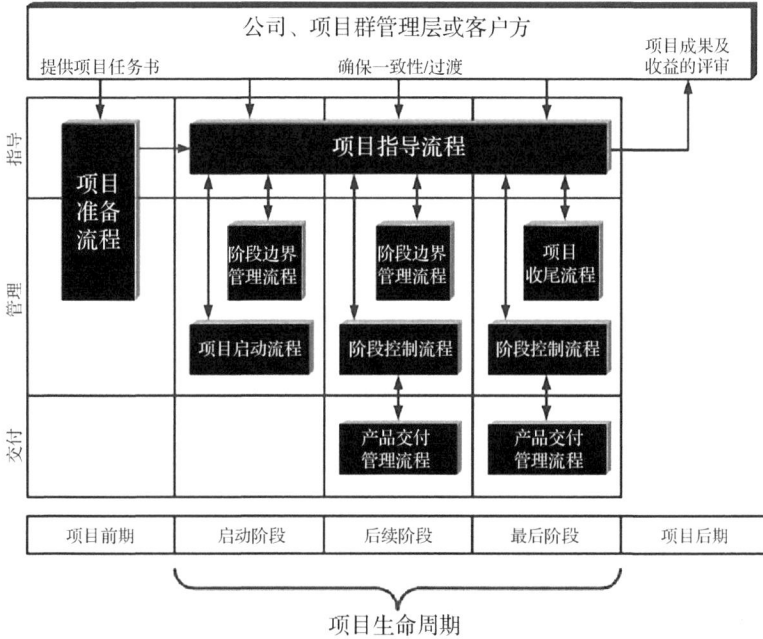

图 4-10 流程与项目生命周期的关系(PRINCE2 第 6 版)

其中,7 个流程包括项目准备、项目指导、项目启动、阶段控制、产品交付管理、阶段边界管理、项目收尾。每个流程都有与其相关的活动、产品和相关职责的检查清单(图 4-11)。PRINCE2 的流程采用如下结构进行描述:①目的,描述该流程的理由;②目标,描述流程所要实现的具体目标;③环境,描述每一个流程与其他流程和活动互相联系的环境;④活动;⑤剪裁指南,描述用于对流程进行剪裁的方法。PRINCE2 要求项目管理的流程尽可能简单,并能反映项目的需求。

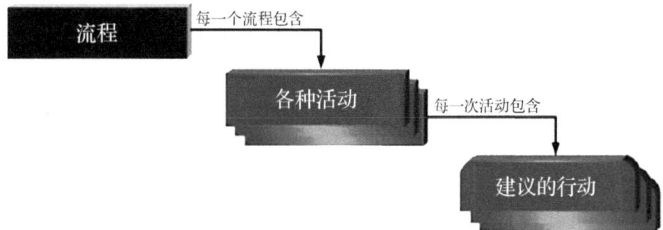

图 4-11 流程与活动的关系(PRINCE2 第 6 版)

5. PM² 方法论

PM² 方法论分析了项目总体流程的集成管理,划定了项目阶段,界定了关键阶段的输入与输出,使得各阶段之间的流程与工作实现了集成。PM² 方法论集成了以下内容:①项目驱动者,作为发动、执行、监督每个阶段内容的主体;②阶段输入;③阶段内容;④阶段输出;⑤阶段关口批准,如图4-12所示。

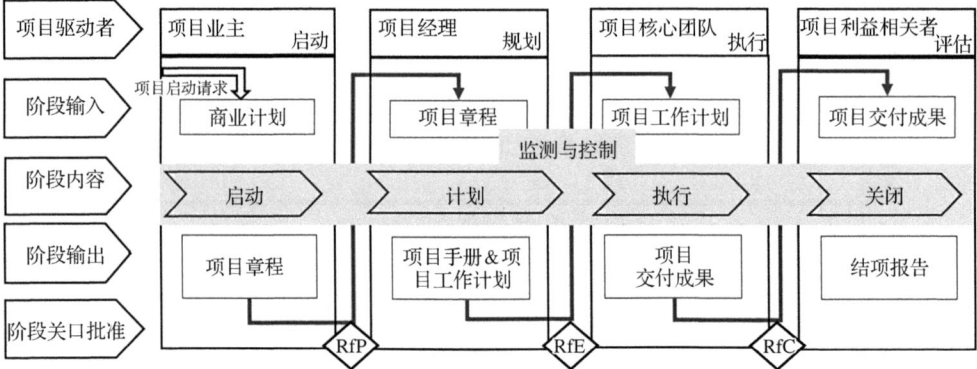

图4-12 项目管理的流程集成(PM² 方法论)

6. BS 6079

BS 6079 的项目集成活动包括:①委托一个项目,包括为项目做准备、监督、批准项目或其中的阶段,评审项目成果;②指导项目;③管理项目,包括发起项目、管理项目和关闭项目;④管理交付。

每一个项目集成活动关联三个方面:①活动的角色和责任;②活动之间的界面和信息流;③从活动中产生或输入的示例性关键交付物。

7. APMBOK

APMBOK 提出,项目管理方法论是用于支撑对项目进行管理的治理结构。该方法论包含:①基于项目全生命周期的过程模型;②具有定义好角色的组织结构;③文档模板;④将方法论应用于不同情形的指导。

APMBOK(第6版)中,第3.1节是关于集成管理,集成范围、进度、成本、风险、质量和资源基础组件。具体而言,集成管理包括商业计划、控制、信息管理、组织、计划、利益相关者管理六个部分。

项目管理集成流程的讨论

(1)流程体现了任务导向

流程包含了任务,执行任务是为了实现目标,同时任务由组织来执行,需要进行组织责任划分和角色定义。任务之间的逻辑关系(如并列、层级)也体现在流程中。流程通过输入、输出和处理过程来定义,输入、处理和输出需要满足一定的规则。

(2)项目管理原则与流程的结合

虽然项目管理原则的普遍性较好,但表述较为抽象;而流程在操作层面非常具体,但缺乏灵活性。因此,实现两者的结合是重要的研究议题。与《PMBOK 指南》从流程转向原则有所不同,PRINCE2 融合了原则导向和基于流程,并明确了如何在流程中考虑项目管理原则。

第5章

项目实施过程

内容简介:

　　项目实施过程从项目计划和项目监控两个方面进行介绍。项目计划将分析计划的集成性、动态性和计划技术。项目监控重点讨论监控内容、控制措施和方式、多层级的监控。

5.1 项目计划

1.《PMBOK 指南》(第6版)

1) 指南部分

《PMBOK 指南》(第6版)中,制定项目管理计划可作为项目整合管理的一环。制定项目管理计划是指定义、准备和协调项目计划的所有组成部分,进而整合为一份综合性的项目管理计划。

项目管理计划包括三方面内容:

(1) 子管理计划。包括范围管理计划、需求管理计划、进度管理计划、成本管理计划、质量管理计划、资源管理计划、沟通管理计划、风险管理计划、采购管理计划、干系人参与计划;

(2) 基线。包括范围基线、进度基线、成本基线。PMBOK 认为项目管理计划应该基线化,如规定项目范围、进度和成本方面的基准,以便据此考核项目执行情况和管理项目绩效。

(3) 其他组件。包括变更管理计划、配置管理计划、绩效测量基线、项目生命周期、开发方法和管理审查。

项目管理计划需确定项目执行、监控和收尾方式。计划可以是概括的或详细的,计划应该可有效应对不断变化的项目环境,保证其具有良好的可行性。

2）标准部分

标准部分提及规划过程组，规划过程组包括明确项目全部范围、定义和优化目标，并为实现目标制定行动方案的一组过程。具体包括项目范围管理、项目进度管理、项目成本管理、干系人管理、项目风险管理、项目采购管理、项目沟通管理、项目资源管理、项目质量管理等知识领域的计划工作。

例如，项目范围管理的计划工作包括规范范围管理、收集需求、定义范围、创建 WBS 等工作。每个步骤都定义了相应的输入、工具和输出内容。

2.《PMBOK 指南》(第 7 版)

《PMBOK 指南》(第 7 版)提出了"规划(planning)绩效域"，主要涉及交付项目交付物和项目成果所需的与组织和协调相关的活动和功能。项目管理计划被定义为描述如何执行、监控和结束项目的文件。

规划的目标是积极、主动地制定一种方法来创建项目交付物。在规划绩效域中介绍了以下内容：①规划的变量，如交付、估算、进度、预算；②项目团队的组成与结构；③沟通；④实物资源；⑤采购；⑥变更；⑦度量指标；⑧一致性；⑨与其他绩效域的相互作用。

《PMBOK 指南》(第 7 版)提出了影响项目规划方式的因素，包括开发方法、交付物、组织需求、市场条件和法律或法规限制等。制定规划时，首先要了解商业论证、干系人需求以及项目和产品范围。产品范围是某项产品、服务或结果所具有的特性和功能；项目范围是为交付具有规定特性和功能的产品、服务或结果而必须完成的工作。

此外，预测型规划方法从高层级项目交付物开始，并将它们进行详细分解。使用迭代方法或增量方法的项目可以包含高层级的主题。适应型规划采用增量规划的形式，其计划是基于迭代和发布计划来确定。

3. ISO 21502

在 ISO 21502 中，计划是 17 个项目管理实践之一。计划的目的是定义需求、交付物、产出、结果和限制，并决定如何实现项目目标。在制订计划时，应考虑不同的解决方案、交付方法和实施选项。

计划部分介绍了制订和监控计划两部分内容：

(1) 制订计划。计划应该是一项协作活动，尽可能融入团队成员的建议。首先，计划中的估计应该是合理的。计划包括期望实现的效益、范围（需要交付的产出和成果）、需要的资源、进度、成本、计划中固有风险、假设和限制。此外，还介绍了计划需要包含保证和决策活动。计划基于层级关系，每一个工作内容的所属层级需要单一责任主体，并且允许不同主体来审视不同详略程度的计划。在项目生命周期中，计划是迭代的、渐进的，近期的工作计划要比远期更详细。随着项目工作的进行，范围可以细化，以制订一个在可接受风险水平上的计划。计划包含当前的确定性程度，如可采用区间或置信度指标。

(2) 监控计划。计划应具有一致性和综合性。计划应足够详细，以建立基线。基线可以体现在计划的多个方面，如需求、范围、质量、进度、成本、资源和风险。基线计划的更改应受控,一旦批准,应定期监测和分析计划基线的进展情况。

4. PM² 方法论

PM² 方法论中计划是项目生命周期五个阶段中的第二阶段,从提出计划开始,以提出执行结束。在计划阶段,项目目标被细化为一个具体、可操作的计划。计划内容包括制订项目工作计划,规定项目的范围和适当的方法,确定任务的时间表,测算资源,并制订项目计划的细节。在计划阶段,可以多次更新项目工作计划,一旦达成一致,就会制定基线并签字确认。

计划制订过程包括:①召开计划启动会议,正式启动计划;②创建项目手册,定义项目管理方法;③更新项目利益相关者矩阵;④制订项目工作计划,包括工作分解结构、投入、成本和进度等;⑤制订其他计划,如分包计划、交付物接收计划、运营过渡计划和业务执行计划;⑥阶段关口。项目经理提交项目计划文件,以供审核。审核批准后,进入执行阶段。针对计划阶段的活动,PM² 方法论定义了负责和参与的组织、输入和输出,并提供了部分项目文件的模板。

PM² 方法论区分了管理计划和项目计划,前者作为管理的计划(如风险管理),形成于项目手册中;而后者针对项目工作的执行(如项目工作),形成于项目计划中。

5. PRINCE2

计划是 PRINCE2 的七个主题之一。计划主题的目标是通过定义交付产品的方式(在哪里、如何、由谁,并估算什么时间和多少成本)来促进有效沟通与控制。计划是为了确保控制。主要内容包括计划主题、计划的要求、有效计划制订的指导、技术四个部分。

PRINCE2 提出了处理计划周期和基于产品的计划。处理计划周期通过制订概要和详细计划,对其进行维护,并体现计划中的不确定性。PRINCE2 提出关注产品的原则,要在确定交付产品所需要的活动和资源之前,对需要交付的产品进行定义,这种方法被称为基于产品的计划。

不同计划的范围和联系,如图 5-1 所示,具体包括:

(1) 项目计划,关注项目主要产品、活动和必需资源,项目计划提供了关于项目时间、成本、范围和质量等绩效目标如何实现和何时实现的说明。

(2) 阶段计划,针对每个管理阶段。阶段计划与项目计划在内容上类似,但每个元素分解得更详细,以能成为项目经理日常控制的基础。

(3) 例外计划,PRINCE2 要求在合适的时候制订例外计划。

(4) 小组计划,每个管理阶段都会包含多个工作包,每个工作包都有详细的小组计划。当执行工作包时,小组计划可作为团队管理的基础。

有效计划制订的指导部分除介绍了计划制订方法外,还介绍了项目群中的项目计划、使用敏捷方法时的计划及基于供应商视角的计划。

工作分解结构建立了产品分解结构与工作包的联系,可将工作包映射到交付相关产品的团队或供应商。如果人员是项目成本的主要要素,工作分解结构允许根据技能类型、工作量和工作持续时间来描述人员成本。

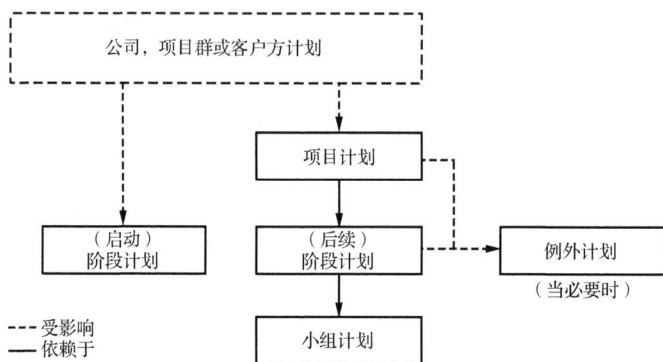

图 5-1　计划之间的关系(PRINCE2 第 6 版)

此外,PRINCE2 还介绍了编制下一管理阶段计划,在临近阶段结束时,对项目启动文件、问题登记单、风险登记单、经验教训记录单等进行总结。在编制下一管理阶段计划时,需要更新部分计划文件,并创建下一阶段计划,如图 5-2。

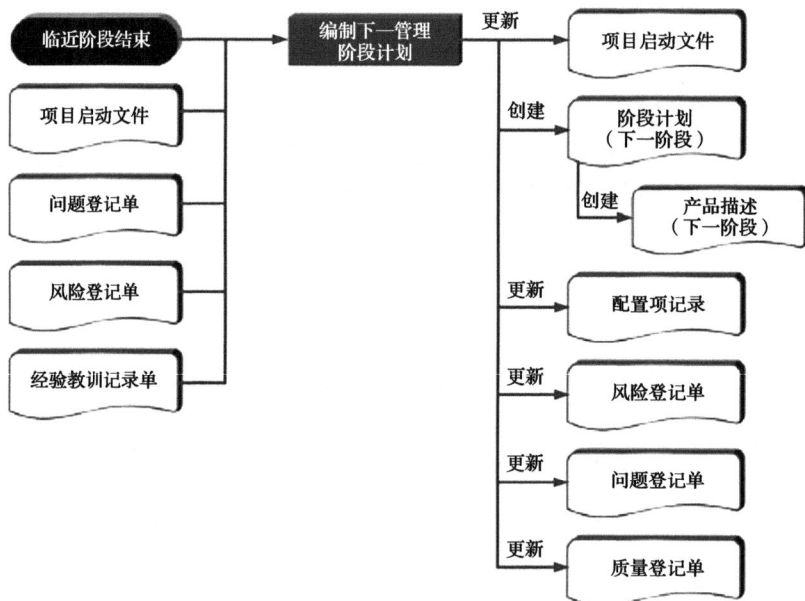

图 5-2　制订下一管理阶段计划的活动(PRINCE2 第 6 版)

6. APMBOK

APMBOK 介绍了计划和管理部署,包括定义产出、集成计划和控制部署三部分。计划的基础包括目标、需求、成功标准、可测量效益、最优价值选项、范围定义、接收标准。在定义产出部分提出了成功与效益、目标与需求、选项与解决方案、范围定义、质量计划。

集成计划部分包括:①合同,即选择供应商并制定合同;②风险识别,确保理解可知的风险;③风险分析,确保项目计划考虑到可变性和风险事件;④估算,预测完成工作范围所需的时间和资源,估算涉及完成工作范围以满足质量要求所需的时间和成本的近似值;⑤调度-关键路径,强调活动基于时间的计划,时间安排是用于制定计划的技术集合;⑥调度-关键链,强调资源基于时间的计划,关键链方法也称为"资源关键路径",其强调项目中的资源(如劳动力和非劳动力资源),而关键路径强调活动;⑦资源优化,在受限的情形下管理范围、质量、时间和成本;⑧成本计划,理解成本与时间的关系;⑨应急计划,确保计划反映所需的置信水平;⑩基线部署,形成综合计划,实现可管理的部署。

7. ICB4.0

ICB4.0中并未直接介绍计划,而是把"计划和控制"作为技术能力的一个指标。ICB4.0认为计划和控制能力要素使个人能够建立和保持对项目管理的平衡和综合观点。

在项目层面,计划和控制的关键能力指标包括:①启动项目,制定项目管理计划并获得批准;②启动并管理向新项目阶段的过渡;③根据项目计划控制项目绩效,并采取必要的补救措施;④报告项目进展;⑤评估、获得批准并实施项目变更;⑥结束并评估一个阶段或项目。

在项目群层面,计划和控制的关键能力指标包括:①建立项目群;②管理项目群组成部分之间的界面和协同;③测量、评估各组成部分的状况,并影响其进展;④为组成部分的经理提供方向;⑤结束项目群。

在项目组合层面,计划和控制的关键能力指标包括:①建立项目组合系统;②建立和维护项目组合周期;③报告项目组合的情况。

此外,技术能力也与计划直接相关,如策划能力、范围、时间等。

8. BS 6079

计划是四个项目支持活动(计划、控制、质量、商务)之一。计划的目的是在规定的成本和质量要求下,确保项目能够及时交付产出,项目的效益得以实现。

计划的流程包括定义范围和将采用的计划方法、形成项目分解结构、确定活动以及活动顺序、分配进度、识别资源需求、确定成本、检查计划的可行性、监测交付和可行性。项目计划是一个迭代过程,如图5-3所示。

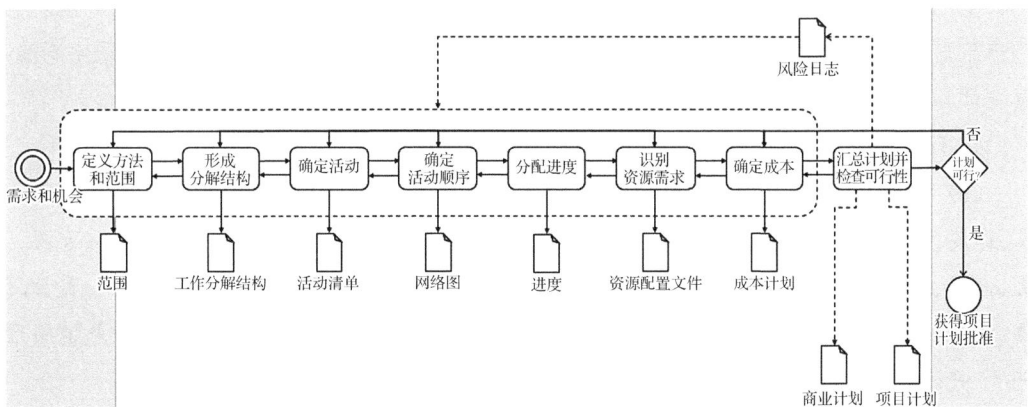

图5-3 项目计划制订流程

此外,计划部分还介绍了管理变更、管理效益、管理范围、管理进度、管理资源、管理成本。

BS 6079 介绍了几个重要的计划实践:①在前一阶段临近结束时,对后一阶段进行详细计划,同时保持项目的整体计划;②项目经理对编制和使用项目计划负责,并接受项目赞助人和项目团队的辅助与建议;③项目经理需要持续性地平衡时间与成本和风险,保证项目目标的实现;④在计划过程中,为进一步明确项目范围,需要持续获得关于活动成本、时间和风险的信息。

项目计划的讨论

1)"计划"的用词和翻译

"计划"的用词在不同的项目管理知识体系中存在差异。《PMBOK 指南》采用"项目管理计划""项目规划过程组";PRINCE2 采用"项目计划";ICB4.0 采用"计划与控制""策划"。

2)价值与计划

项目计划是针对项目目标和交付成果的计划性文件,用于确定项目进展过程中所有活动及其执行方式。项目计划承接项目目标和交付成果的要求等,并明确规定了项目要交付的成果,如成果质量、成本、数量、交付时间、效益等。《PMBOK 指南》指出,项目规划的目的是积极主动地制定一种方法来创建项目交付物;ISO 21502 提出,计划的目的是界定需求、交付物、产出、结果和限制,并决定如何实现项目的目标;PRINCE2 强调了基于产品的计划;BS 6079 提出计划可用于支撑项目效益的实现。

3)交付物与计划

不同性质的交付物涉及不同的项目生命周期,因此对计划的要求也不同。APMBOK 中分析了不同项目生命周期下的计划:当使用线性生命周期时,所有工作都可以被定义;当使用迭代生命周期方法时,需要制订一个基线计划,但支撑该计划的假设不同,更强调灵活和敏捷。PRINCE2 中提出了适用于敏捷方法的计划。此外,《PMBOK 指南》(第7版)区分了产品范围和项目范围:产品范围是指产品、服务或结果所具有的特性和功能;项目范围是为交付具有规定特性和功能的产品、服务或结果而须完成的工作。

4)计划的集成性

(1)计划内容的集成性。《PMBOK 指南》(第6版)认为项目计划内容集成了范围、需求、进度、成本、质量、沟通、采购、风险等;ISO 21502 认为项目计划内容包括需求、范围、质量、进度、成本、资源和风险等;PM^2 方法论中项目计划内容包括需求、变更、风险、质量、问题、沟通等;APMBOK 中计划的内容包括合同、风险识别、风险分析、估算、进度-关键路径、进度-关键链、资源优化、成本、应急计划、基线部署等。

(2)不同层级计划的集成性。通常项目计划按照一定层级进行安排和组织,相互之间存在联系。PRINCE2 将计划分成了项目计划、阶段计划、小组计划、例外计划,并且这些计划处于更高层级的系统之下,如项目群、公司或客户计划等。

（3）参与计划的组织方面。PM^{2}方法论提出要识别所有项目利益相关者,定期更新利益相关者矩阵;PRINCE2则强调基于供应商视角的计划。

5）计划的动态性

《PMBOK指南》(第6版)提出,应在项目开始阶段确定计划,并在项目进展阶段对计划不断更新。类似的,ISO 21502认为计划是迭代、渐进的,近期的工作要比远期的工作更详细。PM^{2}提出计划阶段可以多次更新工作计划;后续变更需要启用变更流程。

《PMBOK指南》(第6版)提出项目管理计划应基线化,至少应确定项目的范围、时间和成本方面的基线,在确定基准之前可以对计划进行多次更新,在确定基线后只能通过实施变更控制来更新;PM^{2}方法论提出在计划阶段,可以多次更新项目工作计划,一旦达成一致并最终确定,就要制定基线;ISO 21502提出制订计划时团队成员可参与并提出建议,在监控计划时基线计划的调整应以受控的方式进行,在项目生命周期中,计划是迭代、渐进的。

6）计划技术

（1）计划编制的迭代性。由于计划是个多步骤的过程,涉及众多的计划内容,相互之间可能存在冲突和矛盾,编制计划是一个迭代性的过程。

（2）项目计划的输入及输出。项目计划编制过程中,需要明确输入和输出内容,进而实现计划的可操作性。《PMBOK指南》(第6版)中计划的输入包括项目章程、环境因素、组织过程资产等,输出包括项目管理计划;PM^{2}方法论提出制定计划需输入工作分解结构、进度、人员构成和职责、项目范围,输出项目工作计划、利益相关者矩阵、项目手册、管理计划、外包计划等;PRINCE2输出的计划要描述进度安排、交付物,以及如何交付,由谁交付,可以以图表、文件、电子表格白板上的计划形式展示。APMBOK输出的计划要包括合同、风险识别、估算、进度-关键路径、进度-关键链、成本规划、应急计划、基线部署等。

（3）计划中的估算技术。估算技术主要是为了实现计划的可操作性和准确性。如对进度计划的持续时间估计、资源估计等。

（4）风险相关技术。计划编制过程中,存在面向未来的假设和风险,因此在编制计划中,需要对这些假设和风险进行有效估计,进而保证计划质量。

5.2 项目监控

1.《PMBOK指南》(第6版)

《PMBOK指南》(第6版)中,监控是指按既定时间间隔,在特定事件发生时或在异常情况出现时,对项目绩效进行测量和分析,以识别和纠正与项目管理计划的偏差。其目的是让干系人了解项目的当前状态并认可为处理绩效问题而采取的行动,以及通过成本和进度预测,让干系人了解未来项目状态。监控包括监测和控制两个部分。监测是贯穿于整个项目生命周期的项目管理活动之一,包括收集、测量和分析测量结果,以及预测趋势,以便推动过程改进。持续的监测使项目管理团队能洞察项目的健康状况,并识别须特别关注的方面。控制包括制定纠正、预防措施或重新规划,并跟踪行动计划的实施过程,以确保能有效解决问题。

在指南部分,项目整合涉及项目监控,具体包括监控项目工作,即跟踪、审查和报告整体项目进展,以实现项目管理计划中确定的绩效目标。

监控项目工作也是从输入、工具与技术、输出三个方面进行描述。其中输入包括:①项目计划文件,如任何组件;②项目文件,如假设日志、估算依据、成本预测、问题日志、经验教训登记册、里程碑清单、质量报告、风险登记册、风险报告、进度预测;③工作绩效信息;④协议;⑤事业环境因素;⑥组织过程资产。工具和技术包括:①专家判断;②数据分析,如备选方案分析、成本效益分析、挣值分析、根本原因分析、趋势分析、偏差分析;③决策;④会议。输出包括:①工作绩效报告;②变更请求;③项目管理计划更新,如任何组件;④项目文件更新,如成本预测、问题日志、经验教训登记册、风险等级册、进度预测。

在标准部分,监控是五个项目管理过程组之一。监控过程组是指跟踪、审查和调整项目进展与绩效的一组过程,该过程识别任何计划中需要变更的领域,并启动相应变更。监控过程组需要监督和控制在每个知识领域、每个过程组、每个阶段中的工作,包括项目整合管理中的监控项目工作与实施整体变更控制、项目范围管理中的确认范围与控制范围,以及控制进度、控制成本、控制质量、控制资源、监督沟通、监督风险、控制采购、监督干系人参与。

2.《PMBOK 指南》(第 7 版)

《PMBOK 指南》(第 7 版)并未将监控作为一个独立部分,内容相对较为分散,如在项目工作绩效域中介绍了监督新工作和变更,干系人绩效域中介绍了监督干系人,规划绩效域介绍了变更控制,交付绩效域提到了质量成本、变更成本。其中与监控直接相关的是指南部分的测量绩效域与不确定性绩效域。

1) 测量绩效域

测量绩效域涉及评估项目绩效和采取适当行动以维持可接受绩效相关的活动。执行测量绩效域旨在形成以下预期成果:①对项目状况产生可靠的理解;②获得决策的可操作数据;③及时采取适当行动,确保项目绩效处于正轨;④根据可靠的预测和评估做出决策来实现目标并产生商业价值。

具体包括制定有效的测量指标、测量内容、展示信息、测量陷阱、对绩效问题进行故障诊断、成长和改进。其中测量内容包括交付物度量指标、交付、基准绩效、资源、商业价值、干系人、预测。

2) 不确定性绩效域

不确定性绩效域涉及与风险和不确定性相关的活动。有效执行不确定性绩效将产生以下预期成果:①了解项目的运行环境,如技术、社会、政治、市场和经济环境。②积极探索和应对不确定性。了解项目中多个因素之间的相互依赖性。③能够预测威胁和机会并了解问题的后果。④项目交付尽量避免受到不可预见事件或情况的负面影响。⑤利用机会改进项目的绩效和成果。有效利用成本和进度储备。

项目处于不同程度不确定性的环境中,不确定性表现为威胁和机会,项目团队可以探索、评估并决定如何处理它们。

3. PM² 方法论

PM² 方法论中监控包括监测和控制两个部分。监控贯穿于项目生命周期,在执行阶段达到顶峰。监控主要是依照项目计划阶段的成果执行。具体活动分为三类:①管理。管理项目管理计划以及项目计划中的所有内容。②监测。监测项目活动和总体项目绩效,依据基线来跟踪项目绩效。③控制。设计、计划、提出和执行纠偏措施来处置已有或潜在风险或问题,并更新项目计划和日志。

项目监控的主要内容包括监测项目绩效、控制计划、控制成本、管理利益相关者、管理需求、管理项目变更、管理风险、管理问题和决策、管理质量、管理可交付成果验收、管理转换、管理业务实施、管理外包等。PM² 也分别介绍了各内容的输入、步骤以及输出。监控的文件包括项目工作计划、项目日志和检查清单。PM² 方法论也提供了部分的检查清单。

4. ISO 21502

ISO 21502 与监控项目相关的内容体现在集成项目管理实践和项目管理实践两个方面。集成项目管理实践将项目全生命周期划分为项目前活动、监督项目、指导项目、启动项目、控制项目、管理交付、结束或终止项目、项目后活动。控制的目的是根据商定的计划(包括授权的变更)监测和测量项目(包括阶段和工作包)的绩效。

控制项目包含四部分内容:①进展性辩护。在每个关口或决策点之前更新项目商业计划,以反映项目的环境、范围的变化;②管理项目绩效。按期评审产出和成果,并向项目赞助人、项目团队和其他相关利益相关者汇报;③管理项目阶段的开始和关闭;④管理每个工作包的开始、进展和关闭。

管理实践涉及对不同管理实践的控制。主要包含计划、效益、范围、资源、进度、成本、风险、问题、变更、质量、利益相关者、沟通、组织和社会变革、汇报、信息、采购、经验获取等管理实践的控制。这些内容相对较为分散。

5. PRINCE2

1)PRINCE2

PRINCE2 第 6 版的 7 个项目管理原则中,例外管理原则与控制关联紧密。例外是一种可预测的、超出约定容许偏差范围的情况。

PRINCE2 第 6 版的 7 个主题中,变更、风险、进展三个主题与项目监控联系密切。进展主题的目的是:①建立监督和比较计划与实际成果的机制。②预测项目目标和项目的持续可行性。③对不可接受的偏离进行控制。进展控制包括依据时间、成本、质量、范围、收益以及风险等目标对实际进展进行测量。PRINCE2 通过下述措施提供进展控制:①上一管理层向下一层授权;②把项目划分成不同的管理阶段,每一次授权开展一个阶段;③时间驱动和事件驱动的进展报告及评审;④例外报告。

PRINCE2 第 6 版对进展管理的要求中提出了容许偏差、控制的类型、例外的提出、进展的职责。对有效的进展管理的指导中包括与公司治理流程保持一致、项目群和项目组合控制、项目交付方法。技术部分介绍了进展评估技术同行评审。

在控制的类型方面,PRINCE2 定义了事件驱动控制和时间驱动控制两种:事件驱动控制是指一个特定事件出现时即会发生;时间驱动控制是在预先设置的阶段区间发生。监督和报告应基于时间,而控制则是基于事件的活动。

七大流程中,阶段控制流程的目的是分配需要完成的工作,监督这些工作,处理问题,向项目管理委员会报告进展,以及采取纠正性行动来确保该阶段仍保持在容许偏差范围内,如图 5-4 所示。

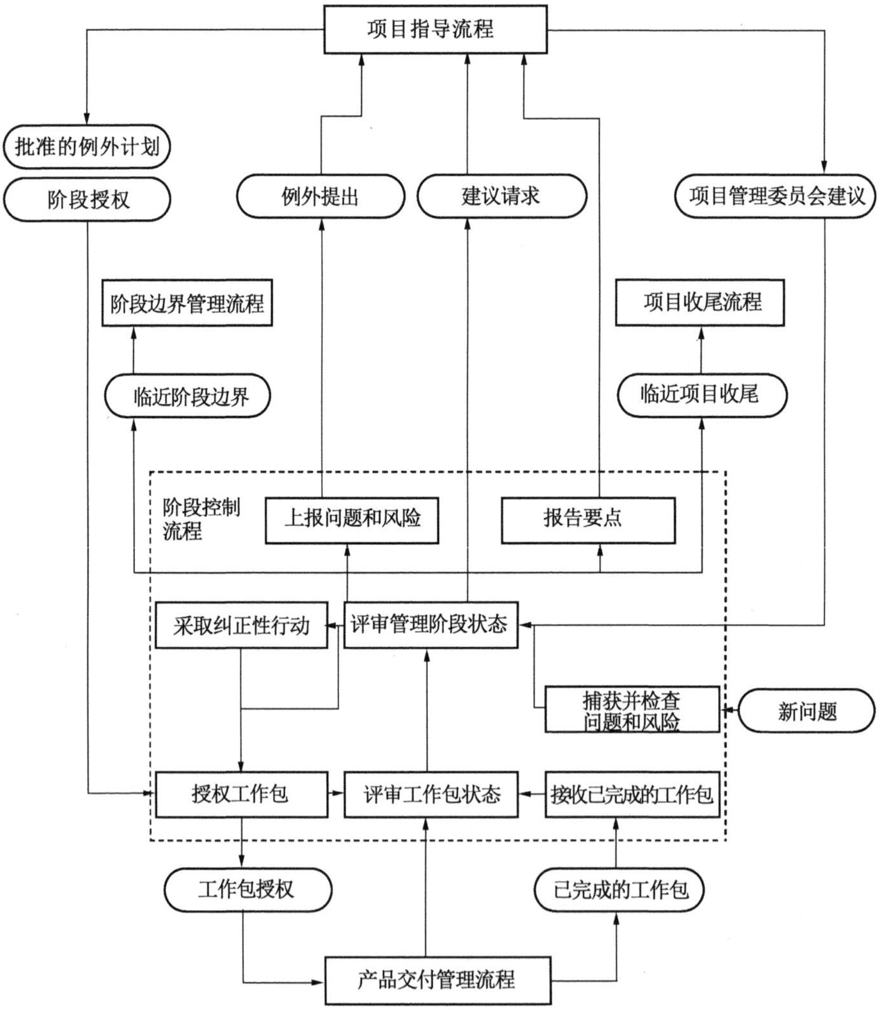

图 5-4 阶段控制流程(PRINCE2 第 6 版)

在每一阶段中,控制由以下的循环组成:①工作包:授权工作包、评审工作包状态、接收已完成的工作包;②监督和报告:评审管理阶段状态、报告要点;③问题和风险,包括捕获并检查问题与风险;上报问题与风险;采取纠正性行动。

PRINCE2 第 7 版问题(issue)实践中,虽然翻译成问题,但内容超出了问题管理的范围。如问题管理分为五个类型:问题或顾虑、项目的外部事件、商业机会、变更的请求、不合规格。第 6 版变更主题中变更被定义为问题(issue),提出的类型包括问题或顾虑、不合规格两项。PRINCE2 的问题管理技术包括捕获、评估、推荐、决定和实施几个步骤,并进入问题登记单。

6. APMBOK

APMBOK 强调控制部署。控制部署需要确保存在关于进展和绩效的信息,这些信息可用来支撑纠偏行为和决策,以确保交付商业计划。

控制部署部分涉及计划和交付项目的人员,介绍了进展监测与报告,具体包括:①依据部署基准跟踪项目绩效。②合同管理。监测和管理供应绩效。③风险管理。准备对最小化威胁和最大化计划的应对。④储备管理。管理储备的有效释放。⑤问题管理。调整计划来解决问题。⑥变更管理。以一个可行的方式来管理变更与变化(variations)。⑦配置管理。确保配置条目的持续性吻合。⑧质量控制。确保产出和成果符合需求。

绩效监测需要三个要素,分别是衡量基准、实际绩效数据、对绩效影响的评估。

7. BS 6079

控制是项目的四个支持活动之一(其他三项支持活动为计划、质量和商务(commercial))。包括管理流程和方法、管理风险、管理问题(issue)、控制变更、管理配置、管理信息、管理报告、融合利益相关者、管理沟通。

流程和方法可用来管理项目。方法提供了一个一致性的框架,流程包含项目管理实践的各个方面,通常作为方法的一部分。问题可以在项目的各个层级中提出,问题管理的目的是确保所有问题可以升级到合适权力层级进行管理。管理配置是确保每个交付物在状态和版本上得以确认,更高层级产出的组成和组件是可知的。管理报告小节提出,在项目和工作包层级需要报告绩效/进展状态、进度状态、成本状态、质量状态、风险和问题暴露、变更控制状态、例外的阈值和变化幅度的报告。

控制部分没有包括质量相关的内容,质量也是四个项目支持活动之一,质量包括管理的质量与项目产出的质量两方面。质量部分也包括质量计划、控制与保证。

项目监控的讨论

1) 监控的定义

监控包括监测(monitoring)与控制(control)。项目监测是指根据项目目标和计划等,在项目实施过程中对项目状态以及影响项目进展的内外部因素进行及时、连续、系统的记录和报告。项目控制是指根据项目监测提供的信息,对比原计划(或既定目标),找出偏差,分析成因,研究纠偏对策,实施纠偏措施的过程。

部分知识体系将监控作为独立的部分进行介绍,但在用词和范围界定上存在差异。如《PMBOK 指南》(第 6 版)将监控作为五大过程组之一;PM² 将监控作为五个过程之一;ISO 21502 将控制项目作为集成项目管理的八个部分之一;BS 6079 强调控制是项目的四个支持活动之一;APMBOK 指南强调控制部署;PRINCE2 采用进展作为 7 个主题/实践之一。《PMBOK 指南》(第 7 版)并未独立介绍监控,而是将其融入不同章节之中。

2) 监控内容

(1) 监控范围

由于各知识体系的架构上存在差异,导致项目监控环节的监控内容也存在差异。《PMBOK 指南》(第 6 版)中,监控内容包括项目范围、进度、成本、质量、资源、沟通、风险、采购以及干系人。PM² 方法论与监控相关的内容包括监控项目绩效、控制计划、控制成本、管理质量、管理项目变更、管理风险、管理需求、管理问题与决策、管理利益相关者、管理可交付成果验收、管理移交、管理业务实施以及管理外包。APMBOK 中控制部署的有关内容主要包括进度监测和报告、合同管理、风险管理、应急管理、问题管理、变更控制、配置管理以及质量控制。ISO 21502 中监控内容包括管理项目绩效、管理项目每个阶段的开始和结束、管理每个工作包的开始、进程与结束,以及监控计划、监测效益、控制范围、控制进度、控制成本、控制风险、变更控制、控制质量以及监测沟通的影响。PRINCE2 在进展主题中提到对进展的控制包括对时间、成本、质量、范围、效益以及风险等绩效目标的实际进展进行测量,然后用于决策。

除最基本的成本、进度和质量,监控也涉及商业价值目标,如 APMBOK 中提到控制部署在一定程度上是为了确保有关进度和绩效的信息,为纠正行动和决策提供了参考,以确保交付商业计划。

(2) 监控时点

《PMBOK 指南》(第 6 版)提到了按既定时间间隔、在特定事件发生时或在异常情况出现时,对项目绩效进行测量和分析。

监控时间跨度主要有两类:一种认为其贯穿于项目全生命周期,从启动、计划、执行到收尾。《PMBOK 指南》(第 6 版)中的监控过程组活动发生在项目全生命周期内(图 5-5)。类似地,PM² 方法论将项目的监控划分为一个单独的阶段,贯穿项目的启动、计划、执行和关闭阶段。另一种认为主要体现在项目实施阶段。由于针对项目内部监测与控制的内容不同,因此项目监测与控制发生的时期也不相同。

(3) 监测指标和数据收集

监测的指标主要针对监控的范围而设定。《PMBOK 指南》(第 7 版)中项目的关键绩效指标是用于评估项目成功与否的可量化测量指标,包括提前指标和滞后指标两类。PRINCE2 提出,在设计 KPI(关键绩效指标)时,需要平衡定性与定量测量、前置和滞后指标,以及项目的输入与输出。

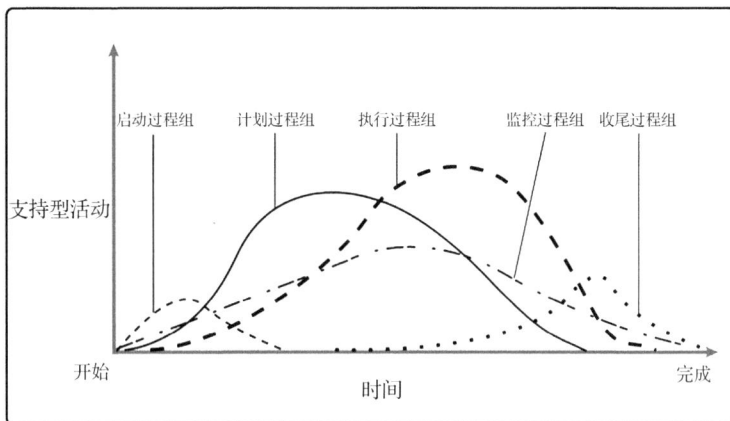

图 5-5　监控过程组的生命周期[《PMBOK 指南》(第 6 版)]

测量指标需要收集信息。如 PM^2 方法论中收集的过程信息包括任务、关键产出、资源利用、日志、人员等。

（4）监控状态和影响分析

状态和影响分析包括对现有、潜在和未来状态的分析。PM^2 方法论提出监控项目活动和整体项目绩效，以便报告与控制，同时实施纠正措施，以解决现有的或潜在的绩效风险或问题。《PMBOK 指南》(第 7 版)在测量绩效域中提到可使用挣值法进行成本与进度的偏差分析，还能通过预测来考虑未来发生的情况，包括完工估算、完工偏差等。此外，还可采用回归分析和产量分析等技术来预测完工绩效。类似地，APMBOK 提到可以使用挣值分析来衡量绩效，需要衡量基准、实际绩效数据以及对绩效影响的评估三个要素。

（5）监控基线

由于监控都是按照一定基线监测和控制的，确定基线可使得监控有据可依。BS 6079 将基线定义为一致的参考水平，以此为依据对项目的计划或产出进行监测和控制。监控的基线也允许有一定偏差。如 PRINCE2 设置了容许偏差，在该偏差范围内不必向上级报告。

基线在监控过程中进行更新。计划还包括授权的变更，如 ISO 21502 中控制的目的是根据商定的计划（包括授权的变更）监测和测量项目（包括阶段和工作包）的绩效。ISO 21502 根据商定的计划监测和衡量绩效。PM^2 方法论采用检查清单的方式来辅助监测。

3）多层级的监控

监控需要一定范围的授权，进而形成多层级的监督。项目经理作为监控的责任主体，同时也涉及不同层级的责任和权力分配，以及对权力使用情况的监督。例如，PM^2 方法论提到，由项目经理管理项目利益相关者，业务经理协助项目经理进行管理。

第 6 章

项目组织与关键角色

内容简介：

　　项目组织与关键角色从项目治理、项目组织、项目经理三个方面进行介绍。项目治理和项目组织部分主要介绍了相应的组织结构和组织权责利的界定，项目经理部分侧重分析项目经理的能力要求。

6.1　项目治理

1. 项目治理的概念

项目管理知识体系中关于项目治理的定义如表 6-1 所示，这些定义体现出如下特征：

（1）项目治理包含一系列制度，以支持与约束项目运作。例如，BS 6079 认为项目治理包括用于指导和管理项目的原则、政策、流程和框架等；ISO 21502 认为项目治理包括组织根据商定的商业计划来指导、授权和控制项目的原则、政策与框架。

（2）支持与约束项目运作的制度涉及责任、权力、监督和产出等。例如，ISO 21502 包括指导、授权和控制项目；APMBOK 是通过权力和担责框架来定义和控制项目的产出、成果和效益；BS 6079 包括项目管理的授权、权力和监督等。

表 6-1　项目治理概念的比较

知识体系	定义
《PMBOK 指南》（第 6 版）	治理是在组织内行使职权的框架，包括规则、政策、程序、规范、关系、系统、过程。 项目治理是指用于指导项目管理活动的框架、功能和过程，从而创造独特的产品、服务或结果以满足组织、战略和运营目标
《PMBOK 指南》（第 7 版）	治理系统提供了一个框架，包含指导活动的职能和流程。治理框架包括监督、控制、价值评估、各组件之间的整合以及决策能力等要素。 项目治理包括定义用于批准变更和做出与项目相关的其他业务决策的职权。项目治理与项目群和/或组织治理保持一致

知识体系	定义
ISO 21502	项目治理包括组织根据商定的商业计划来指导、授权和控制项目的原则、政策与框架
BS 6079	项目治理包括原则、政策、流程、方法和框架,通过这些项目得以指导和管理;它们设置了限制,在该限制范围内,参与项目指导、管理和执行的主体应据此履行;它们也提供了为实施有效项目管理的授权、权力和监督
APMBOK	治理包括权力和担责框架,该框架可以定义和控制从项目、项目群和项目组合中的产出、成果、效益
ICB4.0	一个组织的治理、结构和过程可以包括临时系统和永久系统。这个能力要素的目的是使个人能够有效地参与和管理治理、结构和过程对项目的影响

2.《PMBOK 指南》(第 6 版)

《PMBOK 指南》(第 6 版)在组织系统章节介绍了项目治理。治理指组织各个层面中的有组织的或有结构的安排,旨在确定和影响组织成员的行为。治理需要考虑人员、角色、结构和政策等,并要求通过数据和反馈提供指导和监督。治理在组织内行使职权的框架包括规则、政策、程序、规范、关系、系统、过程等。这个框架会影响组织目标的设定和实现方式、风险监控和评估方式、绩效优化的方式。

指南部分介绍了组织治理与项目治理之间的联系。项目层面的治理包括:①指导和监督对项目工作的管理;②确保遵守政策、标准和指南;③确立治理角色、职责和职权[①];④关于风险上报、变更和资源(例如团队、财力、物力、设施)的决策;⑤确保相应干系人的参与;⑥监督成效。

项目治理框架提供管理项目的结构、过程、角色、职责、终责和决策模型。项目治理框架包括:①阶段关口或阶段审查;②识别、上报和解决风险及问题;③角色、职责和职权;④开展项目知识管理,吸取项目经验教训;⑤超出项目经理职权的决策制定、问题解决和需上报议题;⑥审查和批准超出项目经理职权的项目变更及产品变更。

此外,《项目组合、项目集和项目治理实践指南》描述了如何协调组织级项目管理及项目组合、项目集和项目管理的四个治理领域,分别是一致性、风险、绩效和沟通。各个领域都具有监督、控制、整合与决策等职能。各职能都可针对独立项目或项目组合/项目集中的项目的支持过程与活动进行治理。不存在适用于所有组织的治理框架,组织应根据组织文化、项目类型和组织需求裁剪治理框架,以发挥其作用。此外,组织根据其选择的治理框架和组织结构类型分配一般管理要素。管理要素指组织内部关键职能部门或一般管理原则的组成部分。

《PMBOK 指南》(第 7 版)在组织治理系统中提出,组织治理系统与价值交付系统协同运作,可支持工作流程、管理问题及决策。治理系统提供了一个指导活动的职能和流程框

---

① 职责是 responsibility、职权是 authority,此外,相类似的担责是 accountability。

架。治理框架可包括监督、控制、价值评估、各组件之间的整合以及决策能力等要素。项目治理包括定义用于批准变更和做出与项目相关的其他业务决策的职权。项目治理与项目群和/或组织治理保持一致。

3. ICB4.0

ICB4.0 中的能力要素之一是治理、结构和流程。治理、结构和流程能力要素定义了组织的既定结构、系统和流程,并为项目提供支持,影响项目的组织、实施和管理方式。治理、结构和流程可以包括临时系统(如项目)和永久系统(如计划和项目组合管理系统、财务/行政系统、支持系统、报告系统以及决策和审计系统)。这个能力要素的目的是使个人能够有效地参与和管理治理、结构和流程对项目的影响。ICB4.0 并未用项目治理一词,而是强调与已建立的价值体系、角色与职责、流程和政策保持一致,并利用这些结构与流程以确保项目实现其目标和公司的战略目标。

结构和过程是组织治理体系的重要组成部分。与结构和过程保持一致意味着能够利用组织中建立的价值体系、角色和责任、过程和政策,以确保项目实现其目标和公司的战略目标。一个关键的挑战是平衡强制性和可选结构和过程的使用,以达到项目的最佳效果和效益。

其中的关键能力指标包括:了解项目管理、项目群管理、项目组合管理的原则和它们的实施方式;支持职能;使项目与组织的决策制定、汇报结构及质量要求相一致;使项目与人力资源流程及职能相一致;使项目与财务和控制流程及职能相一致。

4. ISO 21502

ISO 21502 包含了单独的治理章节。治理是指用于指导和控制一个组织的准则、政策、框架。项目治理也针对准则、政策、框架,基于此,项目得以授权和指导来完成预定的目标。具体而言,项目治理包括组织基于一个共同商定的商业计划来指导、授权和控制项目的原则、政策和框架。治理关注的主题包括:①用来执行活动的政策、流程和方法;②项目全生命周期管理框架;③角色和责任,包括授权决策的范围。

项目治理是赞助组织整体治理框架的一部分。维持项目治理的责任一般由赞助组织分配给赞助人或项目委员会。此外,商业计划提供了治理的基础,其内容包括:需要实现的目标;需要实现的战略一致性和潜在的效益;评估被创造的价值的指标;组织可接受的风险程度;预算、进度和质量要求;对组织其他运营活动的潜在干扰;利益相关者融合和关系管理;人力和材料资源;需要的技术、知识和能力;目标范围;情景的呈现;提议的管理方法;维持商业和组织活动变革的能力。

ISO 21502 也比较了治理和管理的区别。治理是授权(authorize)、指导、授权赋能(empower)、提供指导和限制管理行为;管理是在组织治理的框架下工作,以实现组织目标。虽然两者所指对象不同,但都是为了实现组织目标。

5. PRINCE2

PRINCIE2 第 6 版提出,项目组织治理需要在项目启动时建立一种有效的项目管理团队结构和沟通策略,并且在项目全生命周期中进行持续维护。PRINCE2通过定义项目指导层、管理层和交付层3个层次所要承担的责任来建立合适的治理框架,并为每个层次设定6个绩效指标和容许偏差,每个层次向下一个层次授权。

在客户和供应商环境中,有多种方法组建项目管理团队和定义角色。目的是确保双方组织建立商业的合理性,并符合各自组织的治理规则。对进展管理进行指导时,要求与公司治理流程保持一致。项目启动时,需要根据公司、项目群管理层或客户方治理流程来识别项目决策或授权时点。

第7版提出通过定义指导、管理和交付项目的不同职责,以及明确定义每个层面的担责,确保有效治理。担责的建立过程是:通过对相应级别(项目、阶段、团队)的7个绩效方面设置容许偏差,将职权从一级管理层委派到下一级管理层,并同时建立控制和保证机制。

6. PM² 方法论

PM² 方法论没有设立针对项目治理的章节。项目组织和角色的章节融入了部分治理相关的内容,如建立合适的治理机构来负责战略规划和项目组合管理。治理机构(appropriate governance body,AGB)在其授权范围内批准项目、同意项目目标、提供资金支持。

7. APMBOK

APMBOK 在建立治理与监督(oversight)章节介绍了项目治理相关内容。其中包括治理原则、保证准则、可持续、战略性外包、赞助、投资角色、商业计划、临时性结构、才能(talent)管理、治理委员会等内容。

治理包括权力和担责的框架,该框架可定义和控制项目的产出、成果和效益。通过该机制,投资组织可为工作的部署和价值的实现采用合适的财务和技术控制。项目治理可为公司治理提供信息,并能够使高层相信项目的管理进展。治理可使项目成果与战略相一致,并实现效益和创造价值,从而实现投资回报。

治理要求明确定义项目团队和利益相关者的角色和责任。通常通过使用职责分配矩阵来实现,该矩阵明确了对活动和决策负责的角色、在决策过程中需要咨询的角色以及需要获知结果的角色。APMBOK 认为应尽早建立责任分配矩阵并在整个生命周期中维护该责任矩阵,进而促使治理能够确认决策的效率和有效性,以及确保投资组织保持正确的身份和能力。治理可以授权项目专业人士来执行其责任,并在定义的授权范围内处理问题和变更请求。治理同时需确保在生命周期的前一个阶段的所有需求在进入下一个阶段前得到满足,通过阶段之间的决策关口进行管理,从而保证项目专业人士交付赞助人所定义的成果和价值,也同时遵守法律法规、道德和职业准则。此外,不同的治理存在交叉与融合,项目治理需要处理好与公司治理、运营治理的相互关系。

其他关键小节的内容包括:

(1)赞助人的角色包括:促使项目与公司战略保持一致,负责愿景和商业计划,对效益负责,体现公司的风险偏好,与其他项目合作,应用公司治理,代表投资。

(2) 商业计划包括:战略情境、经济分析、商务方面(外包和采购等)、财务计划(组织财务的可承受性)、管理方面(如治理结构、角色等)。

(3) 临时的结构讲述了如何使临时结构与永久组织结构保持一致和平衡。

(4) 治理委员会由组织内投资项目或受项目影响的部门和职能代表组成。治理委员会承担监督部署和重要决策。

8. BS 6079

BS 6079 设立单独章节介绍了项目治理,包括:项目治理的定义、项目治理的维度、影响项目治理安排的因素三小节。BS 6079 提出治理框架应该包括权力范围、决策角色和规则、自主性的程度、保证需求、汇报结构、担责和责任,以及合适的管理框架。项目治理应作为组织治理的一部分,应与组织治理保持一致。

治理包括六个维度:①决策;②项目保证;③制度、流程和方法;④角色和责任;⑤报告;⑥与供应商和客户的合同。此外,影响项目治理安排的因素,除项目情境外,还包括项目成果或产出的性质、法律和政策方面、道德、健康与安全、环境与可持续性、安全①、利益相关者的利益和权力、多方所有的项目。

6.2 项目组织

1.《PMBOK 指南》

《PMBOK 指南》(第 6 版)的指南部分与项目组织相关的内容包括:组织运行环境、项目干系人管理、在资源管理部分有建设团队和管理团队;在标准部分,启动、规划、执行、监控、收尾五个过程中也分别介绍了组织管理活动。

《PMBOK 指南》(第 7 版)的标准部分将"团队""干系人"作为两个项目管理原则,指南部分将"团队""干系人"作为绩效域。建立团队原则的目的是营造协作的项目团队环境,包括建立团队共识、组织结构和过程。组织结构指项目工作要素和组织过程之间的安排或关系。这些结构可以基于角色、职责或职权,过程是项目团队定义"能够完成的任务和所分配的工作"的过程。

在项目团队中,特定任务可以被委派给个人,也可以由项目团队成员自行选择,这包括与任务相关的职权、担责和职责:①在第 6 版中,职权是使用项目资源、花费资金、做出决策或给予批准的权力;在第 7 版中,职权被定义为,在特定背景下有权做出相关决策、制定或改进程序、应用项目资源、支出资金或给予批准的情形,职权被从一个实体授予(明示授予或默示授予)另一个实体。②担责是指对成果负责的情形。③在第 6 版中,职责可在项目管理

---

① 安全指信息、资产和人员的安全。

计划中进行委派的任务,接受委派的资源负有按要求完成任务的义务;在第 7 版中,职责是指有义务开展或完成某件事的情形,职责可与他人共同履行。

第 7 版中的干系人原则旨在实现有效的干系人参与。干系人包括能影响项目组合、项目集或项目的决策、活动或成果的个人、群体或组织,以及会受或自认为会受这些决策、活动或成果影响的个人、群体或组织。干系人可能以积极或消极的方式直接或间接影响项目及其绩效或成果。从项目开始到结束,识别、分析并主动争取干系人参与有助于项目的成功。干系人参与和沟通包括确定干系人想要或应该进行参与的方式、时间、频率和情形。

第 7 版中的干系人绩效域明确了如何进行干系人参与,包括识别、理解和分析、优先级排序、参与、监督几个步骤的循环。

团队绩效域着重介绍了项目团队的管理和领导力、项目团队文化、高绩效项目团队、领导力技能、裁剪领导风格。团队绩效域需实现的目标包括:①共享责任;②高绩效团队;③团队成员展现出相关领导力和其他人际关系技能。在该部分定义了几个关键角色:①项目经理。由执行组织委派,领导项目团队实现项目目标的个人。②项目管理团队。直接参与项目管理活动的项目团队成员。③项目团队。执行项目工作,以实现项目目标的一组人员。

第 7 版在附录 X2.1 中介绍了赞助人(sponsor)①的角色。项目赞助人的决策领导力超出项目经理和项目团队的权限和职权。项目赞助人积极参与和监督将为项目经理和项目团队提供支持,促进项目成功。

2. PRINCE2

1) PRINCE2 第 6 版

PRINCE2 的项目管理原则之一是"明确定义的角色和职责"。此外,组织也是 PRINCE2 的七大主题之一。在组织主题部分,PRINCE2 将主要利益相关方划分为商业、用户和供应商三个主要类别。商业维度需体现项目产品应该满足商业需求,证明项目投资的合理性和价值。项目总监(executive)的角色代表商业方面的利益。PRINCE2 将商业利益与使用项目产出的人(用户)做了区分,用户侧重于:①在项目完成后使用项目的产出来实现收益;②运营、维护或支持项目的产出;③项目的产出将对其产生影响。创建项目的产出需要具有特定技能的资源。供应商代表那些提供必需技能和生产项目产品的人员或团体。PRINCE2 在项目中定义了高级供应商(们)这一角色,以代表供应商的利益。在 PRINCE2 中,商业、用户和供应商的利益汇集在项目管理委员会中,项目管理委员会对该项目的成功负责。

PRINCE2 组织主题的目的是定义与建立项目组织的责任和职责结构。项目管理团队需重点考虑(7.1 节):①融入商业、用户与供应商等利益相关方的代表;②通过定义指导、

---

① sponser 在《PMBOK 指南》的中文翻译为"发起人",也可翻译成项目"赞助人"。

管理和交付项目的不同职责,并明确定义每一个层次所要承担的责任,确保合适的治理;③在项目生命周期中,持续评审项目管理团队的角色;④有效管理与利益相关方之间的双向沟通。

项目管理结构被划分为 4 个层次(图 6-1):

(1)公司、项目群管理层或客户方。负责正式批准项目,确定项目总监,以及定义项目层次的容许偏差,项目管理委员会在此容许偏差范围内工作。在第 7 版中,该词被改为"委托"(commissioning),针对商业层。

(2)指导层。项目管理委员会负责项目整体的指导,对项目成功负责,是独立于项目经理的项目保证角色,负责监督项目绩效和产品的所有方面。通常由项目总监、高级用户和高级供应商来组成。项目管理委员会代表商业、用户和供应商的利益,履行项目群管理层或客户方设定的指导意见范围内的职权和职责。

(3)管理层。在项目管理委员会设定的限制范围内,项目经理负责项目日常管理。项目经理的主要职责是根据时间、成本、质量、范围、风险与收益绩效目标,确保项目生产所要求的产品。

(4)交付层。项目经理负责项目日常管理,小组成员负责在特定时间和成本范围之内交付满足质量要求的项目产品及组件。

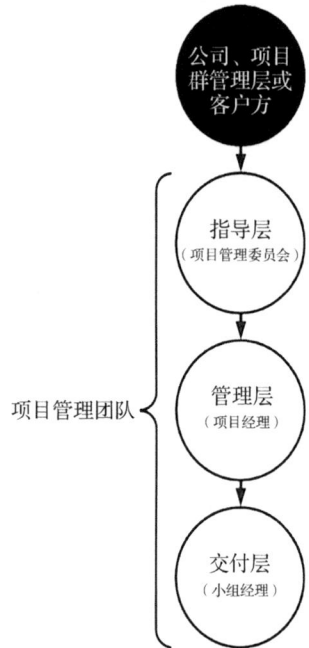

图 6-1 项目管理结构
(PRINCE2 第 6 版)

在 PRINCE2 中,为实现项目价值的全部活动都通过定义角色来完成,每一个角色承担其应当履行的职责。除了项目管理团队的角色、结构外,还需明确从属关系,明确由"谁"授权"谁"来负责。在组织主题中需要通过项目启动文件明确项目管理团队的结构和角色,并在沟通管理方法中描述项目内部和外部利益相关方的沟通方法及频度。

PRINCE2 中的组织角色如表 6-2 所示。PRINCE2 中职责通常必须要分配到位,但是并没有要求将每一个角色的工作分配给单独的人。根据项目的需要,一个角色可以由多个人共同承担,或将几个角色合并而由一个人承担。PRINCE2 允许将角色进行合并,但必须遵循以下限制条件:①不能将项目总监和项目经理角色合并;②项目总监和项目经理角色都不能超过一个人;③项目总监对项目成功的责任不能向下委派;④项目管理委员会不能将项目保证角色分配给项目经理、小组经理或项目支持。在合并角色时,项目管理委员会应考虑职责方面的冲突,如对方是否有能力承担合并后的职责,工作是否会出现一些瓶颈。此外,PRINCE2 不建议将高级用户和高级供应商合并,因为这可能会造成利益的冲突。

表 6-2　PRINCE2 中的组织角色

角色	职责
公司、项目群管理层或客户方	任命项目总监和项目经理(可能有);按照沟通管理方法的定义,向项目提供信息
项目总监	任命项目经理;确认项目管理团队任命和项目管理团队结构;批准沟通管理方法
高级用户	提供用户资源;定义和验证用户要求和期望
高级供应商	提供供应商资源
项目经理	准备和更新沟通管理方法;设计、评审和更新项目管理团队结构;计划并负责利益相关方参与工作;准备角色描述
小组经理	管理项目小组成员;对项目小组成员和项目中相关的利益相关者的参与提出建议
项目保证	对项目小组成员的挑选提出建议;对利益相关者关系建立提出建议;确保沟通管理方法合适,并确保计划的沟通活动真实发生
项目支持	为项目管理团队提供管理支持

PRINCE2 中,项目支持和项目保证角色需要分开,以便维持项目保证的独立性。项目支持为项目管理团队提供管理支持。项目保证的职责包括对项目小组成员的选拔提出建议;对利益相关方关系建立提出建议;确保沟通管理方法是合适的,并确保计划的沟通活动确实发生。项目保证需要独立于项目经理,以有效监督项目绩效和产品所有方面,因此,项目保证应该参与 PRINCE2 所有流程。

2) PRINCE2 第 7 版

PRINCE 第 7 版增加了人员要素,并将其与情境、原则、实践、流程并列。人员是五个要素的核心位置,其中包括情境、领导成功的变革、领导成功的团队、沟通、人是方法的核心。领导成功的变革中提出了变革管理,体现组织从当前状态向目标状态的转变,具体呈现在项目发起文档中。定义项目中需要实现的组织状态,也包含了从当前状态转变为目标状态的方法。

在"情境"章节中,重点定义了项目生态系统和组织生态系统。项目生态系统是指涉及项目或受项目直接影响的业务要素及相关的用户和供应商;组织生态系统涵盖了组织内外部要素(如工作人员、董事会、其他利益相关者等)以及组织的外部关系(如客户、合作伙伴、供应商、监管机构和竞争对手等)。

第 7 版提出了五步骤的组织设计和发展技术,以连接"组织实践"章节与"人员"章节,具体包括理解组织生态系统、设计项目生态系统、发展项目生态系统、管理项目生态系统的变更、将项目转换到组织生态系统,并增加了商务管理方法、项目管理组织结构和角色描述三个新的管理产品。

3. PM² 方法论

PM² 方法论包括商业治理层、指导层、监督层、管理层和执行层五层结构(如图 6-2):

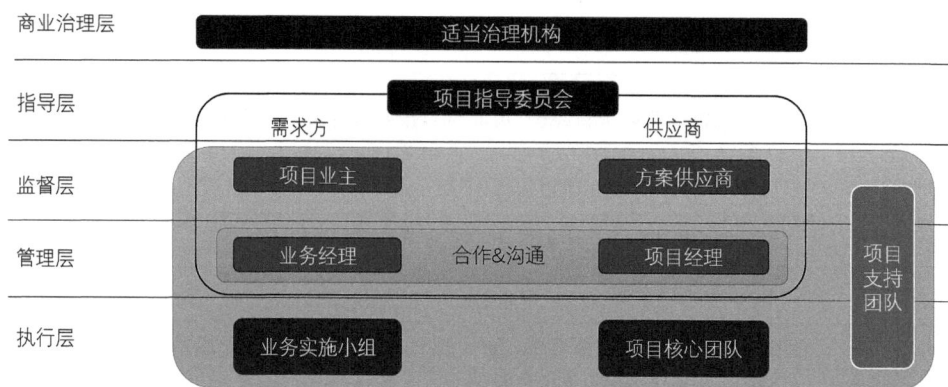

图 6-2 项目组织(PM² 方法论)

（1）商业治理层。商业治理层决定组织的愿景和战略，由一个或多个管理委员会组成。该层负责确定优先事项，做出投资决策，分配资源。

（2）指导层。指导层提供项目的总体方向和指导，使项目专注于其目标。PM² 方法论认为项目指导委员会（Project Steering Committee，PSC）至少应包括四个管理和指导层的角色，即项目业主、解决方案供应商、业务经理、项目经理，形成业主与供应商两方的组合，并由业主组织作为负责人。指导层向相应的治理机构报告。

（3）监督层。监督层负责发起项目，并对商业计划负责。监督层可以调动必要的资源并监控项目的绩效，以实现项目目标。监督层包括业主组织和解决方案供应商两方面的角色。

（4）管理层。管理层侧重于日常项目管理，以产生预期交付成果，并在业主组织中实施。管理层的成员向监督层报告。管理层由业务经理和项目经理组成。这两个角色需要密切合作和良好沟通。项目经理负责项目的日常管理，专注于交付项目成果。业务经理负责日常业务活动，并与项目经理密切合作。业务经理根据项目成果在商业组织中实现预期利益。

（5）执行层。执行层执行项目工作，产生交付成果并在业务组织中实施。执行层向管理层报告。执行层包括业务实施小组和项目核心团队。

除此外，还包括项目支持小组，如项目管理办公室、项目质量保证等，作为一个可选的角色，为项目提供支持。

对组织的责任分配，可形成责任分配矩阵。责任包括负责、承担、支持、咨询、告知等。项目组织类型包括职能结构、项目化结构和矩阵结构。

4. ISO 21502

ISO 21502 将项目组织定义为临时性结构，并在该结构中明确了项目的角色、责任和权力。项目组织需要：①指定明确的报告渠道；②获得项目赞助人或项目委员会批准；③与参与项目成员进行沟通。项目组织设计依赖于项目情境、组织环境和利益相关者。除正式组织外,还需要考虑项目管理的非正式方面,如组织文化、人际技能和行为。

ISO 21502 提出了项目组织结构的示例,如图 6-3 所示。

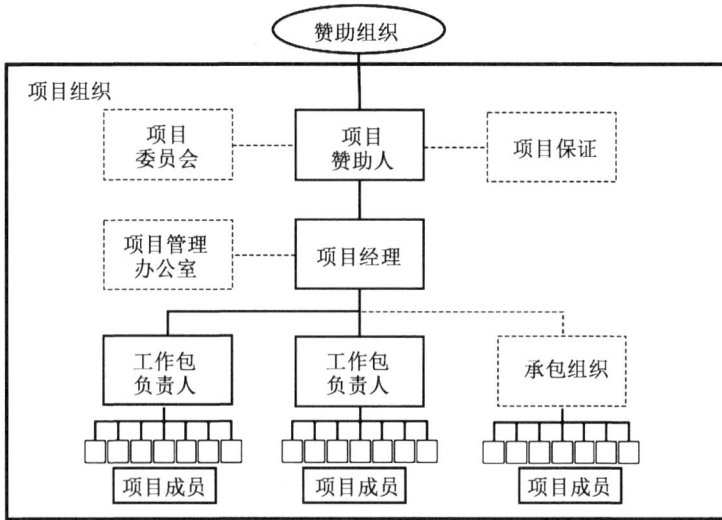

图 6-3 项目组织结构的示例(ISO 21502)

(1)赞助组织。赞助组织作为高层级的权力机构,为项目委员会和赞助人提供指导和资源,处理升级的风险和问题,并对超过项目委员会和赞助人权力之外的事宜做决策。

(2)项目赞助人。项目赞助人通过对高层级权力负责来实现项目目标,交付期望的产出和成果,实现期望的效益。项目赞助人负责和发起商业计划,并对项目治理负责,包括审计、评审、保证等。此外,其责任还包括:①验证项目在整个生命周期都是可被辩护的;②确认项目经理和成员基于技能和胜任力而担任工作;③给项目经理提供决策、指导、建议和环境,以保证商业计划中定义的要求在可接受风险范围内得以满足;④确认组织对组织或社会变革的准备和承诺;⑤处理升级的风险和问题;⑥协调关键利益相关者;⑦将权力范围之外的风险升级到更高一层组织;⑧为项目奠定文化和道德上的基调。

(3)项目委员会。项目委员会通过向项目赞助人提供指导和建议来参与项目。

(4)项目保证。项目赞助人对审计、评审和保证负责,项目保证的活动一般分配给独立于项目经理和项目团队的人员执行,这些人员以项目赞助人的身份来执行。

(5)项目经理。项目经理对项目赞助人或项目委员会负责,完成项目既定的范围,负责领导和管理项目团队。

(6)项目管理办公室。工作范围包括分析、定义和管理治理、标准化项目方法和过程、项目管理培训、计划和监测、信息管理、提供行政支持等。

(7)工作包负责人。工作包负责人对项目经理负责,完成领导、管理和交付工作包中定义的产出或成果。

（8）项目团队成员。项目团队成员执行项目活动,对工作包负责人或项目经理负责,完成分配的活动和交付物。

5. BS 6079

BS 6079 的第 7 部分涉及角色与责任,具体包括项目组织中典型角色、高层管理、项目赞助人、项目委员会、项目保证、项目经理、项目支持、团队经理、项目团队成员。其结构如图 6-4 所示。各角色的主要工作如表 6-3 所示。

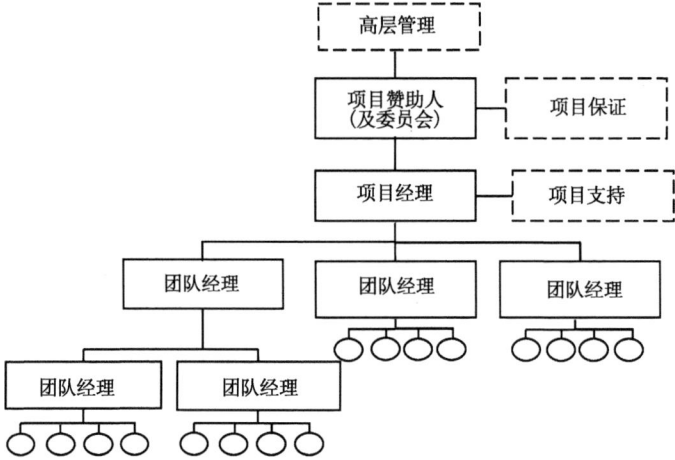

图 6-4　项目组织结构(BS 6079)

项目中需要具体的角色来负责以下工作:①提供监督,以保证项目目标与赞助组织的目标相一致,成果满足所定义的商业要求;②指导项目来实现项目目标;③管理项目的日常,保证产出符合预期成果;④承担项目中的专业性工作。

表 6-3　项目中的主要角色及定义(BS 6079)

主要角色	定义
高层管理	代表项目所处组织
项目赞助人	对高层管理负责,指导项目来保证成果的交付和为组织实现效益
项目委员会	保障项目赞助人来实现项目效益
项目保证	项目赞助人对项目保证负责,以确保满足商业计划的商业目标
项目经理	对项目赞助人负责,承担项目领导力和管理涉及不同职能的项目团队
项目支持	赋能项目经理完成其职责
团队经理	对项目经理或中间团队负责人负责
项目团队成员	项目团队成员承担项目工作,对各自的团队经理负责,依据时间、成本和质量目标,完成分配给他们的活动

组织承担项目通常是两个角色之一：①客户组织。客户组织需要进行变革，客户可以自己交付变革，也可以外包给供应组织。②供应组织。通过交付项目来实现其他组织的项目，以此来盈利。实践中，这两类组织角色的界限并不是那么明显。组织的运行模式中，BS 6079介绍了矩阵组织、项目组织、部门组织的异同。

项目组织是临时性的，并取决于项目的规模、尺度、复杂性和属性。项目通常跨越职能与组织边界。组织设计中需要考虑项目管理的非正式方面，如激励、人际技能和行为。

6. APMBOK

APMBOK的第三章关于人和行为，包括融合利益相关者、领导团队、职业化工作三个小节。在融合利益相关者部分重点讲述了理解需要被融合和影响的利益相关者；洞察社会情境；融合和影响；更好地促进协调和解决问题；争议解决。

领导团队部分介绍了建立团队、虚拟团队、团队发展、领导力、组织文化、多样与包容、工作场所的压力。

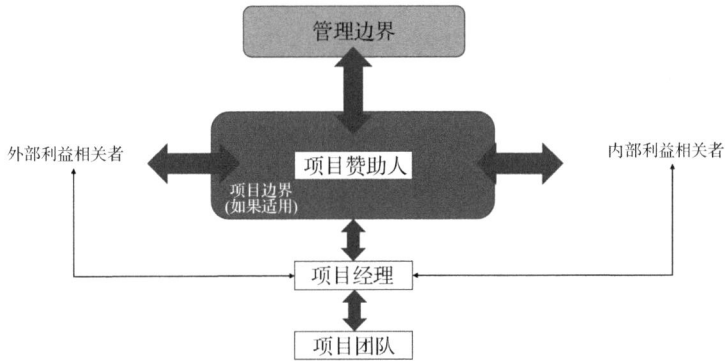

图 6-5　项目中的基本角色(APMBOK)

职业化工作介绍了沟通、协商、时间管理、应对制度环境、道德与标准、持续性的职业发展。

项目治理与项目组织的讨论

1. 项目治理的内涵

1）目标导向

APMBOK指出应对项目的产出、结果和效益进行控制与管理；ISO 21502认为在项目治理中，是组织根据商定的商业计划来指导、授权和控制项目；《PMBOK指南》(第6版)认为项目治理可以创造独特的产品、服务或结果，以满足组织、战略和运营目标。

2）项目治理有特定组织结构

通常将项目治理组织结构划分为4个层级：

（1）第1层级为最高的治理层级（治理层）。虽然不同知识体系中组织层级的最高决策主体名称不同，但其职责与权力相近，均负责组织的战略决策或项目投资。如ISO 21502称之为赞助组织,PM²方法论中为商业治理层负责战略规划和投资组合管理,APMBOK称之为投资机构(投资管理),PRINCE2把公司、项目群管理或客户方统一置于最高管理层级。

(2)第2层为项目赞助人(控制或监督层)。项目赞助人接受治理层的委托,对商业成功负责,并授权给项目经理。

(3)第3层为项目经理(管理层)。负责完成项目规定的范围,并领导和管理项目团队,对项目成功负责。

(4)第4层为项目团队(执行层)。负责执行项目活动。如ISO 21502中的管理交付,PRINCE2中的交付小组,PM²方法论中的项目核心团队,BS 6079中的项目团队成员。

除以上4个层级之外,还涉及其他参与主体,如项目支持。ISO、ICB和PMBOK强调项目办公室或项目管理办公室的职责范围。项目办公室的职责范围可从提供项目管理支持服务,到直接管理一个或多个项目。项目办公室的具体形式、职能和结构取决于所在组织的需要。

另外,不同知识体系仍存在一些差异:①ISO 21502中组织结构由项目赞助组织和项目组织两大部分组成,其中项目组织包括四个层级;②PM²方法论从项目管理的五个层级划分了项目治理结构,从上到下分别是商业治理层、监督层、指导层、管理层、执行层;③PM²涉及项目业主与供应商的结合。

3)项目治理需要定义该组织结构的权责利

项目组织由于采用分层管理,涉及将责任和义务划分到不同层级,并通过授权、监督、沟通等方式进行联系。常见的机制包括:①授权。在授权范围内的决策。②监督。项目生命周期的每个阶段都应具有与决策、关键交付成果、产出或结果相关的里程碑;在授权范围内行权的监督。③沟通与汇报机制。上下层级之间的沟通与汇报机制。④超出授权范围的问题升级与解决机制。⑤激励机制。

2. 关键性角色

1)项目委员会

项目委员会可作为代表投资人的角色。ISO 21502、PRINCE2与PM²方法论中均设立了项目管理(指导)委员会,负责项目指导与管理。PRINCE2要求项目管理委员会能够代表商业、用户和供应商的利益,负责项目整体的指导和管理,并对项目的成功负有责任;PM²方法论中项目指导委员会由项目负责人组成,负责监督和控制项目的执行,并对项目成功负责。

2)项目赞助人

(1)APMBOK的赞助人职能包括:连接项目与企业战略;对愿景和商业计划负责;对效益负责;体现企业的风险偏好;与其他项目的协作;利用企业治理;代表投资。

(2)BS 6079中赞助人是指通过指导项目来实现成果交付和为组织效益实现负责的人。

(3)APMBOK认为赞助人对商业计划负责,具体实施通常委托给其他项目专业人士。赞助人在管理临时性组织与永久性组织结构的界面中发挥关键作用,以保证项目可以获得适宜的专业人员指导和有效解决临时性与永久性组织之间的冲突。

（4）PRINCE2 采用项目总监对商业计划负责。

（5）PMBOK 认为项目赞助人负责项目商业论证文件的制定和维护。项目经理负责提供建议，使项目商业论证、项目管理计划、项目章程和项目效益管理计划中的成功标准相一致，并与组织的目标保持一致。项目通常有一个赞助人，项目赞助人的决策范围超出项目经理和项目团队的权限和职权。项目赞助人的参与和监督可为项目经理和项目团队提供支持，有助于项目成功。

3）项目经理与项目团队

各知识体系对项目经理与项目团队的角色和工作范围也做了区分。例如，ISO 21502 区分了项目管理者、工作包负责人和项目团队成员。PM^2 方法论中分为项目经理和项目核心团队。PRINCE2 中项目管理团队包括指导层（项目管理委员会）、管理（项目经理）、交付（小组经理）。PMBOK 区分了项目经理、项目管理团队、项目团队。《PMBOK 指南》（第 7 版）提出，项目经理由执行组织委派，领导项目团队实现项目目标；项目管理团队参与项目管理活动；项目团队执行项目工作，以实现项目目标。

4）项目支持团队

项目支持团队包括项目管理办公室、项目保证等。如 BS 6079 和 PRINCE2 采用项目支持，ISO 21502 采用项目办公室，PM^2 方法论采用项目支持小组。

5）客户与用户

《PMBOK 指南》（第 7 版）将客户定义为提出项目申请或提供项目资金的个人或群体；最终用户是直接使用项目交付物的个人或群体。PRINCE2 将项目的利益相关者分为商业、用户与供应商三部分。PM^2 方法论中界定的项目关键角色包含项目业主、解决方案供应商、业务经理、项目经理、业务实现组织、项目核心团队以及项目支持团队。其中业务经理和业务实现组织针对解决方案使用方。BS 6079 中区分了客户组织与交付组织：前者呈现变革的需求，后者提供满足变革需求的方案。APMBOK 提出，利益相关者包括承包商、客户和项目团队，其中项目团队交付产出，承包商主要负责客户项目的开发、移交、关闭以及效益实现，客户负责运营成果来提供效益。

3. 责任分配

APMBOK 使用职责分配矩阵定义了团队和利益相关者的角色和责任；类似地，PM^2 方法论也对责任进行了分配；ISO 21502 对组织中不同参与方进行了定义并描述了项目组织的角色关系；PRINCE2 定义了一系列角色及其职责以满足不同环境以及不同的项目规模要求。其中具体涉及：

（1）责任的范围。

（2）分配的方式。PM^2 方法论中组织的责任包括负责、承担、支持、咨询、告知等。

（3）分配的原则。BS 6079 分析了职能部门、矩阵组织与项目组织之间项目经理权力的变化规律。

(4) PRINCE2 根据项目的需要,一个角色可由多个人共同承担,或将几个角色合并而由一个人承担。ISO 21502 认为项目组织是一个有明确角色、职责和权限的临时结构,把个体分配给项目组织中的特定角色。

6.3 项目经理

部分知识体系/标准/方法论对项目经理进行了定义,如表 6-4 所示。

表 6-4 项目经理的定义

知识体系/标准/方法论	定义
《PMBOK 指南》 (第 6、7 版)	由执行组织委派,领导团队实现项目目标的个人
PRINCE2	被授予日常管理项目权责以在限制范围内交付所需产品的个人
ISO 21502	对项目赞助人或项目委员会负责,以完成项目定义的范围,并领导和管理项目团队

1.《PMBOK 指南》

《PMBOK 指南》(第 6 版)指南部分的第三章涉及项目经理的角色,提出了专业化项目经理的角色要求。项目经理是"指由执行组织委派,领导团队实现项目目标的个人"。同时,从执行整合、项目经理影响力范围、项目经理的能力三个维度详细描述了项目经理的角色。

1) 执行整合

整合是项目经理的一项关键技能,包括过程层面、认知层面和背景层面。第 6 版系统介绍了整合的方向和策略。

2) 项目经理在影响力范围内的角色

(1) 在项目范围内,领导项目团队以实现项目目标和干系人期望;充当项目赞助人、团队成员和其他干系人之间的沟通者;使用软技能(如人际关系技能和人员管理技能)平衡项目干系人之间的冲突和竞争的目标。

(2) 在组织范围内,扮演倡导者的角色,与组织内的各位经理互动,与项目赞助人合作处理内部的政治和战略问题;致力于展现项目管理的价值、提高组织对项目管理的接受度、提高组织内现有项目管理办公室的效率。

(3) 在行业范围内,关注行业最新发展趋势,并思考该趋势对当前项目是否有影响或是否可用。

(4) 在专业学科范围内,在地区、全国和全球层面(例如实践社区、国际组织)向其他专业人员分享知识和专业技能。

（5）在跨领域范围内，项目经理可将项目管理方法分享给其他专业领域人员，并给予其指导。

《PMBOK 指南》（第 6 版）标准部分中介绍了"项目经理的角色"，项目经理的报告关系依组织结构和项目治理而定。除了具备项目所需的特定技能和通用管理能力，项目经理还应具备以下特性：①掌握关于项目管理、商业环境、技术领域和其他方面的知识，以便有效管理特定项目；②具备有效领导项目团队、协调项目工作、与干系人协作、解决问题和做出决策所需的技能；③形成编制项目计划（包括范围、进度、预算、资源、风险计划等）、管理项目工作及开展陈述和报告的能力；④拥有成功管理项目所需的其他特性，如个性、态度、道德和领导力等。

项目经理的成功取决于项目目标的实现，而干系人的满意程度是衡量项目经理是否成功的另一标准。项目经理应处理干系人的需要、关注和期望，令干系人满意。为了取得成功，项目经理应该裁减项目方法、生命周期和项目管理过程，以满足项目和产品的要求。

2.《PMBOK 指南》（第 7 版）

《PMBOK 指南》（第 7 版）在项目管理原则和项目绩效域中涉及领导力相关的内容，如项目管理原则包括"展现领导力行为"，"团队绩效域"中包括项目团队的管理和领导力及领导力技能等。

第 7 版并未将领导力限定于项目经理，也并非任何特定角色所独有。高绩效项目可能会有多名成员表现出有效的领导力技能，例如项目经理、赞助人、干系人、高级管理层甚至项目团队成员。

项目经理履行多种职能，如引导项目团队工作以实现成果，管理流程以交付预期成果。在实现预期状态而驱动变革部分指出项目经理应具备独特的能力，以让组织做好变革的准备。团队绩效域部分指出项目经理是形成和维护一个安全、被尊重、无偏见环境的关键。项目绩效域部分指出项目经理有责任评估和平衡项目团队的专注点和注意力。

3. PMI 人才三角

PMI 人才三角（PMI Talent Triangle）提出的初衷是改变"项目管理只是一套专业技能"的认识，提出项目管理专业人士的能力包括技术项目管理、领导力、战略和商务管理三方面。

（1）技术项目管理：指与项目、项目集和项目组合管理特定领域相关的知识、技能和行为，即角色履行的技术方面的能力，如管理项目要素，以及针对每个项目的裁剪工具、技术和方法。

（2）领导力：指指导、激励和带领团队所需的知识、技能和行为，可帮助组织达成业务目标。例如，人际交往，领导者品质和技能。

（3）战略和商务管理：关于行业和组织的知识和专业技能，有助于提高绩效并取得更好的业务成果，如理解和洞察商业和战略因素对项目的影响。

为帮助项目专业人士适应不断变化的工作环境、采用有效的工作方式、产生影响力，

PMI 更新了 PMI 人才三角，包括工作方式（ways of working）、影响力技能（power skills）、商业敏锐度（business acumen）三个方面。PMI 认为，在任何行业和组织中，各个级别的专业人士都需要正确决策，以对不同的干系人产生影响，并且获得一定的权限，以在特定情况下选择最佳的工作方式。

（1）工作方式：要求项目管理人员掌握尽可能多的工作方式，以便在正确的时间采用恰当的工作方式，取得预期成果。从旧版注重项目管理专业技术能力转变为鼓励项目管理人员掌握多样化的工作方式。在快速变化的环境下，项目管理专业人士需要比过去更加灵活应变，注重工作方式的多样化和灵活性以应对未来的不确定性。这与《PMBOK 指南》（第7版）中的"驾驭复杂性""拥抱适应性和韧性""为实现预期的未来状态而驱动变革"等项目管理原则相契合。

（2）影响力技能：从旧版强调自上而下的领导力更新为更为广泛的影响力技能，能够对广泛的干系人产生影响。需要具备超出领导力范畴的"软技能"，以产生影响、激发改变和建立关系。

（3）商业敏锐度：要求洞察所在组织和行业的宏观和微观趋势，具备特定职能或领域的专有知识。将战略和商务管理更新为商业敏锐度，是从对战略和商务相关知识能力的要求提高到对敏锐度的要求，这需要项目管理人员具有全局观，能洞察趋势、感知所在行业和组织的动向，对宏观和微观环境均有一定的敏锐度，在此基础上才能促进项目与组织战略及行业趋势相契合，实现有效决策。

4. PMI 的 PMCD 框架

项目经理胜任力发展（Project Manager Competency Development，PMCD）框架是 PMI 为定义、评估和发展项目经理能力所提供的能力发展框架。PMCD 定义了能力的关键维度，其中包括：①知识能力。体现在项目经理对项目的流程、工具和技术应用的了解。可以通过认证评估来证明，例如 PMP 认证或等效的项目经理认证。②绩效能力。体现在项目经理如何应用项目管理知识来满足项目要求，可以通过评估项目相关的行为和结果来证明。③个人能力（personal）。指项目经理在项目环境中执行活动时的行为方式、态度和个性特征，可以通过评估项目经理的行为来证明。

PMCD 框架描述了大多数项目、组织、行业所需的通用能力，但不涉及特定行业的能力。PMCD 补充框架在 PMCD 框架基础上补充了组织和行业特定的能力要求，进而形成了涉及知识能力、绩效能力、个人能力、行业特需能力和组织特需能力五个维度的框架。

5. APMBOK

APMBOK 第 6 版中提出项目经理负责项目的日常管理，需要能胜任范围、进度、财务、风险、质量和资源、人际关系技能六个方面的管理。APMBOK 第 6 版在第 2 章"人员"中介绍了人际技能和职业化。其中人际技能包括沟通、冲突管理、委派（delegation）、影响、领导力、协商、团队合作。职业化部分包括实践的社区、胜任力、道德框架、学习和发展。

在第 7 版中，没有再继续强调项目经理，而是项目专业人士，在第 3 章"人员与行为"中，重点强调了融合利益相关者、领导团队、职业化工作三部分。

6. PRINCE2

PRINCE2 提出项目经理在项目委员会授权的范围内代表其运行项目，负责项目日常管理。项目经理的主要职责是在规定的时间、成本、质量、范围、风险和效益容许偏差内，确保项目产出符合要求的产品。项目经理负责确保项目产出某项成果，该成果能实现商业论证所定义的收益。项目经理需要平衡角色的不同方面，主要能力要求包括计划、时间管理、人员管理、问题解决、关注细节、沟通、协商、冲突管理。

项目经理的工作包括计划、授权、监督、控制等。PRINCE2 认为尽管领导力、激励技能和人际交往技能在项目管理中非常重要，但这些无法在项目管理方法中明确规定。因此，PRINCE2 作为一种项目管理方法，未明确规定领导力和个人能力。

在 PRINCE2 中，项目经理通常来自客户组织。来自供应商的工作人员充当项目中的一些小组经理角色，他们在供应商组织内部可能也被称作"项目经理"。

7. ISO 21502

ISO 21502 在"项目组织与角色"章节中介绍了项目经理。项目经理对项目赞助人或项目委员会负责，其工作范围包括：①建立与治理方法一致的管理方法；②激励项目团队；③提供日常监督（supervision）和领导力；④定义团队的方法、责任、工作范围和目标；⑤依据项目计划监督、预测和报告总体过程；⑥管理风险与问题；⑦控制与管理项目变更；⑧按相关合同要求管理供应商；⑨促使利益相关者的融合和沟通依照计划安排；⑩验证项目提交的交付物和成果。项目经理可以由项目管理团队提供支持，每个成员承担具体的角色，如进度、成本和质量保证等。

在项目管理相关概念中界定了项目人员能力，认为应包括技术能力、行为能力及业务和其他能力，但这部分能力并非完全针对项目经理。其中，行为能力是与个人关系相关的能力，例如领导力、团队建设、人员管理、培训、谈判和冲突管理。技术能力以结构化方式指导、管理、计划和交付项目。商务及其他能力是在组织、合同和外部环境中与项目管理相关的商务和其他能力。

8. ICB4.0

ICB4.0 作为专门的个人项目管理能力基准，详细阐述了成功管理项目、项目群和项目组合所需要的项目管理者的能力，包括环境能力、行为能力和技术能力（如表 2-7）。

ICB4.0 提出对项目管理人员知识、经验和能力水平进行综合评估。项目管理专业资质认证体系将项目管理专业人员资质划分为 A、B、C、D 四个等级①（表 6-5）。针对项目群和项目组合管理的只有 A、B 两个层级。例如，A 级国际特级项目经理需满足：在过去 12 年里，申请者需要在非常复杂的项目中至少有 5 年作为项目经理并负责领导职能方面的经验，

---

① 在本土化过程中，我国的认证体系出现了国际项目经理资质认证（International Project Manager Professional，IPMP）的概念。

其中至少有 3 年处于战略层面。

表 6-5　IPMP 项目经理等级划分

等级	定位
A 级,认证的国际特级项目经理	根据在非常复杂的项目(或项目群、项目组合)中整个生命周期内(如适用)的战略层面上所展现出来的领导能力来构建
B 级,认证的国际高级项目经理	根据在复杂项目(或项目群、项目组合)中整个生命周期内(如适用)所展示的领导能力来构建
C 级,认证的国际项目经理	根据对一般复杂性项目整个生命周期内所展示的管理能力构建
D 级,认证的国际助理项目经理	根据所有相关能力的知识构建

9.《项目管理专业人员能力评价要求》(GB/T 41831—2022)

项目管理专业人员能力评价是由中国标准化协会根据国标《项目管理专业人员能力评价要求》(GB/T 41831—2022),于 2023 年开始组织开展的项目管理能力认证。该标准分知识、能力素质和经验三个维度。知识包括 17 项知识领域评价维度,能力素质包括 29 项指标,经验包括项目管理领域工作年限以及实施或管理的项目的复杂程度、规模及数量,如表 6-6 所示。

表 6-6　项目管理专业人员能力评价维度(GB/T 41831—2022)

维度	描述
能力素质	思维方法(5 项)、人际关系(10 项)、实践技能(14 项)等 29 项能力素质指标①
知识	计划、范围管理、进度管理、质量管理、成本管理、资源管理、沟通管理、项目利益相关方参与、采购管理、风险管理、问题管理、信息和文档管理、经验教训学习、变更控制、汇报、收益管理、管理组织变革等 17 项知识领域②
经验	项目管理领域工作年限;实施或管理的项目的复杂程度、规模及数量

该标准将项目管理专业人员划分为五个等级,依次是项目管理专业辅助人员、初级项目管理专业人员、中级项目管理专业人员、高级项目管理专业人员、专家级项目管理专业人员,如表 6-7。

表 6-7　国标中项目管理专业人员的等级及定位

等级	定位
项目管理专业辅助人员	能够胜任专业性的项目管理工作
初级项目管理专业人员	负责成功交付一般项目
中级项目管理专业人员	负责成功交付复杂项目

---

① 参考了 ICB4.0,用词上有所差别。
② 采用了 ISO 21502 的知识领域,本书的 2.3.1 节将"收益"翻译成"效益管理"。

等级	定位
高级项目管理专业人员	负责成功交付战略项目、复杂的大型项目或项目群
专家级项目管理专业人员	能够对项目管理标准和项目管理能力建设提供指导和思想领导力。负责管理复杂项目、项目群和项目组合

10. PM² 方法论

在 PM² 方法论项目环境章节中,项目经理能力包括发展项目管理能力和项目管理能力。为发展项目管理能力,项目经理需要做以下工作:①理解项目在组织内如何运作;②评审组织内的项目方法论、标准和框架;③沿用项目管理课程中的内容;④对项目管理进行反思;⑤成为 PM² 方法论的积极参与者;⑥向更有经验的项目经理取经。

在项目管理能力部分,提出项目经理需要:①理解组织所采用的项目管理方法(如 PM²);②具备有效管理项目发起、计划、执行、控制和结束所要求的技术能力;③知道如何沟通、引导、激励、协商、解决问题,开展会议和工作坊等,报告项目进展等;④理解项目的商务环境和一般项目环境(如社会文化环境、政治环境等);⑤理解组织政策和标准;⑥理解项目交付后如何运营和维护;⑦具备行为和环境能力。其中行为和环境能力采用了 ICB 的行为和环境能力维度。

此外,在项目组织和角色部分,涉及关于项目经理的内容。项目经理的具体职责包括:①执行项目指导委员会批准的项目计划;②协调项目核心团队,并确保资源的高效使用;③确保项目目标在给定的约束条件下实现,采取必要的预防和纠正措施;④管理利益相关者的期望;⑤监管所有管理文件的制定过程,并确保获得项目业主或项目指导委员会的批准;⑥确保项目进程的可控性,如恰当地变更管理方式;⑦监督项目进程并定期向项目指导委员会报告;⑧将无法解决的问题汇报给项目指导委员会;⑨作为项目管理层和执行层的联络者。

项目经理的讨论

(1)项目经理的责任

不同的知识体系对项目经理的责任的认识较为一致,即管理项目日常工作,并对项目的成功负责。通常由项目赞助人对项目经理进行考核。

(2)项目经理的能力要求

能力常见的表述方式是项目经验和能力特征,前者依据参与或主导项目的数量和规模来确定,因此项目经验能够比较充分地证明能力;后者通过考试和测评的方式证明能力,如对知识、技能、性格等进行测试。

(3)项目经理的层级与管理项目类型

当项目类型、规模大小、难易程度有差异时,对项目经理的能力要求就不一样。在 ICB4.0 和国家标准中体现了项目经理层级的差异性,针对敏捷项目有敏捷项目经理的能力要求,如 PM² 方法论的敏捷方面、PRINCE2 的敏捷从业者。PMI 敏捷管理专业人士(PMI-ACP)涵盖了如 Scrum、看板、精益、极限编程和测试驱动开发等多种敏捷方法。2015 年,AXELOS 将 PRINCE2 与 Agile 结合在一起,创建了 PRINCE2 敏捷。此外,复杂项目管理国际中心(International Centre for Complex Project Management,ICCPM)提出了复杂项目经理能力标准。

(4)职业道德

PMI 发布了《道德与专业行为规范》,提出全球项目管理业界定义的最重要的价值观是责任、尊重、公正和诚实。《道德与专业行为规范》包括期望标准和强制标准。其中,期望标准描述了身为 PMI 会员、证书持有者或志愿者应力求遵循的行为规范。尽管对期望标准的遵循情况进行衡量并非易事,依照这些标准行事仍是对从业人员专业性的期待。强制标准做出了硬性要求,在某些情况下限制或禁止从业者的某些行为。身为 PMI 会员、证书持有者或志愿者却不依照这些标准行事的从业者将受到 PMI 道德审查委员会的纪律处罚。

APM 出台了《APM 职业行为规范》(*APM Code of Professional Conduct*)。同时,APMBOK 介绍了道德的范围,包括规则与制度、价值、实践规范、道德准则、道德性实践、行为规则。此外 APMBOK 提出职业化的五个维度:①宽度,包含了 APMBOK 的知识;②深度,APMBOK 的能力框架提供了项目管理能力的层级要求;③成就,获得 APM 认可的资格;④承诺,进行持续教育;⑤责任性,道德要求。此外,BS 6079 指出,项目赞助人需要使项目经理和团队意识到道德约束,并遵从道德约束。PM² 方法论指出,从业人员的职业道德包括独立、公正(impartiality)、客观、忠诚。关键原则可以总结为正直,意味着一致性地遵循道德原则,并据此做出可靠的决策。

第三篇

项目管理理论发展

与项目管理实践的标准化有所不同,项目管理理论发展具有其特定的研究范式要求。项目管理最佳实践的标准化是对实践的显性化表现,通过标准、知识体系或方法论的方式呈现实践中有效的部分,进而进行推广。最佳实践的提出以推广和传播为目的,因此并不强调最佳实践的理论创新和严谨的方法论要求。而项目管理研究中侧重于理论创新,研究结论的提出需要有理论贡献、严谨的方法论与实践相关性。项目管理理论的提出是为了未来弥补当前研究的不足,从理论层面揭示项目管理实践的规律。此外,研究通常是基于一定的理论基础展开的。从承担的主体而言,理论研究的主体主要是研究者;项目管理知识体系或标准的起草人则以实践者为主。

此外,项目管理最佳实践与项目管理理论也存在紧密的联系,两者之间最关键的纽带是实践。最佳实践的标准化是针对实践中有效部分的提炼和总结,而项目管理研究揭示了项目管理实践的规律。因此,高质量的最佳实践标准可成为好的理论,反之亦然。从这点看,实践是最佳实践的标准化与项目管理理论研究共同的源泉,脱离了实践,也就不存在所谓最佳实践与理论研究。此外,项目管理知识体系的更新也在吸收理论研究的成果,而部分理论研究也是立足于项目管理知识体系的,两者间存在微妙关系。

第三篇主要介绍项目管理理论的发展,包括理论发展的总体分析(第 7 章)、项目管理知识体系与理论研究(第 8 章)、临时性组织(第 9 章)、不同项目特征下的项目管理(第 10 章)四个章节。

第7章

项目管理理论发展的总体分析

内容简介：

　　本章从时间、理论基础、对象三个维度来分析项目管理理论的发展概况。时间维度说明项目管理理论随时间的发展演变；理论基础概述项目管理理论发展所依赖的管理理论的变化；对象侧重项目管理研究中的项目对象的演变。

7.1　项目管理学术期刊与杂志

　　20 世纪 70 年代以前，实践者是项目管理研究的主力。随着专业组织（如 PMI、IPMA、APM 等）的成立，项目管理研究逐渐受到专业组织的影响。20 世纪 80 年代，随着相关的学术杂志出现，研究主题又发生了新变化。例如，Turner 等（2011）总结了项目管理研究的发展趋势[①]：①学术论文开始关注更广泛的议题，实践者也意识到，可采用更多的方法来促使项目交付成功；②采用更为严谨的方法论，以获得可靠的研究结论及理论贡献；③广泛引用其他期刊的文章，表明项目管理采用或贡献了更大领域范围的理论，也更注重对近期论文的引用；④论文也被其他领域杂志所引用，这意味着项目管理研究获得了更大范围的认可。

　　由于项目管理理论兼具面向特定领域又强调实践性的特征，相关杂志可从两个维度、四个象限来分类。维度一是学术性和实践性导向，维度二是面向特定领域和一般领域（如表 7-1）。其中，第一象限是学术性领域期刊。在项目管理领域有 *International Journal of Project Management*（IJPM）、*Project Management Journal*（PMJ）、*International Journal of Managing Projects in Business*（IJMPiB）三本期刊已获得了较为广泛认同，此外 *Project Leadership and Society*（PLAS）也是该领域的新秀。第二象限是领域内的实践性期刊，如 *PM World Journal*（PMWJ）。第三象限为一般领域的学术期刊，例如管理与组

---

　　① 　该书出版于 2011 年，研究内容针对该时间点之前的观察，但总体上仍适用于当前现状。

织领域的期刊,如 AMJ、AMR、OS、JOM 等,虽然这些学术期刊也发表项目管理相关的论文,但并不侧重于某一个或多个特定领域,而是强调理论的一般性。第四象限是一般性实践杂志,如《哈佛商业评论》(HBR)、《清华管理评论》等。一般性实践杂志面向的读者对象包括学术界和业界,其写作风格与学术期刊有所不同。例如,《清华管理评论》提出"关注发表具有原创性、前瞻性的商业思维、管理评论及实践方面的文章,力图为各类组织的战略转型和持续发展提出新的洞察和行动指南"。这些杂志也发表项目管理相关的文章,如《哈佛商业评论》(*Harvard Business Review*,HBR)发表了 PMI 前任主席的《项目经济到来》(*The Project Economy Has Arrived*)。

表 7-1　项目管理领域期刊的分类

	学术性	实践性
领域性	IJPM、PMJ、IJMPiB、PLAS	PMWJ
一般性	AMJ、AMR、OS、JOM	HBR、《清华管理评论》

除表 7-1 中所述 4 个象限外,还存在一些综合性情况。例如,某些期刊强调学术和实践的综合。例如 IEEE 旗下的杂志:有学术性期刊,如 *IEEE Transactions on Engineering Management*(IEEE TEM);但同时也有面向实践界的杂志,如 *IEEE Engineering Management Review*(IEEE EMR)。某些杂志在强调学术贡献的同时,也需要作者撰写面向业界的摘要来提升学术论文面向业界的传播效果。此外,第三象限中一般性学术期刊设了特定领域,如 *Journal of Operations Management*(JOM)于 2019 年 5 月设立了"创新与项目管理"领域。其领域愿景提到,该领域负责创新与项目管理相关投稿,前者包括产品、过程和服务的设计和开发,后者指承担一次性交付物的临时性组织。运营和供应链管理可以用从创新工作到重复性工作的一个区间来刻画。项目指向区间中趋向创新的工作,与管理重复性工作的方法和视角有所不同。创新、产品开发、服务开发、流程改进等都可以通过项目的形式来管理,涉及的行业包括建设、航空航天、技术、软件、咨询、会计等。项目也存在不同的规模,包括项目群、重大项目等。多个项目也可采用项目组合的方式进行管理(Mishra et al.,2020)。

项目管理领域有三本重要期刊。其一是 IJPM,IJPM 由英国 APM 代表 IPMA 于 1983 年创刊,2009 年 3 月被 SSCI 收录,目前由 Elsevier 联合 APM 和 IPMA 共同出版。其二是 PMJ,PMJ 由 PMI 于 1970 年创刊,2007 年之前,该杂志只对 PMI 会员开放。2007 年之后,杂志由 Sage 出版社出版。第三本是创刊于 2008 年的 IJMPiB,2017 年该期刊被 SSCI 收录,目前由 Emerald 出版社出版。此外,工程项目组织协会(The Engineering Project Organization Society,EPOS)于 2010 年创办了 *Engineering Project Organization Journal*(EPOJ),IPMA 于 2022 年新设了(PLAS)。中文期刊以项目管理为主要对象的有《项目管理技术》。虽然各个期刊创办的时间和影响因子存在差异,但各自关注的研究主题没有明显区别。

此外，一些工程管理领域的期刊也发表项目管理相关论文，如 IEEE TEM 和 *Frontiers of Engineering Management*（FEM）。IEEE TEM 是 IEEE 旗下技术与工程管理协会（Technology and Engineering Management Society）创办的期刊，设立于 1954 年，主要关注工程管理领域的研究议题。当前主要关注以下五个方面：产品或服务从想法到市场的过程；识别和执行成功的项目和系统；为能力和生产效率集成技术；从工程师到领导的发展；平衡社会、政府、政策制定者的规范。FEM 是由中国工程院、高等教育出版社、清华大学和华中科技大学共同主办，于 2014 年创刊。关注领域包括工程管理基础研究、工程管理分支研究、工程管理应用研究、工程管理多学科研究、工程管理教育研究等。

此外，建设管理领域的期刊也发表项目管理相关议题论文，例如，美国土木工程师协会（America Society of Civil Engineering，ASCE）出版了土木工程相关的 36 本杂志，其中针对建设管理的有 *Journal of Management in Engineering*（JME）和 *Journal of Construction and Engineering Management*（JCEM）。JME 涵盖管理和领导力相关议题；JCEM 侧重于提升建设工程的科学性，通过设计理论来有效组织建设实践，提升建设工程和管理领域的教育和研究。此外，英国土木工程师协会（Institution of Civil Engineering，ICE）旗下有 19 个专业工程期刊、11 个研究期刊和 5 个材料科学期刊[①]，其中与管理直接相关的有 *Management，Procurement and Law*（MPL）。类似地，韩国土木工程师协会、加拿大土木工程师协会等都有学术期刊。*Construction Management and Economics*（CME）和 *Engineering，Construction and Architectural Management*（ECAM）关注建筑业活动的管理和经济问题，*Internatinal Journal of Construction Management*（IJCM）隶属于中华建设管理研究会（The Chinese Research Institute of Construction Management，CRIOCM），同样专注于建设管理相关议题。中文期刊包括《建筑经济》、《工程管理学报》、《建设管理研究》（集刊）等。

7.2　项目管理研究的总体分类

项目管理研究受管理与组织理论的影响，以及具有实践导向特征，造成其研究涵盖的领域和范围较广，因此如何系统梳理过往研究以获得全局认识是大家关注的重要议题。为了更全面认识项目管理研究的发展，研究者通常从特定视角进行分类。常见的分类视角包括时间、理论基础和研究对象。

时间维度是从时间发展角度进行分析。选择从时间维度分析也表明研究具有特定的历史背景，解读研究结论时需立足于研究所处的时代背景。理论基础维度旨在说明项目管理研究依赖的理论基础，如项目网络计划基于运筹优化理论，临时性组织基于组织理论。

---

① 数据统计截至 2024 年 7 月。

研究对象是指研究的分析单元,如团队、项目、企业、网络等。

7.2.1 依据时间维度的划分

通过时间维度可刻画项目管理研究主题的演变过程。例如,Turner 等(2013)将项目管理研究分为九个学派,学派是指一群具有相同的想法或采用相同的方法的人(图 7-1)。在项目管理领域,不同学派出现和持续的时间有所差异,例如,20 世纪 50 年代以优化和建模为主,随后陆续出现了治理、行为、成功因素、决策、过程、权变、营销等学派。

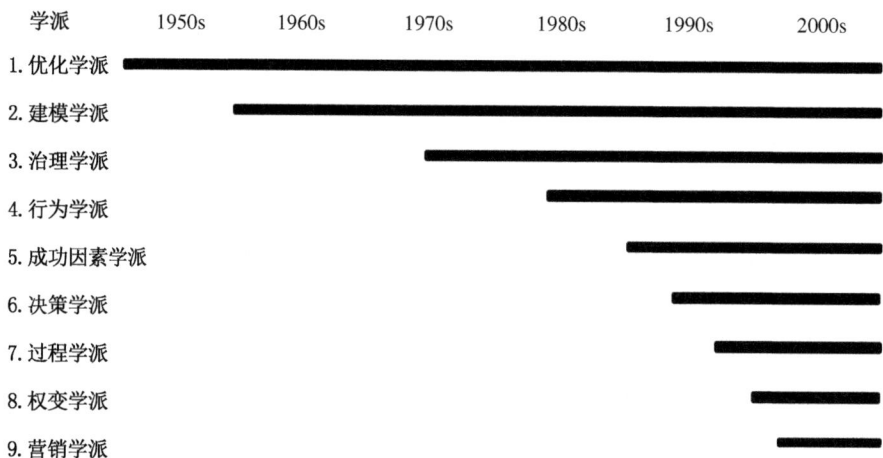

图 7-1 项目管理研究的九个学派(Turner et al.,2013)

Pollack 和 Adler(2015)综述了 1962 年到 2012 年间的项目管理研究,基于 94 472 个关键词与摘要的分析发现,项目管理研究从关注技术向关注组织转变,项目管理也逐渐成为一个独立的研究领域。此外,通过对论文的关键词分析发现:①1999 到 2005 年间关注教育相关的议题占比较大;②2001 到 2006 年间成本、合同、投资相关的议题较多;③2008 到 2012 年间计算机网络和信息系统出现较为频繁;④2009 到 2012 年新产品研发和经济相关的研究大量涌现。通过对关键词的关联分析发现,相较于 IT 行业,建筑业更关注合同和成本问题;IT 行业更关注教育相关议题。

Padalkar 和 Gopinath(2016)分析了 36 篇项目管理综述论文及 230 篇项目管理论文。将项目管理研究划分为强调方法和工具的确定型(从 20 世纪 60 年代开始)、解释型(从 20 世纪 80 年代开始)、非确定型(从 20 世纪 90 年代开始)三类。综述发现,项目管理研究仍以确定型为主,非确定型占少数。类似地,Ayat 等(2022)通过对 2008—2019 年的 522 篇 IJMPiB 期刊发表的文章发现,《PMBOK 指南》的知识领域是大家关注的重点。此外,作者发现,该期刊发表论文的作者主要来自大洋洲、欧洲和北美,而亚洲、非洲、拉丁美洲的学者等相对较少。

Tekic 等(2022)基于 1964—2017 年间的 6 584 篇与项目和项目管理相关论文的分析,

将项目管理研究划分为三个阶段：第一个阶段(1964 1989年)的论文强调项目执行。在该阶段，研究论文中一半来自业界，一半来自学界，主要关注成功因素、风险、决策等议题。第二个阶段(1990—2001年)将项目视为一个组织概念。在该阶段，研究论文呈现线性增长，关注临时性组织与项目型组织。第三个阶段(2002年至今)将项目视为一个理论框架，学术界的研究论文数量呈现指数增长，关注点也扩展到更加丰富的项目情境。

Pinto(2022)描述到，从最早期的网络计划技术开始，随着时间推进，项目管理领域整体的生产率和影响逐步增强呈现S曲线形状。Crawford等(2006)分析了IJPM和PMJ两个期刊在1994—2003年间研究主题的变化，发现人际相关和质量管理的研究呈下降趋势，项目评价和改进呈现上升趋势。

Morris(2013)所著的《重构项目管理》(*Reconstructing Project Management*)从时间维度对项目管理研究和知识体系中所关注的内容进行了梳理，提出项目管理发展的十个阶段：①计划与控制为主的阶段(1900—1970年代)；②强调工程复杂性与紧迫性的阶段(1953年)，主要出现在美国国防领域；③1960年代晚期，出现了组织研究者，如集成、权变、北欧学派的临时性组织等；④1970年代，环境意识兴起，PMBOK出现；⑤1990年代，前期定义的出现，出现了"项目的管理"的范式，新的项目管理知识体系出现；⑥1990年代末，强调精益和关系，出现了新产品研发、丰田、并行工程、合作伙伴、关系等；⑦1995年以后，出现了企业级项目管理、ICT、项目管理办公室、成熟度、知识管理、项目学习、变革管理、效益、价值；⑧治理出现阶段(2000年以后)，强调赞助人、治理、战略、评审/审计、BOT、风险(行为经济)、有效性；⑨敏捷出现阶段(2005年以后)；⑩强调相关性的阶段(当今)。强调项目和项目群相互依赖，投资重大事件、价值导向、领导力等。

此外，Mishra和Browning(2020)分析了40年间JOM期刊发表的66篇在标题或摘要中含有项目一词和讨论项目管理相关议题的文章。作者发现：该期刊早期项目管理相关论文关注进度管理较多，1990年代后期主题开始多样化，包括新产品开发、研发项目等；在研究方法方面，早期研究主要采用分析性模型构建，后续采用抽样调查、案例、文档资料分析等。

项目管理研究主题随时间的演变

(1) 项目管理研究主题跟随时代发展而变化，因此需以动态的眼光看待项目管理研究的发展历程。同时对研究结论的解读也需要注意其特定的时代背景。虽然不同学者对研究主题随时间变化的描述并非完全一致，但总体趋势上较为接近。

(2) 研究主题随时间变化的原因包括：①社会经济发展重心的变化，致使不同时期社会经济发展的关注点有所不同；②早期对项目管理范围的界定主要集中在项目计划与控制领域，范围相对较窄，但项目管理实践可包含的范围较宽，所以研究边界范围随时间一直存在调整；③早期研究中，项目管理知识体系所包含的内容是项目管理研究重点关注的内容，研究成果又为项目管理知识体系的更新提供了支撑。

7.2.2 依据理论基础的分类

研究者根据理论基础对项目管理研究进行了分类。例如,Kolltveit 等(2007)将项目管理教材和 1983—2004 年 IJPM 上发表的论文依据理论基础进行了分类,划分为任务、领导力、系统、利益相关者、交易成本和商业六个类别,并指出理论基础可以用来探求项目管理领域和管理领域的联系。

Söderlund(2011)对管理与组织领域的 30 本期刊中发表的 305 篇文章展开综述发现,项目管理研究按理论基础可分类为优化、因素、权变、行为、治理结构、关系和决策七个学派,如表 7-2 所示。提出项目管理研究是多元的,并非来自某单一领域,并认为要在项目管理作为一个独立专业领域和分散的理论基础之间取得一个平衡。

表 7-2 多元的项目管理研究学派

学派	描述	回答的问题	机理
优化	计划、分解技术、进度	怎么来管理/计划一个项目?	通过计划来优化项目执行
因素	成功因素、项目绩效	哪些因素有助于项目成功?	通过因素来管理项目
权变	项目组织结构/设计	为什么项目会不一样?	调整项目组织以适应权变因素
行为	项目组织过程	项目行为是如何进行的?	项目组织的行为过程
治理结构	项目组织或交易治理	项目是怎么被治理的?	治理项目组织/交易
关系	对项目形成和发展阶段的管理	项目的早期阶段是怎么被管理的?项目关系是怎么形成的?	发展关系和项目
决策	主要在项目早期,决策者间的交互	为什么项目会被批准?为什么能继续?	政治因素的影响

来源:Söderlund(2004,2011)。

类似地,Turner 等(2013)将项目管理研究划分为优化、建模、治理、行为、成功因素、决策、过程、权变和营销九个学派,各学派基于不同理论基础,并有不同关注点(表 7-3)。

表 7-3 项目管理研究的九大学派

学派	简介	理论	关注点
优化	通过数学模型优化项目工期	运筹学	时间
建模	通过硬/软系统理论模拟项目	管理科学	时间、成本、绩效、质量、风险
治理	对项目的治理及对交易各方的治理	治理	项目、参与者、治理机制
行为	管理项目的个人或团队行为	组织行为/人力资源管理	个人和团队的工作

学派	简介	理论	关注点
成功因素	确定成功或失败,确定因素	战略管理	成功标准、成功因素
决策	项目周期的信息处理	信息管理	用于决策的信息
过程	寻找实现项目绩效的路径	运营管理	项目、项目的过程
权变	对不同的项目采用不同的系统	权变理论	区分项目类别
营销	通过同利益相关者的沟通来获得支持	营销	利益相关者、利益相关者对项目的承诺和管理

来源：Turner 等(2013)。

Shenhar 和 Dvir(2007)提出项目管理的理论发展以问题为导向,项目管理问题联系着管理与组织科学理论。Kwak 和 Anbari(2009)对 18 个管理学期刊中项目管理相关的研究进行了综述,最后将项目管理相关研究划分为战略/组合管理、运筹/决策科学、组织行为/人力资源管理、信息技术/信息系统、技术应用/创新、绩效管理/挣值管理、工程与建设、质量管理/六西格玛。

项目管理理论基础的讨论

(1) 理论基础是研究开展的基础。理论基础提供一个相对结构化的认知框架,通过理论可更为聚焦地分析项目实践问题。总体上,项目管理的研究将管理与组织科学理论作为重要的理论基础,通过管理与组织科学理论来透视或分析项目管理中存在的具体问题。

(2) 虽然项目管理研究需要借用管理与组织等领域的基础理论,但项目管理研究的理论贡献主要集中在项目管理领域。例如,项目治理理论基于公司治理和交易费用理论等,但并不对这些理论作出实质性理论贡献,而强调在项目这一特定情境中的理论贡献。

(3) 早期突出的项目计划和控制依赖运筹学、系统工程等理论基础。专业组织(如 IPMA 和 PMI)成立后,其旗下的项目管理期刊围绕着项目管理知识体系展开研究。随着理论化范围的扩展,学者们希望能作出更基础性的理论贡献,获得更大范围的学术影响,研究主题和所依赖的理论基础超越了项目管理知识体系的范围,产生的研究成果又反哺了项目管理知识体系的发展。

(4) 成功因素是否可以作为研究的理论基础。当前,如果某研究采用成功因素或关键成功因素作为理论基础,该类论文被录用的可能性较低。但在早期有一定比例的论文采用关键成功因素作为理论基础,这种情况有其历史原因。一方面,成功因素描述较为成体系,符合项目管理实践导向的要求,也符合实践者管理项目的期望和要求。另一方面,成功因素也并非缺乏理论依据。成功因素的概念由 Daniel(1961)在信息系统相关研究中提出,其核心的观点是：大部分行业是受一定数量(如 3～6 个)的关键因素所影响,实现这些关键成功因素将给组织带来竞争力。

7.3 项目管理研究对象的扩展

使用"项目管理"一词时,需要界定项目的具体所指对象。目前广泛接受的关于项目的定义主要来自各种标准、知识体系,如《PMBOK 指南》所定义的项目是为创造独特的产品、服务或成果而进行的临时性工作,项目管理针对《PMBOK 指南》的十大知识领域和五大过程组。由于实践中出现了大量已有项目管理知识体系所不能解释的内容,学术研究对此进行了扩展,提出了诸如项目网络、项目群管理、项目生态、项目治理、项目组织、项目型组织、基于项目的组织、项目组合管理等概念。这些概念都超越了传统项目管理的范畴。扩展的出发点是弥补早先对项目与项目管理范围界定的局限性。此外,研究者也试图寻找一个统领性名词来涵盖更广泛的项目相关内容,如项目研究、项目组织、项目管理研究等,但目前仍未形成广泛共识。

项目管理研究对象可从层级、阶段、主体、价值等维度进行分析。其中,层级包括项目、项目群、项目组合;阶段从业主组织与交付组织两个组织类型分别划分;主体主要是从涉及的角色进行划分;项目目标与价值主要从时间、目标要素与主体维度进行分析。

7.3.1 项目对象层级的扩展

1. 项目对象层级的划分

Söderlund(2004)通过分析 1993—2002 年间管理和组织相关期刊中有关项目管理的论文与 IJPM 期刊的发表论文,将项目研究对象从企业和项目两个维度划分为单项目、企业间项目、多项目企业、项目生态四个象限。各象限的说明、关键词、研究重点和发展趋势如表 7-4 所示[①]。

表 7-4 依据项目与企业数量的项目研究

对象	说明	关键词	研究重点	发展趋势
单项目	单个企业单个项目	项目管理、临时性组织、项目组织、项目计划、项目进度	项目计划和进度安排、项目关键成功因素、单项目的管理和组织、临时性过程	从项目计划到临时性组织
企业间项目	多个企业的单个项目	合同、协商、关系、合作、交易成本、网络	合同的作用、企业间关系、项目网络	从合同到关系
多项目企业	单个企业的多个项目	矩阵管理、多项目环境、项目组合、项目型组织、项目的管理、通过项目来管理	多项目间资源分配、项目间的协调、项目总监的角色、企业项目化、项目型企业的学习和创新问题	从矩阵式组织到项目型企业内的学习和创新

---

① 该论文以 2004 年为原点做出发展趋势展望。

对象	说明	关键词	研究重点	发展趋势
项目生态	多个企业的多个项目	基于项目的行业、基于项目的职业、项目生态、网络、信誉、信任	基于项目的行业中企业网络的建立、基于项目的职业发展、信任	从项目到项目与环境之间的关系

来源：Söderlund(2004)。

Shenhar 和 Dvir(2007)将项目研究对象层级划分为运作和过程、项目领导力、战略和商业三层，各层所关注的基础、成功标准、关注点、理论等存在差异，如表 7-5 所示。

表 7-5　依据运作、团队领导力与商业划分的项目研究对象

关注点	运作和过程	团队领导力	战略和商业
基础	项目作为一系列将要完成的活动或任务	项目作为一个组织，采用激励、协调等方式实现共同的团队目标	项目作为商业战略的一部分，为战略服务
成功标准	项目运作成功因素：成本、进度、绩效	团队成功因素：速度、生产效率、士气、学习、个人发展	商业成功因素：客户满意、商业长期结果、价值
项目经理角色	按期交付项目	建立和激励项目团队来实施协调性工作	创造商业结果、价值
关注点	单个或多个项目	团队：跨职能团队，完成共同的任务	一个项目、多个项目的组合
理论	过程理论、优化、网络理论	心理学、行为理论、领导力、组织理论	战略管理、基于资源的观点、经济
方法	计算建模、仿真、统计分析	案例、实证、定性与定量结合	模型、案例

来源：Shenhar 和 Dvir(2007)。

2. 项目组合

项目组合是指为了实现企业战略目标，在资源有限且面临多个项目机会的情况下，对一组项目进行组合选择，以实现优化投资。项目组合决策最终确定投资方向、资源分配和项目优先级，具体包括项目的识别、排序、授权项目和项目群。项目组合管理可视为连接项目和企业战略的桥梁。企业的项目组合决策评价指标包括：①战略符合性；②企业资源的充分利用；③经济可行性；④技术可行性；⑤项目组合方案实施的总体风险程度；⑥其他，如企业的社会责任等。

从业主组织的视角，项目组合可从空间、资源两个维度来划分。空间主要是指项目交付物在空间上形成一个整体，以发挥整体价值，如分期建设的厂房、学校等。项目在空间上存在相连或不相连两种情形：空间上相连主要是功能上的关联；空间上的不相连意味着不同资产类型的组合。资源调配主要涉及项目的时间顺序，存在并行和顺序型两种情形：项目并行意味着存在资源的整体分配优化的考虑；当项目依次开展时，资源调配主要针对经验的学习、资源的重组等，如表 7-6 所示。项目组合意味着要从时间和空间维度综合考虑资源和产出，以实现企业投资最优。

表 7-6　资源、产出在时间和空间维度的关联

		空间维度	
		产出的空间不相连	产出的空间相连
时间维度	资源并行调配	不同地区的项目 例：地产公司在不同区域同时开发的项目	同一地区、同期进行的项目 例：园区开发、地铁线建设
	资源顺序调配	不同地区的前后期项目 例：地产公司在不同区域、不同时间开发的项目	同一地区、分期进行的项目 例：学校、校区等

3. 项目群

Pollack 和 Anichenko(2022)采用原型理论区分了项目群和项目之间的不同，基于 IJPM 的 65 篇、PMJ 的 18 篇、IJMPiB 的 9 篇论文[①]，作者识别了分类的线索，包括事先确定的线索、过程线索和视角线索，如表 7-7 所示。作者也提到，这些线索并非可以截然划分项目群和项目的区别。

表 7-7　区别项目与项目群的要素

比较要素	项目群	项目
事先确定的线索：情境和目标等	价值、成果、效益	产出、产品交付物
	战略性聚焦	战术性聚焦
	长期和无限制的持续时间	短期和有限的持续时间
	变革型改变	传统行业
过程线索：如何进行管理的过程	迭代性交付	顺序性交付
	开放和适应	孤立和缺乏柔性
	涌现的组织	计划的组织
视角(perspective)线索：影响工作完成的态度和价值标准	有效性	效率
	集成	还原
	接受不确定性	控制不确定性

来源：Pollack 和 Anichenko(2022)。

类似地，Thiry(2016)也比较了项目和项目群在范围、变更、成功、领导力、角色、责任、主要任务、控制方式和知识领域等方面的差异，如表 7-8 所示。

---

① 论文检索截至 2019 年 3 月。

表 7-8 项目管理与项目群管理的比较

维度	项目	项目群
范围	有限的范围,并具有清晰定义的交付物	范围较宽,存在弹性的边界来满足一定时期内预期的商业效益
变更	避免,基线是关键	以变更为机遇
成功	通过成本、时间、质量来测量	通过财务、价值创造和效益交付来测量
领导力	交易型领导力、权力导向的指令风格、理性决策	变革型领导力,对强势利益相关者的管理、直觉决策
角色	任务和参数管理,产品交付	项目节奏与界面,商业效益交付
责任	按参数交付产出、汇报、绩效导向	战略决策执行、开发机会涌现战略
主要任务	谈判范围、定义 WBS、最小化负面风险、管理项目产品的交付、保持团队的驱动、监督与控制外部团队	协调项目资源和关键交付物、按一定周期制定市场计划和开发商业计划、发展和维持项目团队的精神和对项目群的贡献
控制方式	监督和控制项目参数、向赞助人汇报	从效益角度评估项目交付物和资源使用、向商业利益相关者汇报
知识领域	整合管理 范围管理 时间管理 成本管理 质量管理 人力资源管理 沟通管理 风险管理 采购管理	战略决策管理 利益相关者价值管理 节奏管理 资源管理 效益管理 利益相关者管理 沟通或营销管理 不确定性管理 伙伴关系管理

来源:Thiry(2016)。

7.3.2 项目阶段的扩展

阶段扩展针对两类企业,即业主组织和交付组织,其所管理的项目全生命周期存在差异。项目业主组织负责发起和采购项目,以最终给用户提供某种服务和产品。例如,学校通过建设宿舍给学生提供住宿服务。交付组织通过交付项目来实现企业战略和经营目标,如施工企业通过交付宿舍项目获得经营利润。业主组织的核心业务是运营资产,管理的全生命周期包括策划、实施与运营。而交付组织应对的是委托方定义好的项目,按合同要求交付项目,其项目生命周期包括营销、交付和交付后三个阶段,如表 7-9 所示。研究中最早关注的是交付组织的交付阶段。

表 7-9 不同类型组织中组织内治理和生命周期的比较

特征	业主组织	交付组织
企业层面	发起和采购某个项目来提供给顾客某种服务和产品	交付给委托方项目,采用这种方式来实现战略和运营目标
核心业务	运营资产	交付项目
项目生命周期	前期策划、实施、运营	营销、交付、交付后
示例	电力公司、医院、学校	设计院、施工企业、IS 供应商

7.3.2.1 业主组织的项目阶段划分:前期策划—实施—运营

工程全生命周期包括前期策划、实施和运营三个阶段①。早期研究主要集中于实施阶段,对前期策划与运营阶段的考虑较少。

1. 前期策划

早期项目管理主要关注项目从立项到交付过程中的范围、进度、成本、目标等,但未包含如项目的构思和可行性研究等前期策划工作。在前期策划阶段,业主组织根据运营目标或战略要求提出项目需求。例如,地产开发商通过销售商品房获利,大桥建设单位通过建设和运营大桥改善交通情况等。前期策划主要指构思、可行性研究等项目立项工作。与项目实施关注操作层、以交付为导向不同,前期策划更关注战略问题,关心价值和效果,强调以运营为导向。前期策划并不属于严格定义的项目范畴,其原因是:传统定义的项目以目标为导向,目标是事先定义的,项目管理依据目标进行管理,但前期策划并没有确定的项目目标,并且前期策划的部分工作是制定项目目标。前期策划所涉及的活动可以采用项目的形式进行运作,如把前期策划的部分工作以项目的形式外包给咨询企业。

前期策划的关键内容包括:①市场需求分析,即为什么做新产品和解决方案,包括市场机会、客户需求、竞争力、利润分析等;②交付物方案设计,即什么样的产品或工程;③产品上市、开发和生命周期的关键里程碑和相应的执行策略;④经济性分析,如盈利能力、投入和财务分析;⑤实施策划,包括开发策略、盈利策略、营销策略;⑥实施组织策划,如组织模式和组织结构设计。

《关于投资项目可行性研究报告编写大纲的说明》中提出,坚持以"三大目标、七个维度"为可行性研究报告编写体系的核心内容。三大目标包括建设必要性、方案可行性及风险可控性。其中,建设必要性从需求维度研究得出结论,方案可行性从要素保障性、工程可行性、运营有效性、财务合理性和影响可持续性等五个维度进行论证,风险可控性通过各类风险管控方案研究得出结论(李开孟等,2023)。由此,项目目标包括产出目标、工程目标、运营目标、财务目标、效果目标、风控目标。其中,通过项目产出需求研究,分析拟建项目的

---

① 在以工程为对象时,参考成虎的《工程管理导论》。本书称之为工程全生命周期,主要包含前期策划、实施和运营三个阶段。当以项目为对象时,称之为项目全生命周期,主要参考已有的项目管理知识体系。工程与项目的联系和区别的讨论可见 7.5 节。

产出目标。在需求分析及产出界定的基础上，研究实现产出方案及满足需求目标的工程技术路径和实现方案，评价投资项目的工程可行性。运营目标强调从经营管理者视角，分析项目投产运营实现的产出目标。基于财务现金流量的分析预测，研究项目的投资及融资需求，评价项目的可融资性及财务方案的可行性。分析投资项目在工程建设和运营期间，对项目外部产生的正面效果和负面代价。分析对前述目标实现的不确定性和风险因素，并制定风险管控方案，实现风险可控（李开孟，2022）。

前期策划阶段研究的代表人物有 Peter Morris。Peter Morris 的重要贡献之一是提出将项目管理的范围延伸到前期阶段，进而提出"项目的管理"（management of projects）的概念。也有研究者关注特定类型项目的前期策划问题。例如，Samset 和 Volden（2016）针对公共工程的前期策划阶段展开了大量研究。

前期策划具有高度不确定性，需要大量信息输入，但往往缺少关键性信息，拥有大量混乱信息，或是主要依赖历史信息。因此，前期策划需要基于一定的假设，如对高速公路的车流量、收益的预测等都是基于一定假设，这些假设条件很可能在实施阶段发生变化。对于创新项目，其不确定性更为突出。

此外，研究发现项目前期策划的预测和计划工作容易出现乐观主义偏见和战略性歪曲。Bent Flyvbjerg 区分了重大工程成本超支的直接原因和根本原因：超支的直接原因包括项目复杂，技术复杂，地质条件不确定等；根本原因是在决策阶段对这些原因估计不够，由此产生乐观性偏见和战略性歪曲。乐观性偏见是心理方面的因素，表现为决策者容易陷入虚幻的乐观主义，而不是理性地对得失及其概率进行分析；并且倾向于认为项目问题是独特的，容易形成计划误区和锚定心理。战略性歪曲是政治方面的因素，特别是易陷入"高估收益＋低估成本＝获得项目批准"带来的诱惑。

2. 项目实施

项目实施阶段主要包括项目的设计和建造。项目实施不是业主组织的核心业务，大量工作会委托给外部企业完成。实施阶段的项目管理主要关注项目是否满足进度、成本和质量等目标，以及管理过程质量和利益相关者需求等。由于业主组织关心前期策划、实施、运营全生命周期过程，其项目实施阶段的目标内涵与交付组织存在差异。

3. 运营阶段的效益实现

运营阶段主要关注项目效益实现。运营是业主组织关注的重点，如医院提供医疗服务，大桥提供交通服务等。在运营阶段，业主组织主要关注满足用户需求的方式，如地铁公司在运营阶段提供公共交通运输服务，学校在运营阶段提供教学服务，医院在运营阶段提供医疗服务等。运营阶段并非运营项目，而是运营从项目中所形成的交付物，如工程实体、软件等。同时，运营并非一次性工作，因此其并不适用于采用以临时性任务为对象的项目管理，而应采用运营管理。

效益实现的代表性研究者之一是 Ofer Zwikael。Ofer Zwikael 发表了一系列有关效益实现的论文，并以该方面的研究成果获得了 PMI 和 IPMA 项目管理研究奖项。Zwikael 和

Smyrk(2012)从价值实现角度分析了判断项目成功的标准,指出不仅要关注产出,如具体工程系统,还要关注具体工程系统使用过程中对成果绩效的实现情况。Zwikael 和 Smyrk (2012)还在项目管理的框架基础上考虑了运营阶段的效益实现。

4. 前期策划—实施—效益实现的集成

业主组织关注工程前期策划、实施和运营阶段的全生命周期管理集成。前期策划定义价值诉求、策划实施方案并进行决策;实施阶段根据前期策划将投入的资源转化成交付物;运营阶段则是效益实现的阶段。业主组织需要对工程全生命周期各阶段工作进行集成,如采用全生命周期成本管理、全生命周期设计、全生命周期质量管理,这些都需要立足于全生命周期管理。

1) 管理过渡阶段

过渡是指从一个阶段到另一个阶段的衔接过程。相对于阶段内的管理,过渡阶段会面临不同的挑战。Locatelli 等(2020)在 PMJ 设立了一个专刊来讨论全生命周期各阶段之间(包括战略、交付、使用和拆除)的衔接工作。在重大工程方面,Zhang 等(2023)分析了大兴机场从建设向运营的过渡,包括组织设计战略、结构、过程和人员管理等;薛小龙等(2023)分析了港珠澳大桥建设转向运维过渡中的规则、组织、制度、技术、人才与应急六个方面。

2) 工程全生命周期管理

工程全生命周期管理较好地融合了前期策划、实施、效益实现三阶段。我国学者在工程全生命周期管理领域有一些开拓性研究成果。例如,成虎在 2000 年左右对工程全生命周期集成管理进行了深入研究,发表了系列论文,并于 2011 年出版了《工程全寿命期管理》。其中的章节安排包括:概论;工程全寿命期管理理论与实践;工程全寿命期系统分析;工程全寿命期特性分析;工程全寿命期目标体系;工程全寿命期设计;基于全寿命期的工程建设管理;基于全寿命期的工程运作管理;工程的更新循环;工程全寿命期组织管理;建设工程全寿命期费用管理;工程全寿命期信息管理。何清华等(2001)提出项目全寿命周期集成化管理模式,该模式有效集成决策阶段的开发管理、实施阶段的业主方项目管理、运营阶段物业管理三阶段的工作。

但后续对工程全生命周期管理的研究却不太多。相较于代建制、PPP、智能建造等领域的研究,工程全生命周期管理相关的研究成果更少。而国际上,研究者从实施阶段的项目管理向前期策划和运营阶段拓展,通过深入研究前期策划和运营阶段的价值实现,逐渐拼出了全生命周期管理的整图。

7.3.2.2 交付组织的项目阶段划分:营销—交付—交付后

交付组织是以项目为载体进行运作,典型的如设计院、施工企业、软件供应商等。这类企业的核心竞争力是获得与交付项目,其核心业务是"做项目"。交付组织关注营销、交付和交付后三阶段工作。

1. 项目营销

《PMBOK 指南》(第 6 版)定义的项目生命周期的起点是发起阶段,但实践中交付组织的业务起点是从营销开始。早期,研究者将合同签订视为项目营销成功的标志,项目营销只涉及项目交付前的阶段,随后一些学者拓展了这一概念,将实施也包含其中。项目营销不仅针对单次交易,而是客户与交付组织的持续交易。此外,研究者也从营销角度分析了项目营销区别于产品营销的特征,包括非连续性项目需求、项目的独特性、项目的复杂性(Skaates et al.,2003)。Cova 和 Salle(2005)针对项目营销与项目管理进行了比较,如表 7-10 所示。

表 7-10　项目管理与项目营销的比较

	项目管理	项目营销
项目	临时性组织	交易
项目的特征	明确的时间和目标	一个项目与另一个项目的非连续性
项目生命周期	开始于项目发起	开始于项目之外
关注点	投入资源来维护项目内的关系	投入资源来维护两个项目之间的关系
利益相关者	内、外部主体可能对项目发展产生积极或负面的影响	项目所嵌入的环境中的商业或非商业主体
项目来源	大多是给定的	给定的或共同创造的

来源:Cova 和 Salle(2005)。

研究者对项目营销的阶段进行了划分与定义。例如,Cova 等(2002)提出了项目营销的三阶段模型,包括独立于任何项目、标前、投标准备三个阶段。独立于任何项目是指承包商对客户对项目的需求进行搜索,并引导客户朝自身擅长的方向思考。标前阶段要考虑项目的特征和战略意图等,随后即开始投标准备。Lecoeuvre-Soudain 和 Deshayes(2006)提出项目营销过程划分为四个阶段:第一,项目前营销,包括预测客户需求,确定潜在投标的主题,并与客户发展关系;第二,项目开始时的营销,要建立关系;第三,项目过程中的营销,包括重新协商、修改,不断进行关系交流,直到项目结束;第四,为未来的项目创造条件,即与客户保持关系,并为未来的项目做准备。

Turner 等(2019)提出了承包商项目营销的四个阶段,分别是收到投标邀请书之前、投标准备和合同谈判、项目交付、项目交付后。此外,基于 Winch(2014)提出的项目组织的三个领域,Turner 和 Lecoeuvre(2017)提出投资者的项目营销、承包商的项目营销和项目自身的营销的分类。项目自身的营销是指让所有参与者都意识到其对项目的投入能得到回报。

总体而言,狭义的项目营销包括线索管理、机会管理、洞察客户价值和理解客户需求,并使交付组织能力与客户需求相匹配或引导客户需求,进而投标,促成合同签订。广义的项目营销可延伸到项目交付与项目交付后。例如,项目进行中的营销的重点是合同履约,以确保交付阶段获得相应的合同回款;项目交付后营销是为未来获得项目创造条件,意图从已有客户或某一领域和行业中获得新项目。

2. 项目交付

该阶段的管理与传统项目管理较为接近。交付组织依据合同交付项目,项目交付阶段由项目经理和项目团队负责,在给定目标和资源情形下,完成项目交付工作。项目组织是项目的具体承担机构,由交付组织委派,负责项目日常工作。例如,施工项目部由工程承包公司组建,属于承包公司的一个组织单元,常采用矩阵式、独立项目部等形式组建项目部。

3. 项目交付后

对客户而言,项目交付后以项目验收通过为节点;对交付组织而言,以项目关闭为节点。该阶段需要进行项目后评估、项目总结以及维持客户关系等工作,也可能存在交付后的维护保修工作。项目交付后,交付组织需要对企业资源进行重新安排。

4. 营销—交付—交付后三阶段的集成

项目的营销、交付和交付后三阶段工作中,通常由经营团队负责营销环节,项目团队负责交付环节,维保团队负责交付后环节。三阶段的内部组织责任划分、激励、信息共享是实现集成的重要方面。外部主要通过合同产生联接和进行管理。

7.3.3　项目组织角色的扩展

项目组织角色定义非常重要,角色不仅关联着组织责任、参与主体之间的关系等,同时清晰、一致性的角色定义也是同行交流的关键。最早期项目管理主要关注项目经理和项目团队,随着对项目层级、项目阶段等的认识深化后,项目组织角色也进行了扩展。但目前项目组织角色的定义存在模糊不清、混用等问题,这与项目管理研究领域的多样性、实践导向等有一定关联。在不同领域,如IT、建设、航天等,项目组织角色的称呼和定义往往有各自的传统和习惯。

1. 项目组织角色概述

Turner和Keegan(2001)定义的项目组织角色包括:①业主,提供资源来购买资产,并从运营资产中获得收益;②用户,从业主的立场运营资产;③赞助人,从业主的立场为项目提供资源;④经理人(broker),与业主和赞助人一同来定义从项目中预期的成果(效益),以及用于实现成果的产出(改变);⑤管家(steward)与经理人一同来识别获得产出、工作和资源的方式。

Zwikael和Meredith(2018)分析了项目投资组织与执行组织两类10个角色。投资组织包括投资人、发起人①、业主、项目指导委员会、用户,执行组织包括项目经理、项目团队、项目群经理、赞助人、项目管理办公室。各项目角色的定义以及考核内容如表7-11所示。

---

　　① 英文是champion,依据其角色定义是提出商业计划的人,因此可翻译成"项目发起人"或"提出人"。

表 7-11　项目中不同角色及考核标准

角色	角色定义	考核内容
投资人	进行投资决策或者批准投入资源的决策	商业投资决策
项目发起人	提议商业计划的人,通常会成为业主组织	商业投资计划
业主	对实现商业计划承担责任,代表投资人进行管理,以实现投资人利益	商业投资计划的实现
项目指导委员会	保障实现商业计划过程的组织	商业投资计划的实现
用户	使用项目产出的组织或个人	产出使用效率
项目经理	对项目产出交付负责的人	项目计划的实现
项目团队	交付项目的团队	项目计划的实现
项目群经理	管理多个相互关联项目的个人	项目计划的实现
赞助人	支持项目,并提供政治、高层支持的某高层管理者	项目计划的实现
项目管理办公室	标准化治理过程,以及支持项目经理使用项目方法、工具和技术的团队	项目计划的实现

来源:Zwikael 和 Meredith(2018)。

2. 项目组织中的关键角色

早期研究的关注点主要在项目经理这一关键角色。随着项目对象范围的扩展,研究者细致分析了更多的关键角色。但目前仍有部分角色存在定义上的争议,如业主、发起人、赞助人等。

(1) 投资人(funder/investor)

投资人是有权决定项目是否批准,并为项目投入资源的人或组织。投资人的目标是通过运营或出售项目来获得回报,如通过销售产品或提供服务给用户等方式获得投资回报。投资人考虑项目策划和运营阶段的价值实现,对中间的项目交付关注相对较少。

(2) 发起人(champion)

投资人负责投资,投资之前或过程中需要进行商业计划分析或可行性研究,部分发起人承担这部分工作。如政府投资项目中,使用单位可承担项目建议书和可行性研究执行的角色。

(3) 项目业主(project owner)[①]

决定投资后,投资人需要委托组织来负责从决策之后到投资回收整个过程的管理。该部分角色的承担者可能是投资人,也可能由投资人委托企业内或企业外部组织。Zwikael 和 Meredith(2018)认为投资人仅为提供资金的角色,通常很难参与日常项目管理,因此需

---

① Project owner 直译是项目所有者,但该词在中文语境中仍较少使用,综合考虑本书中翻译为"项目业主"。

将他们在项目期间的责任委托给其他人，进而引出业主组织。业主组织对投资人负责，实现预期的投资效益。

项目交付后，进入运营阶段。在该阶段业主组织运营资产，还可能委托内部或外部的运营者进行项目运营。业主组织除了运营资产，还有出售、租赁等形式，其目的是实现投资价值。Zwikael 和 Meredith（2018）认为业主组织的角色需要与项目经理角色进行区分。Zwikael 等（2019）指出当出资人不具有足够的经验和能力与项目经理紧密合作，运营经理可能更适合承担业主组织的角色。在我国政府投资项目中，资产所有者承担了业主组织的角色。

（4）赞助人

有研究将发起人界定为批准商业计划、做最终的决策并为项目提供资金的组织。但 Zwikael 和 Meredith（2018）认为赞助人（sponsor）是指为项目提供资源和支持，并为取得成功负责的组织。《PMBOK 指南》定义赞助人"为项目、项目群或项目组合提供资源和支持，并负责为成功创造条件的角色"。在这个定义中，赞助人以项目成功为目标，为项目经理和项目团队提供支持。业主组织和交付组织均可设立赞助人。例如，交付组织的赞助人角色的职责包括：审批项目策略和管理制度，负责管理客户高层满意度，项目重大问题决策，协调项目交付所需要的关键资源，负责组织成立高层投诉等项目突发危机事件等。

（5）项目经理

业主组织和交付组织都可能存在项目经理的角色。在项目实施过程中，业主组织通常委托团队来管理项目，业主组织定义项目经理和项目团队的职责，项目经理对业主组织汇报并对其负责。项目经理和项目团队承担项目交付工作，其主要责任是实现既定的项目目标。项目经理较少参与到目标决策，目标决策通常由投资人或业主组织所承担。此外，项目经理和项目团队也较少参与运营阶段的工作。交付组织的项目经理由交付组织委派，常采用独立项目式或矩阵式管理。

（6）运营企业与用户

运营企业（operator）负责项目运营并直接为用户（user）提供服务，如提供交通服务、医疗服务、教育服务等。用户主要针对使用服务的主体。此外，客户（customer）与用户存在区别：客户是从合同角度进行定义，通常指合同的委托方。

3. 关键角色的关系

（1）从项目投资人角度产生的角色关系

从投资人到业主组织，再到项目经理形成多层级的委托代理关系。首先，投资人与业主组织之间存在委托关系。投资人可任命一个来自内部的业主组织①，代表投资人与项目经理紧密合作，投资人与业主组织之间形成委托代理关系。其次，业主组织与项目经理之间存在委托关系。承担项目实施的主体可能在投资人的内部（如项目管理部）或外部（如承包人）。

---

① 当作为内部时，可称为业主组织；相较于交付企业时，可称为业主企业。

如果是外部组织,从合同关系层面,委托方可称之为客户或业主,被委托方是交付组织。

委托代理关系面临的挑战包括:①委托方与代理方的时间跨度不一致。投资人面对投资效益产生回报;业主组织以管理项目为时间跨度;项目经理以项目实施为时间跨度;运营者以项目的运营为时间跨度。时间跨度不一致容易产生责任断裂。②能力差异。每个主体拥有自身擅长的专业事项,相互之间能力上存在差异,监督上存在困难。③信息存在差异。在执行各自任务过程中,各方拥有的信息都比其他参与者更多,容易导致监督困难。因此,在各个层级需要有效地定义目标、产出、责任,并从过程和结果维度进行监督和考核。

(2)从交付组织角度产生的角色关系

首先,交付组织面对客户组织,客户组织包括委托方的投资人、业主组织、项目经理、用户等。其次,交付组织的内部组织包括赞助人、项目群经理、项目经理、项目管理办公室、项目团队、项目支持团队等。再次,交付组织还存在外部的分包组织。最后,交付组织还需协调客户委托的其他组织,这些组织和交付组织虽不存在合同关系,但存在界面上的衔接或协调关系。

(3)不同理论基础下的角色名称

相较于实践中的角色名称,研究中项目组织的角色划分和定义是基于一定理论基础,例如基于代理理论和管家理论。不同理论所基于的假设存在差异,例如,管家理论源于组织社会学和组织心理学,其假设经理人不受个人自利动机的驱动,倾向于合作,以自我实现为内在激励,追求精神满足,并且组织认同感较强,倾向于使用专家权威及影响力进行管理,而非通过职位权力强制控制。代理理论的假设是委托方和代理方存在信息不对称、自身利益最大化、道德风险大等问题,因此需采用一系列应对措施。当理论假设不一致时,不宜混用。

7.3.4 项目目标与价值的扩展

项目成功与绩效的定义和测量一直是项目管理研究关注重点,如 Pinto 等(2022)仍在有关项目成功的专刊中讨论该议题。其原因之一是项目管理具有实践性和目标导向,人们尤为关注成功与结果。

1. 追求"铁三角"目标的局限性

在铁三角目标下,项目任务是事先定义的。但实践中,项目目标价值不局限于铁三角目标的达成,项目实施阶段成功并不意味着项目整体价值的成功;项目不成功也并不一定是实施阶段项目管理出现问题。例如 Morris 和 Hough(1987)对 1653 个项目的分析显示,很多项目的问题超出了 PMBOK 中关于知识领域和过程组的范畴,例如项目目标不明确、定义不清晰、技术难度大、合同策略不合理、缺乏政策以及高层管理人员的支持、资金困难、人力不足等。这些原因的出现意味着仅关注铁三角目标的局限。

2. 项目目标的扩展

项目目标的扩展可以从时间、目标要素和主体三个维度进行综合分析。除铁三角外,目标要素扩展到了利益相关者满意度、环境影响等。主体涉及政府、投资方、业主组织、交付组织等,各主体的目标关注点不同。时间维度主要关注目标测量和评价的时点。在不同时点和由不同主体来评价,其侧重点存在较大差异,甚至可能相互矛盾。

(1)时间维度

时间维度主要涉及目标测量的时点和时间跨度。例如,Baccarini(1999)指出项目成功可以划分两部分:项目管理成功和产品成功,见图 7-2。项目管理成功是指投入和产出的过程,产品成功是目标和目的实现的过程。具体而言,项目管理成功包括:①满足进度、成本、质量目标;②项目管理过程的质量;③满足利益相关者关于项目管理过程的需求。产品成功包括:①满足业主的组织战略目标(goals);②满足用户的需求(purpose);③满足利益相关者关于产品的需求。产品的成功与项目管理成功的时间跨度和测量时点存在差异。

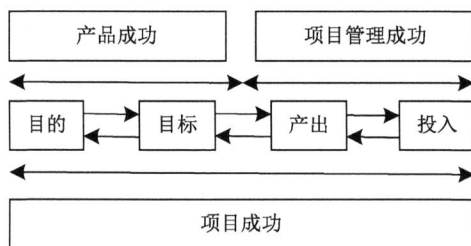

图 7-2 项目成功、产品成功与项目管理成功的关系(Baccarini,1999)

Shenhar 等(1997)认为项目成功的维度随着时间变化而有所不同,项目目标价值至少可以在四个不同维度上进行评估,分别是项目效率、对用户的影响、直接的商业成功、为未来做准备。每个维度的内涵及其相对重要性会随着时间而改变,取决于具体的利益相关者。

(2)目标要素维度

除项目目标(铁三角)之外,还需要考虑工程是否让利益相关者满意,是否完成上层的战略目标,甚至是否与环境、社会相协调等。

(3)主体维度

除时间和目标要素维度外,还有主体维度。Pinto 等(2022)提出了一个包含阶段、评估对象、评估主体的框架(表 7-12)。类似地,Zwikael 和 Meredith(2018)提供了一个框架,将项目组织分为投资组织与执行组织,其评估标准存在差异,如表 7-11 所示。

表 7-12 项目成功管理过程

评估时点	评估什么	评估谁	谁评估
发起	商业计划的质量	项目发起人/业主	项目投资人
计划	项目计划的质量	项目经理	业主组织
执行	项目管理的过程	项目经理	业主组织

评估时点	评估什么	评估谁	谁评估
关闭和 效益实现	项目管理的成功（项目计划的实现）	项目经理	业主组织
	项目所有权成功（Project ownership success）（商业计划的实现）	业主组织	项目投资人
	项目投资成功（项目内投资的长期成功）	项目投资人	关键的利益相关者

来源：Pinto 等（2022）。

成虎和宁延（2017）提出工程价值体系，针对工程相关者的目标或期望，如用户、投资人、业主等，各参与方的目标和期望存在差异（表7-13）。

表 7-13　工程相关者及目标或期望

工程相关者	目标或期望
用户	产品或服务价格、安全性、产品或服务的人性化
投资人	投资额、投资回报率、降低投资风险
业主	工程的整体目标
承包商和供应商	工程价格、工期、企业形象、关系（信誉）
政府	繁荣与发展经济、增加地方财力、改善地方形象、政绩显赫、就业和其他社会问题
生产者	工作环境（安全、舒适、人性化）、工作待遇、工作的稳定性
工程周边组织	保护环境、保护景观和文物、工作安置、拆迁安置或赔偿、对工程的使用要求

来源：成虎和宁延（2017）。

各主体之间的价值目标存在紧密相关性。Turner（2009）提出业主组织通过设施/资产/产出获得效益，付出价格，效益和价格之差形成业主组织的价值。对承包商而言，通过项目形成设施/资产/产出，获得价格，付出成本，价格和成本之差形成承包商的价值。

3. 项目目标的测量

实践中强调管理须明确产出目标，并强调"如果无法度量它，就无法管理它"。因此，目标设置强调 SMART 原则，即明确性（specific）、衡量性（measurable）、可实现性（attainable）、相关性（relevant）、时限性（time-bound）。目标测量是描述一种状态（属性），包括特征和程度两个方面。特征针对指标的定义和内涵，刻画评价对象"质"的属性，程度用于刻画某种属性在"量"方面的属性。管理现象存在易变、难定量测量等问题，因此为了评价，需要采用可测量的指标进行量化。

首先，确定采用定性或定量测量。定性测量主要通过分析和逻辑判断的形式确定测量指标的内涵。定量测量类型包括定类、定序、定距和定比。其次，确定指标测量的区分度。对于定序数据，如 Likert 量表采用 1～5 的打分方式，体现了排序关系，但该排序关系并不意味着 5 和 4 之间差距与 4 和 3 之间的差距是相等的。对于定距和定比数据,测量数据之间的差距是可比的。

目标测量会发生在事前、事中及事后(表 7-14)。事前测量是对未来状态和影响进行预测,进而辅助决策,如预测决策是否进一步改进解决方案或者直接进入实施阶段。过程测量主要针对项目实施过程中出现的新情况和干扰等进行测量和评价,以基于评价做出相应的调整和改进。评价结果的应用包括诊断当前状态、识别原因、提出改进措施等。结果测量主要是项目实施后的测量与评价,用于对项目管理实施进行总结。评价结果的应用包括提供责任考量、进行因果解释以促进反思和总结。

表 7-14　目标测量的阶段比较

	事前测量	过程测量	结果测量
目的	形成预测和辅助决策	诊断现状、识别原因和提出改进措施	比较结果与预期
测量时点	事前	事中	事后
核心关系	因(计划的输入、当前状态)-果(预期目标)	因(已有输入)-果(当前状态)	预期-结果(当前状态)
数据来源	当前数据、未来数据(由一定规则生成)	当前数据(侧重原因分析和改进措施)	当前数据(侧重结果对比)

目标测量有一定的前提条件。例如,目标能完整地描述所有绩效指标,能客观地测量绩效指标,能准确识别影响绩效好坏的原因,能有效监督绩效报告系统。但实践中会出现大量矛盾性问题,导致这些前提条件不能完全实现,典型的矛盾如下。

(1)测量固有的缺陷,典型的缺陷包括:①测量的干扰,如不能动态地反映当前的关键问题。②有些内容难以量化。例如,研究者发现针对服务质量(以变革项目为例),项目执行过程中的主观绩效,期望与感知的绩效存在明显不同(Maylor 等,2023)。此外,Pollack 等(2018)分析了 1970 年到 2015 年间的项目管理研究发现,虽然过往研究对进度和成本的理解和使用是一致的,但对质量出现了不同的解读,如范围、绩效、需求等。③测量部分与价值创造的关系不明晰。

(2)多任务间的矛盾性。例如,当仅有部分内容可被测量时,就会导致仅朝可测量部分努力,忽视其他内容。正如,"你得到的只有你测量的东西"。当任务存在多目标时,目标间会存在矛盾和冲突。

(3)付出和绩效的因果关系模糊。包括:①难以事先清楚界定因果关系;②绩效导向容易导致"玩弄数字";③削弱实施过程的学习动力;④对绩效好坏的归因会产生争议。例如,项目实施存在"凤凰现象"(phoenix phenomenon),Midler 和 Alochet(2024)指出项目相对于事先设定的目标而言是失败的,但是事后仍存在成功维度,并且这些事后的成功不是事先设定的。

因此,对于项目绩效测量与管理要持有辩证的观点。实践中需要有效的目标管理手段和方法,还需要意识到目标测量本身的局限性。

项目目标测量的讨论

(1)描述项目价值与目标的词汇较多,如价值、目标、绩效、效益等,各概念的内涵和边界存在差异。即便是同一用词,在不同项目管理知识体系或研究中所表达的意思也存在差异,因此在使用时需要明确其内涵,避免混用。

(2)目标存在两面性,体现了所获得"效益"与所付"成本"的关系。如项目需要投入资金及不可再生的资源和能源、技术、劳动力等,也会造成一定的生态环境破坏等。项目目标需要在效益与成本之间取得平衡。

(3)首先,作为一个开放系统,项目存在不可预测和不可管理的内容,除了常见的量化目标,还存在不可量化部分,无法通过量化数据等进行表达,如社会价值、文化价值、环境价值、工程持续的影响力和对个人发展的影响等。其次,由于项目持续时间长,如一般建设工程设计使用年限是50年,难以用一个静态、单一的指标做系统概括。由于工程运行期长,早先确定的功能可能会随着时间推移发生新的变化,某些变化甚至难以事先计划,如城墙最初是为抵御外扰而建,现在则主要承担旅游文化功能。再次,虽然项目通过整体发挥其价值,但在实施过程中,项目是分阶段和分主体实施,每个阶段和每个主体都形成一个局部系统,局部系统的目标之间可能存在冲突。不同的参与主体(直接参与、间接参与等)对成功的诉求有所不同。如使用者期望舒适的服务、较低的价格;实施单位期望盈利和获得市场价值。单个主体内部不同的部门也存在价值诉求差异,如企业有战略目标,而项目团队关注项目执行目标,个人关注个人层面的获得。主体价值诉求的差异将带来行为动机上的不一致和不统一。最后,项目作为一个开放人造系统,对其产生价值的衡量难以与周边系统截然划分,如高铁对周边环境和经济的影响,难以用清晰的物理界面进行划分,造成价值范围的界定存在模糊性。

(4)目标体系通常以层级形式表达,上层级价值较为抽象,下层级价值更为具体,并更具有可操作性。例如,港珠澳大桥主体工程的建设目标是"建设世界级跨海通道,为用户提供优质服务,成为地标性建筑",该目标较为抽象,为决策、计划和实施提供了基本准则。操作层面的目标需要具体的衡量指标,如经济价值、时间价值等。

项目管理研究对象的讨论

(1)明确项目研究对象是展开研究的基础。不同研究对象的特征和属性存在差异,如信任在个人与组织层面存在差异,难以基于同一个理论对不同研究对象展开分析。不同对象由于其特征不同,通常借助不同的理论基础进行分析,例如,个体行为、组织行为、公司战略等领域所依赖的理论基础不同,也难以将不同层级的结论在其他层级进行不加修改地直接使用。

（2）单项目是最基础的研究对象，后续研究在此基础上做了扩展，如从项目数量和相互关系维度，拓展到了项目群、项目组合管理、企业项目管理。不同项目研究对象之间存在关联，因此研究需要分析这些关联所带来的影响。如研究单项目时，需考虑上层的项目群、项目治理等所产生的影响。研究项目群时，需要考虑单项目管理的特征，进而可在项目群层面进行综合优化。

项目管理内涵和边界演变的讨论

通过对时间、理论基础、对象等维度的分析可以看出，项目管理内涵和边界一直处于变化状态，该变化的驱动因素可从以下方面来分析：

（1）价值维度。项目具有明确的价值目标导向，价值目标是定义项目及项目管理的本源。从最早国防项目中强调进度，发展到强调进度、成本、质量目标的均衡。逐渐地人们对职业安全与健康、环境、可持续发展等提出了新的价值诉求。这些价值诉求有来自国家和社会的，有来自使用者的，也有来自参与人员的（如技术人员对技术极致的追求）。价值诉求的变化推动项目管理边界的持续变化。

（2）项目管理模式的变化。例如，在建筑业，早期采用平行发包，随后出现了总承包模式，再发展到合作伙伴关系、集成交付，再到公私合营等；在软件等行业，从瀑布式开发发展到敏捷开发。这些变化致使项目管理的边界也发生了改变。项目管理模式的多样性也给构建统一分析框架带来了挑战，进而出现了开发方法、裁剪等从方法论上支撑如何构建项目管理体系。

（3）技术的发展。新技术的使用使得项目组织模式和管理方式发生了改变，如网络技术使得沟通变得快捷，进而促进虚拟组织的建立和远程合作的实施等。

（4）项目类型的变化。早期项目主要在军事、建筑、软件等行业。现今，在创新项目、医药、能源项目等也广泛采用项目形式。不同项目类型所处的制度、市场等情境因素存在差异，而这些差异均对项目管理提出了新要求。

（5）研究人员背景的变化。早期项目管理研究者主要来自工程领域，如军事、建筑、软件等领域，以技术人员为主，也有数学、运筹学等背景研究者。后续，越来越多不同背景的研究者加入，如工商管理、社会学背景研究者。不同背景研究者的加入带来了新的理论视角和方法，促使项目管理理论发展更为多样化。

此外，项目管理内涵和边界发展过程也呈现如下规律：

（1）项目管理知识体系是理论研究演进的重要基础之一。虽然不同研究所采用的理论基础存在差异，但其溯源的基础是以项目管理知识体系为主。

（2）实践与项目管理知识体系的不一致是驱动理论演进的重要动力。更根本性的驱动因素是社会经济发展所带来的新实践。当这些新实践难以用已有理论进行解释时，产生了实践与理论的矛盾点，进而需要通过构建新理论来缓解。实践是理论发展的源泉，理论发展重要的出发点是已有知识体系和理论落后于实践发展而引发的矛盾。

（3）项目管理领域借用已有管理理论的趋势越发明显,基于管理理论基础可对项目管理实践进行理论化解决。项目提供了管理理论扩展和修改的情境,例如项目营销的提出借用了营销管理的理论基础。

7.4 项目管理内在逻辑关系

项目管理体系的形成取决于其自洽的内在逻辑,基于内在的逻辑关系构成一个整体。本小节选取两个项目管理框架作为示例。

1. 项目管理画布

受商业画布的启发,PMI 前任主席 Antonio Nieto-Rodriguez 创建了项目管理画布,用于系统性分析项目管理。项目管理画布包括根基、人员与创造三部分,如图 7-3 所示。

（1）根基。包括目的、投资与效益三部分内容。其中:①目的是解释为什么要启动和实施该项目。启动项目的两个主要目的是解决问题或抓住机会。②投资关注该项目的成本。③效益关注该项目将产生的效益和影响。Nieto-Rodriguez 提出一个效益三角,包括价值、风险、可持续性三个维度。

（2）人员。包括赞助人、项目利益相关者、资源三部分内容:①赞助人/责任人是对项目经营负责的个人与组织;②项目利益相关者涉及谁受益及谁被项目影响;③资源涉及谁来管理项目,以及需要怎样的技能。对于人员,Nieto-Rodriguez 提出一个参与三角,需要实现一致性、奉献、认可三个维度。

（3）创造。包括交付物、计划和变革三部分内容。其中:①交付物是指将通过项目形成什么;②计划是指项目工作如何实施以及何时实施;③变革是指怎么融入项目利益相关者和管理风险,涉及如何帮助组织及其成员来管理由项目带来的变革。Nieto-Rodriguez 认为创造涉及质量、范围、成本、时间。

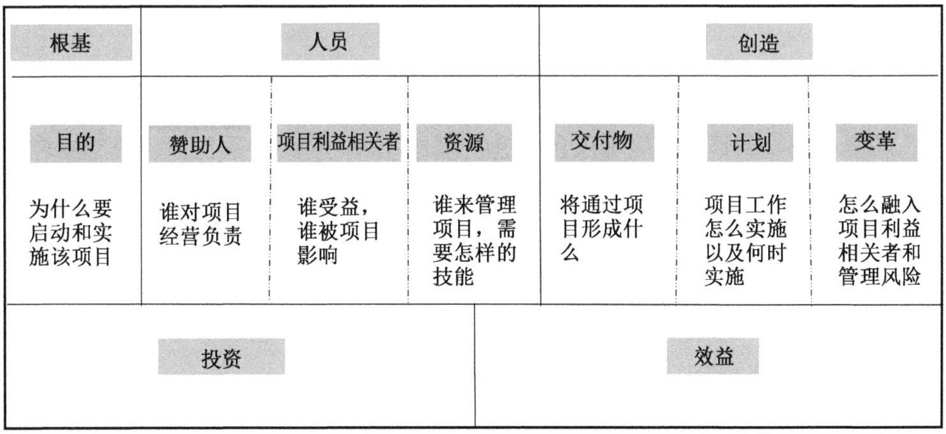

根基	人员			创造		
目的	赞助人	项目利益相关者	资源	交付物	计划	变革
为什么要启动和实施该项目	谁对项目经营负责	谁受益,谁被项目影响	谁来管理项目,需要怎样的技能	将通过项目形成什么	项目工作怎么实施以及何时实施	怎么融入项目利益相关者和管理风险
投资			效益			

图 7-3　项目管理画布(Nieto-Rodriguez,2021)

基于设计科学的思路,Elia 等(2021)也提出了一个项目管理画布,对项目的系统认识包括 5 个子系统、9 个要素(图 7-4)和 27 个维度,以及该系统中存在的 11 个关键关系。

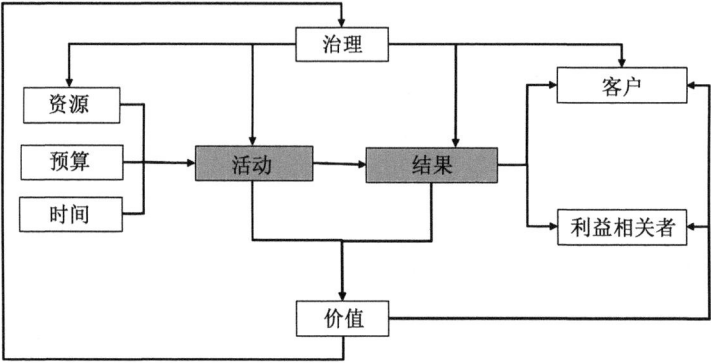

图 7-4　项目系统要素的关联关系(Elia et al.,2021)

2. 项目管理系统

项目是一个复杂的系统,是由技术、物质、组织、行为和信息等系统组成的综合体,可以从环境系统、目标系统、对象系统、行为系统、组织系统、项目管理系统等进行描述。这些系统之间存在内在的逻辑(图 7-5)(成虎等,2024)。

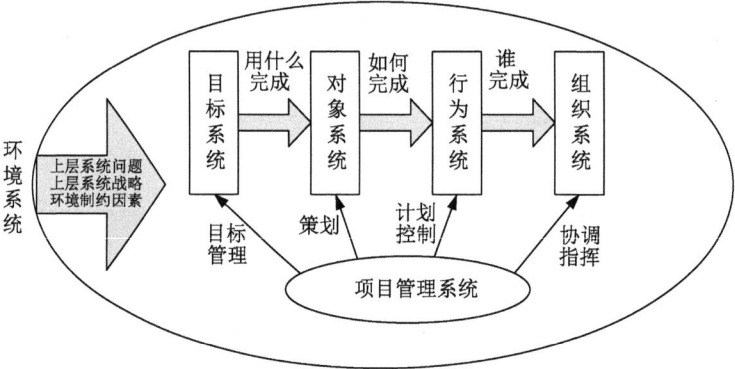

图 7-5　工程项目管理系统(成虎等,2024)

(1)环境系统。项目的环境不仅包括它所处的项目环境,而且包括:①工程总体系统模型所构成的体系,工程项目是工程总体系的一部分;②项目的上层组织,如承担施工项目的企业、承担供应项目的企业等;③项目所涉及的或新增加的相关者等。

(2)目标系统。目标系统是项目所要达到的最终状态。目标既是起点也是终点,贯穿项目全过程,决定着工程的对象系统、行为系统、组织系统、管理系统等。项目目标系统通常由项目任务书、技术规范、合同文件等予以说明和定义。

(3)对象系统。项目的对象系统是项目的交付成果。项目的目标和价值实现最终是通过交付成果的实施和运行来实现。它需要满足一定的功能、规模和质量要求,有自身的系统结构形式。如工程建设项目的交付成果是工程技术系统,它是由许多互相联系、互相影响、互相依赖的功能面和专业工程系统组成的综合体。项目对象系统决定着项目的类型和性质,决定着项目的基本形象和本质特征。它由项目设计任务书、技术设计文件(如实物模型、图纸、规范、工程量表)等定义。

(4)行为系统。项目行为系统是由实现项目目标、完成项目交付成果所需的工程活动构成的,包括各种设计、施工、供应和管理等工作。这些活动之间存在各种各样的逻辑关系,构成一个有序、动态的项目实施过程。项目的行为系统也是抽象系统,通常由项目的范围描述文件、项目工作分解结构图、工作活动表、网络计划、实施计划和管理计划等描述。

(5)组织系统。项目组织是由完成项目工作的主体构成的系统。它们之间通过一定关系连接并形成组织体系,为了实现共同的项目目标承担着各自的任务。项目组织是一个目标明确、开放的、动态的、自我形成的组织系统。

(6)项目管理系统。项目管理系统是由项目管理的组织、方法、措施、信息和工作过程形成的系统,是由一整套管理职能和过程组成的有机整体。它在项目的全过程中对目标系统、工程对象系统、项目行为系统、项目组织系统等实施管理的职能。

7.5 项目管理与工程管理

项目管理与工程管理两者极易混淆,其联系与区别需要做针对性辨析。

1. 工程的定义与特征

常见工程相关的定义如下:

(1)涉及采用判断和创造力来应用从研究、经验和实践获得的数学和自然科学知识,以开发利用材料和自然的力量来实现人类的价值(International Technology Education Association,2007)。

(2)采用系统的、迭代的方式来设计对象、过程、系统来满足人类的需要和愿望(National Assessment Governing Board,2013)。

(3)是人类为了改善生存、生活条件,并根据当时对自然规律的认识,而进行的一项物化劳动的过程(吴启迪,2017)。

总体而言,工程是改造已有系统的过程和结果的统一。在改造已有系统的过程中,工程需满足上层系统对工程的价值要求和上层系统对工程的约束要求。工程需要适应已有系统(包括当前的外部系统和未来的外部系统)的选择,并与已有系统的和谐共处。此外,工程需要遵循自身规律,包括遵循项目工程的技术规律和工程的管理规律。具体而言,工程包括三方面的特征:

(1)价值导向。工程是改造已有系统对象过程和结果的统一。已有系统会对工程提出约束(如组织资源、自然环境等)、需求、各主体的价值诉求等,这些条件将转化为工程的价值目标,进而指导工程策划、实施和运营。价值导向意味着工程和工程管理的解决方案不是唯一的,存在多种可能性。但在多种可能性中,有一些解决方案能更好适应已有系统。

(2)人造物。人造物是对已有系统改造的结果,进而形成新系统。典型的人造物包括:①工程实体,如大桥、高速公路、房屋等;②产品,如软件产品;③过程性人造物,如方法、流程、管理措施等;④服务性人造物,如咨询服务等。人造物往往是多种类型的组合,如工程实体、产品、过程性人造物、服务性人造物共同发挥作用。工程作为一个已有系统内的子系统,通过工程整体发挥其功能价值,服务于已有系统。

(3)全生命周期过程。人造物要经历一个策划、设计、建造、运营、维护(甚至消亡)的全生命周期过程。策划是对工程的文字性描述和构想,定义了工程的功能和目标,以及对设计、实施和运行的过程活动和管理活动的设计。实施主要包括设计和建造两个阶段:设计是依据策划对工程的图像性呈现,如形成设计图纸;建造是对设计图纸的实现。设计和建造的目标约束和上层规划工作源于策划的结果和要求。实施阶段交付工程技术对象,以便运营使用。运营维护指对工程技术对象的使用和维护,也可延伸到生命周期结束后的拆除和再利用阶段。相较于策划和实施阶段,运营维护针对重复性工作,两者的管理逻辑存在差异。即便工程采用分阶段管理,对于工程而言,都需要回应最终的使用要求,如医院的医生和护士,高速公路的用户,产品的消费者等。并且在策划、实施阶段要充分考虑用户的需求和需要。

工程管理是指工程的策划、实施、运营等全生命周期所涉及生产活动的组织。工程管理是为了使涉及工程对象的过程活动更为有序、有效而实施的管理活动。一方面,工程管理是对活动的管理,区别于生产活动;另一方面,这些管理活动依附于工程对象,区别于工商管理、行政管理等。

2. 工程管理

工程管理是对涉及技术或系统要素的活动进行计划、组织、分配资源和指导控制的艺术和科学(The American Society for Engineering Management,2024)。盛昭瀚(2020)定义工程管理为"在由人群共同参与的工程造物与用物活动中,其中一个(或一部分)人根据造物的环境和拟实现的目标,专门从事一类筹划、获取和配置造物必需的资源,分配和安排造物人群中各部分人的任务,协调人群与人群、人群与任务、任务与任务之间关系,是造物实践更为有序和有效的活动"。

工程管理知识体系(EMBOK)指南由美国机械工程师协会联合多个协会共同编写,目前已更新至第五版。何继善院士等译的《工程管理知识体系指南(原著第四版)》主要内容包括第1领域"工程管理引论"、第2领域"领导力和组织管理"、第3领域"战略规划"、第4领域"财务资源管理"、第5领域"项目管理"、第6领域"质量管理、运营管理与供应链管理"、第7领域"工程组织的营销与销售管理"、第8领域"技术管理、研究管理与开发管理"、第9领域"系统工程"、第10领域"工程管理的法律问题"、第11领域"职业伦理与行为规范"。

工程全生命周期过程包括项目和运营两种类型的工作。当项目由外部组织完成时,先交易再交付项目;由内部实施时,则先立项再交付项目。业主组织(投资人)确定交付组织,然后交付组织依据合同约定进行项目交付。在运营领域,也称之为按单设计/生产。而运营通常针对先生产再交易。例如,在工程运营阶段,业主组织运行资产,为用户提供服务。这里所指的交易是泛指不同主体之间的价值交换,如业主组织与用户。用户可能是业主组织内部员工,如医院的医生和护士;也可能是外部人员,如高速公路的使用者,工厂生产的产品的购买者和消费者。

3. 工程与项目的比较

工程是人类用于改造已有系统的对象(如大桥)和过程(如大桥的策划、设计、建造与运维)的统一。工程与项目存在对象、过程上的不同。

1) 对象维度

工程主要针对交付物或人造物的管理,而项目针对临时性活动和工作的管理。

(1)工程管理是针对工程对象策划、生产与使用活动的管理。通过工程活动建造出的成果也被称为"工程",它是具有一定使用功能的人造技术系统,通常可以用一定的功能(如产品产量或服务能力)要求、实物工程量、质量、技术标准等指标表达。例如,具备一定生产能力(产量)的产品生产流水线、车间或工厂,或达到一定长度和等级的公路。

对象系统涉及分解,例如,Morris(2013)将项目交付物描述成产品分解结构(product breakdown structure,PBS),对生产交付物的活动通过工作分解结构(work breakdown structure,WBS)进行描述。成虎(2011)进行了系统研究,从早期的工作分解结构,到后来的工程分解结构。乐云等(2010)从项目群的角度提出项目分解结构,以该结构为基础,可映射到组织分解结构、成本分解结构、合同分解结构、风险分解结构等。

(2)项目管理针对项目中活动的管理。针对实现目标的行为或活动进行协调,管理的对象是活动或行为。

2) 过程维度

项目生命周期与工程生命周期的过程存在差异。项目生命周期[①]包括启动、计划、执行、监控与收尾五个阶段,如《PMBOK 指南》(第 6 版)的界定。工程生命周期包括策划、实施与运行三个阶段。该差别可通过产品生命周期与工程生命周期两个例子来比较说明。

(1)产品生命周期始于一个项目或概念,结束于产品停止维护或使用。把从新产品开发成功后交付,到产品终止最终退出市场的周期称为产品生命周期。这个生命周期包括任务书开发、产品开发、产品生命周期管理等活动,一般经历导入、成长、成熟、下降/衰退等产品生命发展阶段。在产品生命周期过程中存在大量项目,组织在产品生命周期的任何阶段都可以启动一个项目。如任务书开发阶段的客户需求调查项目、任务书开发项目、预研项目、平台开发项目、产品维护项目等,如图 7-6 所示。

---

① 关于 project life-cycle 的翻译,可以为项目生命周期或项目全生命周期。

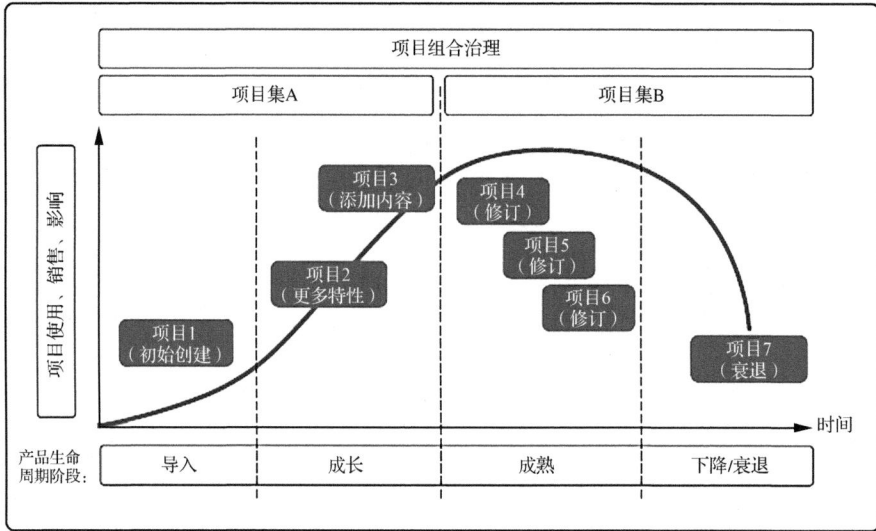

图 7-6 产品生命周期与各阶段的项目[《PMBOK 指南》(第 6 版)]

（2）工程生命周期包括前期策划、设计和计划、施工、运行和退役阶段。在整个工程生命周期中存在大量项目，如前期策划的可行性研究项目，施工阶段的施工项目、监理项目等，运行阶段的大修、小修项目等（图 7-7）。

图 7-7 工程生命周期与各阶段的项目

4. 项目管理和建设管理

在经济社会发展过程中，建筑业扮演着非常重要的角色。建筑行业情境下的项目管理也是一个重点研究领域。建设管理的范围相对更广，包含造价、合同、法律、智能建造、施工组织等。建设管理①相关的研究有以下特点：

———

① 这里主要是指涉及工程项目管理的建设管理。

（1）问题导向。建筑业有其特征性问题,因此建设管理研究主要是以解决行业领域内的问题为出发点。例如,在项目管理研究中,跨组织项目管理相关的研究较晚才出现,但在建设工程中,由于参与主体较多,跨组织项目管理是常被研究的课题。在项目治理研究中,项目管理领域的学者主要关注企业内的项目治理,但在建筑业,研究者最先关注的是跨组织项目治理。

（2）基于管理模式的研究。建设管理强调模式,并基于模式展开研究,如融资模式、管理模式、交付模式等。如最早开始研究的平行发包模式,到后来采用的工程总承包,再到项目集成交付、合作伙伴关系,以及扩展到更大范围的融资模式等。不同模式需要相适应的组织结构、合同、人员能力,甚至是组织文化。这些都是业界关心的重点,同样也引起了研究者的广泛关注。模式强调各管理要素的整体性。例如,项目中工期调整涉及资源安排、合同约定、对质量和成本的影响等多方面要素,这些要素的关联影响工期调整的可行性。因此,实践中,需要对这些因素进行综合考虑,以支撑工期调整的决策。

由于建筑业在社会经济发展中占据重要地位,形成了特定的学科专业,例如国内的工程管理、工程造价,国外的工料测量等;建立了专门的协会组织,如 CIB、CIOB、ASCE 等;创办了独立的期刊,如 ASCE、ICE、CME 等。学术研究中,也有相应的基金、咨询课题等。由此已形成了一个稳固的组织社群,并为社会输送了大批从事建设管理相关工作的专业人士,在行业发展中发挥了重要作用。这些因素促使建设管理社群已成为一个相对独立的组织社群。一方面,相对独立在生存和获得社会识别度方面具有优势,形成了自身的评价标准;另一方面,相对独立则意味着融入其他领域存在一定难度。例如,国内商学院在开设工程管理专业方面面临类似困境。

从实践认识、理论认识和研究方法三个维度来看,建设管理社群对开展科学研究具有特定的优劣势。优势方面包括:

（1）对工程对象系统有深刻的认识。研究者通过学习建筑制图、力学、材料等课程,对工程对象系统形成了较为完整的认识。

（2）对建筑业相关的制度有完整的认识。建筑业是一个强规则约束的行业,从项目立项到竣工验收存在大量法律、法规、规范要求。在课程开设中,有专门的课程来讲授建设法规相关内容,并且在招投标、合同、项目管理、工程造价、施工组织设计等相关课程中,大量的课程内容与制度强相关。这些课程的学习为认识如何管理工程奠定了扎实的基础。

（3）拥有较好的知识系统性,如对造价、管理、法律、技术、信息等课程都有较为系统的认识,对该系统的认识潜移默化地影响了对研究问题分析和解决的思路。成虎老师建议刚入职的年轻老师把相关课程都上一遍。李启明老师牵头的国家教学成果奖提出的工程管理专业"一体两翼"型专业核心能力培养模式,以"工程项目全过程管理能力"为主体,"工程造价管理能力"和"工程合同管理能力"为两翼。显性化的表现能力是以"1 书(工程价格计算书)＋1 图(网络计划图)＋2 方案(项目管理方案和合同管理方案)"为特征代表。这些都体现了建设管理需要非常综合的专业能力要求。

这些人群展开科学研究面临一定的挑战：

（1）缺乏扎实的理论基础。例如，工程管理的通用管理基础知识主要来自管理学、西方经济学等课程。这些课程的范围和深度可能难以达到开展研究的要求。因此，需要对所关注的领域再进行深入学习。相对而言，工程管理专业学生在管理知识体系的整体性和基础牢固性存在差距，该差距需要一定时间的学习和训练才能弥补。

（2）缺乏科学的社会学研究方法训练。早期的建设管理研究人员大部分来自土木工程（或称为工民建）专业，以结构设计和施工组织设计为主，通常采用试验作为主要的科学研究方法，所学习和研究的对象是工程实体。但在建设管理研究中，除了工程实体外，还需要综合考虑制度、经济、社会等方面因素，其研究方法也延伸到众多社会科学研究方法中。当前有些高校也开设了研究方法相关的课程，但如何用这些研究方法来解决建设管理所面临的问题仍存在一定挑战。

第8章

项目管理知识体系与理论研究

> **内容简介：**
>
> 项目管理知识体系与理论之间存在微妙的关系。本章主要介绍项目管理知识体系的理论定位，并试图解释项目管理知识体系与理论体系之间的关系。

8.1 理论的概述

理论是对现实规律的提炼，是脱离个别和具体的一般化抽象。理论研究旨在从复杂现实中提炼出一些简约的说明，同时准确捕捉现实的突出方面。Bettis 等（2014）认为可以将理论描述成模型，如用地图来描述城市，以方便大众对城市的认识。毛泽东的《实践论》指出，"论理的认识所以和感性的认识不同，是因为感性的认识是属于事物之片面的、现象的、外部联系的东西，论理的认识则推进了一大步，到达了事物的全体的、本质的、内部联系的东西，到达了暴露周围世界的内在的矛盾，因而能在周围世界的总体上，在周围世界一切方面的内部联系上去把握周围世界的发展"。

1. 项目管理理论的要素与类型

理论的核心要素包括：①假设。理论既要准确又要简约，但由于现实通常是模糊、复杂、多样的，理论难以涵盖现实情况的所有内容，因此，理论形成过程存在一定假设。②概念。理论是通过一些抽象的概念来描述现实规律，如复杂性、信任等。③因果关系。概念之间存在着直接和间接关联的因果关系。因果意味着理论要说明概念之间存在怎样的关系，以及解释为什么存在该关系。数据或对数据的描述并不构成一个完整的理论，因为该描述缺乏对因果关系的解释。

理论包括描述性理论、解释性理论、预测性理论和设计理论四个类别（表8-1）。

（1）描述性理论。描述性理论侧重于对现象进行描述和分析，形成诸如因素、类别等，回答"是什么"的研究问题。描述性理论侧重于对现象进行分析和描述，但不对描述内容进行因果解释。例如，临时性组织包括任务、团队、时间、情境嵌入性四个特征。这四个特征将临时性组织区别于其他组织类型,并影响项目组织运作。

表 8-1　不同类型理论的比较

	描述性理论	解释性理论	预测性理论	设计理论
描述	对现象进行分析和描述	对现象的原因和规律进行解释	对现象提出预测性判断,体现预测准确性	提出干预性准则,体现在功能性解释
问题	是什么?	为什么会发生?	会发生什么?	应该发生什么?
衡量	描述准确性	解释力	预测准确性	有效性

(2)解释性理论。解释性理论对现象进行解释,构建概念或变量之间的因果关系,并解释因果关系发生的原因。回答"为什么会发生"的研究问题,侧重于分析自变量对因变量的解释力问题。例如,在重大工程成本超支的研究中,Flyvbjerg团队(2002)通过大规模统计数据发现重大工程决策中存在战略性歪曲和乐观主义偏见,这两个因素可以用来解释重大工程成本超支的原因。

(3)预测性理论。预测性理论提出可预测的观点和判断。回答"会发生什么"的研究问题。常见的机器学习方法擅长进行预测。虽然解释性和预测性理论都包含自变量与因变量,但两者侧重点存在差异。解释性理论重在对自变量和因变量之间因果关系的解释,侧重于解释力;而预测性理论侧重于对未来状态的判断,关注预测的准确性。

(4)设计理论。设计理论(也称规定性理论)关注方法、技术和原则,指导人造物的设计,以实现特定目标。设计理论采用功能性解释,区别于因果解释。因果解释侧重于分析和解释自变量为什么会引起因变量的变化,而功能性解释旨在说明为实现某一个目标,应当采用怎样的方法、技术和原则。

项目管理知识体系可被视为设计理论,主要包括项目管理原则与项目管理规则两种类型。两者都表述为实现特定目的时应当怎么做。原则(或准则)可被视为设计理论的工具化表述,用于指导解决方案设计。管理实践依照一定的原则实施如"事理"(钱学森等,1978),具体有:系统工程中的"统筹兼顾、全面规划、局部服从总体",工程合同设计的效率原则、公平原则,《PMBOK指南》(第7版)的12个项目管理原则等。

管理规则是为实现一定目的,依据管理规律而制定的规范性或规则性要求。管理规则具有设计属性,是为了实现管理目的而人为设置的。管理实践依赖管理规则(如常见的制度等),对参与者行为进行指导和约束,进而促使工作的有序和有效开展,有助于目标的实现。管理规则具有以下特征:①目的性。管理规则为实现特定目的而设计。②依据管理规律而制定。规律是理论性的表达,是通过揭示实践规律所获得的。管理规则的制定依赖管理规律,常采用功能性解释进行表达,即通过实施某活动,可以实现某预期状态。③指导与约束性。管理规则引导做什么、怎么做。约束性通过正式规则和非正式规则,对动机和行为产生约束。在标准中用"应""宜""禁止"等词来体现管理规则的约束力大小。

项目管理是实践性领域,致用是项目管理的重要基础,项目管理原则和项目管理规则都对致用有直接的指导。其中,项目管理原则是关于"应该怎么做"方面的"属性"的表达。例如,薪酬制定中要考虑公平、效率、合法等原则,招标制度设计为实现公平择优。项目管理原则作为抽象的表达具有普遍性和指导性较强的优势。但项目管理原则容易过于抽象,造成直接使用的难度较大。此外,若原则脱离了具体的情境,会导致记忆和理解的难度增大。

此外,项目管理规则是对管理"活动和步骤"的表达。例如,项目风险管理依次的步骤是风险识别、风险分析、风险应对。项目管理规则可提供较为明确的活动和步骤方面的指引。但项目的管理规则越具体,越容易面临可扩展性的挑战。因此,对于不同情境,要对项目管理规则进行裁剪和定制。

设计理论、解释性理论和预测理论三者之间既存在区别,也存在联系。首要区别是不同类型理论的衡量标准不同:解释性理论侧重解释力,解释原因的可信度,即原因是否真的能引发结果;预测性理论侧重预测的准确性,即原因引发结果的可能性;设计理论的解释更侧重于目的性和有效性,强调采取解决方案或干预措施来实现预期效果。此外,从目的角度看,设计理论旨在有助于改变现状,而非描述现状是什么,关注路径实现某一预期结果的效率和效果,探究如何实施干预措施。各理论类型也存在联系,描述性、解释性和预测性理论通常可作为设计理论的基础,设计理论基于解释或预测理论提出规定性的路径以实现某特定目的。设计的解决方案实施后的评估产生新的描述性、解释性和预测性理论。

2. 项目管理研究的分类

Simon(1996)将科学分为自然科学和设计科学两类,其中自然科学主要研究"是什么",关注发现规律性、解释性机理,进行描述、解释和预测;自然科学研究主要以认识和解释规律为目的。在管理领域,也把这一类研究归纳为解释类研究(van Aken,2004)。设计科学关注"该是怎么样",注重为实现某一目的而设计干预措施的过程,侧重人为改造世界,工程领域的研究和实践主要以此为目的。项目管理研究也可遵循解释类研究和设计类研究的分类。

1)解释类研究

解释类研究关注认识和总结实践的经验性规律,揭示"是什么",如实证和案例类研究以解释和预测经验性规律为目的,基于管理实践规律的认识获得管理启示。例如,Engwall(2003)提出了临时性组织的情境因素。作者分析到,除了正式的项目管理体系外,项目管理受时间和组织维度的情境影响,情境因素作为已经存在的实践规律被作者揭示和解释。

(1)实证研究

实证研究遵循的过程逻辑是:问题→假设→数据→结论,即分析问题,提出假设,再收集数据进行验证,依据验证情况提出结论。常见于抽样调研、试验等。具体的步骤包括:①确定需要验证的假设。如从已有研究中发现理论不足,根据猜想或现实观察形成理论推测,进而建立可验证的假设;②从假设中形成预测,通过预测指导数据收集和分析;③收集数据来验证预测;④如果预测是正确的,则确认假设,如果不是,即证否。

实证研究的要素包括：①研究问题。分析已有研究不足，提出研究问题。②文献综述。对理论基础和关键概念进行阐述。③假设。通常体现为自变量和因变量之间的关系，或者其他变量的综合关系，如调节与中介等。④研究设计，包括研究方法（如抽样调查）、测量自变量和因变量，以及被调查者的抽样选择。⑤数据收集和分析。⑥分析结论。如假设是否能被证实。⑦理论与实践启示。

（2）质性研究

质性研究遵循的逻辑是：研究问题→数据→假设→结论。常见于扎根理论、案例研究等。Yin（2011）把案例研究比喻成试验，一个案例是一个试验，多个案例是多个试验。其中差别在于试验脱离了情境，而案例强调丰富、真实的情境。质性研究主要通过案例、定性数据来归纳、总结已经发生活动的规律，关注从具体到一般规律，即从具体观察开始，依靠它们之间的比较来推断可能的普适性。研究过程需要满足构念效度、内部效度、信度和外部效度等要求。

质性研究的要素包括：①研究问题。分析已有研究不足，提出研究问题。②文献综述。对理论基础和关键概念进行阐述。③研究设计，包括案例选择、数据收集、数据分析。④数据分析。对定性数据进行分析。⑤提出理论框架，与已有的理论框架进行对比。⑥结论。

解释类研究面临的挑战

（1）解释性研究（如基于实证、案例等方式）是对现实规律的解释。实践具有管理规则导向，受管理规则约束，而管理规则设计可能存在非理性因素。在此情形下，对现实规律的解释是否存在问题？

（2）通过研究解决实践问题的挑战之一是如何将实践问题理论化，进而展开研究。实践中虽然存在很多难题，如起草一份工程总承包的招标文件中会遇到大量问题，但这些问题都不容易被理论化，也不容易凝练与转化成研究问题。

（3）解释性理论的形成需要对实践和理论基础有充分的理解，进而可以识别理论中所不能解释的实践。但在研究过程中，认识理论和实践均存在挑战，需要一定时间的积累，特别是针对硕士或博士研究生而言。

（4）揭示现实规律的目的是基于规律提出实践启示，但该实践启示直接应用于实践仍存在一定挑战。例如，工程管理具有目标导向，为实现特定目标，需要综合众多管理规律所获得的启示，综合过程意味着取舍，但如何取舍在解释性研究中并未提及。此外，综合过程也意味着某管理规律的边界条件可能发生变化，该变化是否会影响已揭示的管理规律也是未知的。

2）设计类研究

设计类研究是基于设计科学研究方法的一类研究，关注依据理论改进现状以实现预期目标，关注"应该怎么样"的问题。设计科学研究基于溯因推理，遵循研究问题→设计假设→评估→再调整设计假设的循环逻辑。设计科学研究中，依据理论提出设计假设，再设计解决方案,最后进行评估。如果解决方案评估情况与假设一致,则证实了设计假设和解决方案;如出现非预期情况,可进行调整和修改,并再次进行评估。设计理论可直接用于指导解决方案的设计。

设计类研究的要素包括:①问题研究。从实践中挖掘问题,诊断问题,将实践问题理论化。②文献综述。针对解决方案设计进行文献梳理。③提出设计假设,指导具体的解决方案设计。④根据设计假设设计解决方案。⑤对设计假设和解决方案进行评估。⑥分析和呈现对理论和实践的贡献。

8.2 项目管理知识体系的理论定位

1. 项目管理知识体系的实践定位

项目管理知识体系/标准/方法论在实践中发挥了非常积极的作用。同时通过认证与培训,项目管理知识体系在业界得到了广泛认可,具体表现如下:

(1) 推广项目管理通用词汇。一个成熟的研究领域需要有一些被广泛认同并清晰定义的核心概念。由于项目管理的强实践导向,在行业中常流行一些"俗语"。虽然这些俗语朗朗上口,但对专业性传播带来一些障碍。项目管理知识体系建立了可被行业广泛接受的项目管理术语,有助于促进项目管理概念标准化,并且认证等市场运作方面具有传播优势。例如,《PMBOK 指南》(第 7 版)提出的"价值交付系统"在行业中引起了大量讨论,并快速地被传播开。实际上,在学术领域,项目价值交付较早就被研究和讨论,如 2006 年的"再思考项目管理"提出从项目管理转向项目价值交付转变(Cicmil et al. ,2006),但业界对这些研究结论的反应总体较为迟缓。

虽然学术研究领域形成了有益的研究成果,但怎样有效传播仍是一个挑战,需要更多连接理论成果和从业人员的桥梁。虽然早些年研究领域对项目管理知识体系有不少批判,但在行业中,相比较研究成果的传播,认证和培训工作更有效地推动了从业人员对项目管理知识体系的理解和接受。此外,通识读物可能是传播理论知识的一种有益尝试,如安德鲁·戴维斯所著的牛津通识读本《项目管理》。当然,写作通识读本对研究者提出了极高的要求,一方面需要具有精深的理论功底,另一方面又要在写作中兼顾不同类型读者的喜好。

(2) 促进专业人员的规范化。项目管理知识体系为项目管理专业人员的资格或能力认证提供了基础。认证有助于规范专业人员的实践。此外,项目管理知识体系也影响了项目管理教材编写,当前部分教材的章节结构与项目管理知识体系的架构较为一致。当某个群体对项目管理的认识和理解较为一致时,该群体就呈现出专业共同体的特征。

(3) 收录普遍公认的良好做法。项目管理知识体系收录了项目管理实践中被"普遍认可"的知识、技能、工具和技术。项目管理知识体系促进了行业语言的结构化和标准化,有利于项目管理知识的传播,也为组织实践提供了指南。

2. 项目管理知识体系的理论定位观点

（1）工程思维与理论思维

人们在工程管理活动实践中，主要有两种思维方式：一种是"工程思维"，强调"做什么"和"怎么做"；另一种是"理论思维"，关注"是什么"和"为什么"。盛昭瀚等（2019）认为项目管理知识体系并非解释工程管理"是什么"和"为什么"的道理，它主要是指导人在工程管理活动中"做什么"和"怎么做"的知识与技能，并认为 PMBOK 指南本质上是工程思维的产物，而不是理论思维的成果，它的形成过程和成果方式与理论体系的形成的一般规律及范式还有着很大的距离。

（2）项目管理知识体系定位为标准化的最佳实践

成虎等（2008）指出 PMBOK 指南是针对应用的而不是研究的，它制定的出发点为对相关从业人员实践提供一个标准，它倾向于项目管理的应用和职业化，不关注项目管理理论问题。PMBOK 指南不断吸收项目管理应用和研究成果，使知识体系内容日趋完善，它系统地定义和描述了项目管理中那些被普遍接受的成熟的内容，却没有（当然也不需要）涉及项目管理研究的前沿问题。过于强调结构化的知识体系，容易束缚人们对项目管理研究的创新思维。PMBOK 指南构造了公认的对通常项目进行管理的良好做法及其项目管理过程，仅包括了项目管理体系中普遍公认的成熟的那一部分知识。

项目管理知识体系与精益（lean）存在形式上的相似之处，常见的精益包括准时制生产原则、供应商关系管理、持续改进、拉式生产、跨职能管理、看板等。Åhlström 等（2021）组织一批学者探讨了精益是不是理论，并形成了表 8-2 中的观点。总体上，与项目管理相似，精益也被认为是一种操作方式，但操作背后存在理论作为支撑。

表 8-2　关于精益是不是理论的观点

作者	观点
Par Ahlstrom	精益不是一个理论，但精益有理论基础
Pamela Danese	精益不是一个理论。它是一个社会-技术系统，依赖具体的管理惯例来支撑科学方法在所有层级的应用
Peter Hines	对什么是精益尚未达成一致，也将持续演化。当前的精益实践领先学术思考，因此比较难看到一个统一的精益理论
Torbjørn Netland	精益是一个商业现象，不是一个理论，但精益中存在理论
Daryl Powell	精益是一个元理论：①从 TPS 角度，是一个更好的生产理论；②从 Shusa 角度，是一个更好的产品开发理论；③从丰田全面质量控制角度，是一个更好的管理理论；④从 Hoshin Kanri 角度，是一个更好的经济理论；⑤从 Kaizen 角度，是一个更好的心理理论
Matthias Thurer	两类精益理论并未得到充分发展，两者都通过一个元理论进行连接，并解释了低层级的理性过程如何影响高层级的非理性过程
Desiree van Dun	精益不是一个理论，但包含了来自不同领域的理论

来源：Åhlström 等（2021）。

（3）项目管理知识体系定位为设计理论

《PMBOK 指南》（第 6 版本）的十大知识领域是按照 ITTO 结构来组织的：I 是指输入；TT 指工具与技术；O 是输出。为实现某过程，设计相应的解决方案来实施。表 8-3 比较了标准化的项目管理知识体系与项目管理理论之间的区别。

表 8-3　标准化的项目管理知识与项目管理理论的对比

	项目管理实践的标准化	项目管理理论
出发点	实现目标的改进	揭示规律
理论特性	设计理论	描述性、解释性、预测性理论
呈现形式	解决方案导向，是对多理论的综合	对某领域（如行为、战略、经济）的规律性认识

3. 项目管理知识体系理论化的不足

研究对项目管理知识体系提出了建设性批判与建议。例如，Morris(2013)所著的《重构项目管理》批判到：①体系尚未有效区分产品与项目管理；②体系对前期策划阶段的关注不足；③虽然体系提到的职能管理（十大知识领域）是项目管理所特有的，但实际上非项目管理场景也涉及大量类似的职能管理；④某些职能缺失或不足，如领导力。

针对"良好做法"，研究者认为没有一种实践在所有环境下都是最佳的，也没有一种方法能适应于所有组织、行业和国家。尽管权变主义模式提倡关注项目特征因素，但其仍然关注项目管理模式(Morris et al.，2011)。尤其随着投资大、周期长、内外部关系复杂的项目不断增加，所面临的挑战不再局限于技术、工具、方法等方面，而越来越多地来自组织、市场、制度等方面。主要批判的方面包括：

（1）理性工具，对社会因素关注较少。项目管理按照一定的框架和模式运行，注重计划和执行过程中的关键因素，关注路径-结果的逻辑。这种以标准化为基础的管理模式被研究者称为理性工具(Garel,2013)。理性工具沿袭了泰勒科学管理理论的思想，常见特征包括：①WBS 是典型的还原论思想，通过分解来认识作为整体的项目；②强调标准化和规范化，为每一项工作开发科学的操作方法，制定相应的程序；③追求效率的提升。

（2）缺乏项目情境相关性。理性工具倾向于反映实践的一致性和标准化，并假定问题是可以清晰定义的，缺乏对情境的考虑。Hällgren 等(2012)提出相关性缺失存在于两方面。其一针对从实践中来的过程，最佳实践针对最理想环境的抽象和提炼；其二针对到实践中去的过程，最佳实践对实践中具体情境的考虑较少。项目管理知识体系的标准化旨在呈现显性知识，但忽略了隐性知识。显性知识应用到教学、研究和实践的过程中容易出现情境缺失。

（3）忽略参与主体的能动性。项目管理知识体系侧重于对知识、技巧、工具和方法的使用。忽略了各参与主体之间的差异，及主体自身的主观能动性，对人这一最活跃因素考虑不足。

4. 再思考项目管理

"再思考项目管理"(2004—2006)受英国工程和自然科学研究委员会(Engineering and Physical Sciences Research Council,EPSRC)资助(Winter et al.,2006),提出了项目管理的发展方向,如表 8-4 所示。再思考项目管理引起了广泛关注和持久的影响。在此之前,英国曾发布非常有影响力的《再思考建筑业》(*Rethinking Construction*)(1994)报告,该报告提出了英国建筑业改革的目标与路径,成为建筑业改革的指南针。

表 8-4 再思考项目管理的整体框架

当前项目管理	再思考项目管理
项目的全生命周期模型与项目管理 假设也存在一个生命周期模型	项目复杂性理论与项目管理 在多层级上描述项目复杂性
项目作为工具性的过程 项目具有工具性的生命周期形象,任务线性地得以安排,使用编码化知识、流程、工具,项目是一个临时的、非政治性生产过程	项目作为一个社会属性的过程 项目中的概念和形象都是基于参与者社会化的交互,强调社会背景、实践、利益相关者管理、政治和权力情境下对项目的建构
关注产品创造 关注产品创造,如生产、制造、改进一个实物产品、系统或设施。通过质量、成本和进度等维度进行监督和控制	关注价值创造
对项目的狭义定义 项目有一个给定的目标	对项目宽泛的定义 项目包括多专业合作,多目标,并不是总能事先定义,而是在执行过程中具有渗透性,可争辩性,能重新被讨论
实践者作为受训练的技术员 训练工程师以运用项目管理方法、技术	作为能反省的实践者 促进实践者学习,促使其能在复杂环境中学习、运用、适应

来源:Winter 等(2006)。

Svejvig 和 Andersen(2015)总结了对项目管理重新思考的相关分析,基于 64 篇论文对重新思考项目管理的研究进行了分类,如表 8-5 所示。

表 8-5 传统项目管理与重新思考项目管理

参考文献	传统项目管理	重新思考项目管理
Packendorff(1995)	项目作为一个工具 过程是线性的,采用计划、控制、评估	项目作为一个临时性组织 过程是迭代,采用期望设置、行动与学习
Jugdev 等(2001)	项目管理是一系列工具和方法,用于实现项目效率 成功由一些效率指标衡量 项目管理关注于项目的具体实施或策略层	项目管理作为一个整体性的专业用于实现项目或组织效率、效果和创新 成功由多维度的效果、效率和创新来衡量 实施项目管理重在联系项目与企业商业战略

（续表）

参考文献	传统项目管理	重新思考项目管理
Winter 等(2006)	项目周期模型,并假设该项目周期已客观存在	强调项目复杂性,项目周期在理论中只是部分存在
Shenhar 和 Dvir(2007)	传统项目管理 项目目标包括成本、进度、质量等一个模式适合所有项目	适应性项目管理 项目目标是实现多重商业结果及满足多重要求适应性,一个模式不能适合所有项目
Andersen(2008)	任务层面 关注完成既定的任务	组织层面 主要关注价值创造
Lenfle 和 Loch(2010)	项目按惯例执行、目标既定	新的战略项目具有一个大概方向,细节的目标未知,部分是涌现的

来源：Svejvig 和 Andersen(2015)。

Svejvig 和 Andersen(2015)提出应当采用一种更整体、多元的方式来思考项目管理,并提出一个新的再思考项目管理的分类框架,包括情境化、社会和政治方面、重新思考实践、复杂和不确定性、项目的现实性、更广的概念化,如表 8-6 所示。

表 8-6　再思考项目管理的主要方面

思考方面	举例
情境化	扩展项目的概念,将环境、战略等因素包含在内
社会和政治方面	社会及政治因素如何影响项目
重新思考实践	通过教育或者反省式的实践
复杂和不确定性	明确项目的复杂性与应对复杂性的策略
项目的现实性	明确项目实际上是怎么执行的
更广的概念化	提出更广的项目的概念

来源：Svejvig 和 Andersen(2015)。

8.3　项目管理理论化的视角

项目管理研究中存在大量理论化视角,本节列举几个视角作为示例,以具象认识如何进行项目管理的理论化。

1. 项目的事实性

项目的事实性是"再思考项目管理"中提出的研究方向之一(Cicmil et al.,2006)。其主要观点是项目所处的社会情境充满了不可预测性、冲突、合作等。项目管理应当被视为一种社会化的行为,受历史、情境、个人价值等因素影响。事实性研究(actuality research)关注项目参与主体的体验性经历,其目的是了解项目的真实发生,强调参与主体的道德和伦理、主体的建构过程、行为过程上的变化,更关注社会化过程及项目参与主体对行为过程的思考。该思考出现在一种真实的、本地化的情境中。Cicmil 等(2001)认为复杂性是项目事实性研究的一个具体示例。

相较于传统视角呈现的理性结构、过程视角的描述过程,项目的实践性(project-as-practice)更侧重于采用本地化的行动来描述,采用自下而上的方式,以定性的、建构的方式来促进对项目实践的理解(Blomquist et al.,2010),如表 8-7 所示。以项目为实践关注项目实施的具体行动,而不是模式。从下往上地,通过关注实际做法来理解和认识更大范围的情境,并强调关注实践社群层面。实践社群指的是某一群人共同地采用某些行为和运用某些知识。其中,实践(practices)是规范、价值观和政策等;实际做法(praxis)是个体情境化的做法;实践者是执行实践和实际做法的个人。

表 8-7　项目的实践性与其他视角的对比

	关注	实证视角	方法论	研究问题举例
传统系统	理性结构以及这些结构可被最佳地管理	从上往下	定性的,促进解释	什么是计划的成功因素?
过程视角	描述过程及过程怎么跟结构联系	过去、现在、未来	定性的,促进理解	计划的过程怎么被理解?
实践视角	通过本地化的行动来描述过程	从下往上	定性的,促进建构	哪些行动正在建立计划的活动?

来源:Blomquist 等(2010)。

项目中各参与主体具有不同的世界观,各方都在寻求推广各自的解读和利益(O'Leary et al.,2013)。不同参与主体对社会化轨迹的参数(如计划、当前状态等)的不同姿态影响一致性的形成。而这些姿态由参与主体对当前状态的定义所决定。对当前状态的定义又取决于参与者对事实的观察、判断和解读,内在地取决于参与主体的价值观及其满意程度。

2. 项目管理理论

Turner(2006a,b,c)尝试建立一个项目管理理论,该理论包括以下关键内容:

(1)两个前提。其一是项目是一个临时性组织,资源(如人、材、物)分配给该组织来承担工作以带来有效益的改变(change)[①]。其二是项目应该给用户创造价值,即产生的效益和所花费的成本是匹配的。

(2)五个引理:①项目消耗资源,特别是资金;②项目产生成果或交付物,如一个新设施或资产;③业主购买资产的原因是期望实现一个有效益的成果;④工作是非惯例的;⑤项目生命周期的前期或中期存在关于资产能否实现预期成果,以及承担工作是否能交付预期

---

① Change 存在多种翻译,在这里翻译成"改变"是指从一种状态转变到预期的一种状态,相对于变革关注深程度的改变,改变在这里涵盖的范围更广,既可以是变革,也可以是一般的改变。当用于 change theory 时,依据管理理论,可翻译为变革理论。当用于项目实施过程时,change management 是指变更管理。

资产的风险。

（3）八个项目管理要素，分别是项目成本和采购管理、信息管理、财务管理、资源管理、项目评价、项目定义、分解结构、风险管理。

（4）四个角色。包括业主、用户、赞助人、承担交付资产工作的资源。

（5）五项职能及实现职能的工具。五项职能包括管理范围、管理项目组织、管理质量、管理成本、管理时间。

3. 项目组织

Winch(2014)提出的项目组织(project organizing)的三领域在组织项目管理中具有一定影响力。该框架将传统的项目管理范围扩展到了多组织参与层面，Winch围绕着该模型进行持续拓展。他提出的三领域项目组织框架将项目组织划分为业主/运营者、项目型企业、项目/项目群三个领域，三者之间存在紧密的界面关系。三个界面分别是：①治理。包括项目组合管理和保证两个维度。保证的目的是提供信息，以治理和管理项目。②商务。包括商业模式和交易费用两个维度。③资源。包括人力、物力。Winch(2014)定义项目组织是"为交付一个特定的成果，由永久性组织集合在一起形成的一个临时性的联合"。在后续研究中，Winch修改了三个名称，分别为业主领域、交付领域和供应领域。治理维度改为赞助人和保证；商务维度改为捕获管理和合同管理。

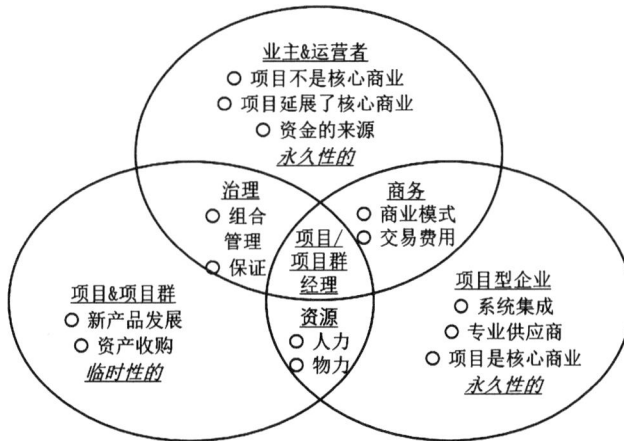

图 8-1　三领域项目组织框架(Winch, 2014)

后续在基础设施开发强业主能力相关研究中进一步细化了能力要求(Winch et al.，2016)。其中战略能力包括：①项目选择；②项目使命定义。分析为什么要做这个项目，是否存在战略性歪曲；③项目相关者管理；④融资；⑤项目组合管理。治理能力包括：①保证能力；②项目协调，即成本和进度控制的能力；③资产集成，即如何将新建项目集成到已有基础设施中。商业能力包括：①项目打包、WBS，处理工作包及界面问题；②合同策略和实施；③关系管理能力，如建立信任。此外，研究者也针对英国国家审计办公室提供的26个重大项目的物有所值评价进行了分析，从而识别了重大项目业主面临的挑战(Winch et al.，

2020)。

Winch 等(2023)出版的《复杂项目组织的研究手册》专著中提出了复杂项目组织的几个核心概念,包括复杂性、不确定性、临时性、投射性(projectivity)。投射性是主体思考、确定预期的未来状态以及投射如何组织来实现预期未来的过程。

4. 项目的管理

Morris(1994)提出了项目的管理(management of projects),将项目管理的边界扩展到项目策划和决策及制度层面。Morris 和 Geraldi(2011)提出项目管理的三个层面:第一个层面针对技术,以项目交付为导向,偏向于方法和流程。第二个层面针对战略。将项目作为组织整体进行管理,包括前期定义以及价值,从战略层面需要认识到各利益相关方战略之间的关联。第三个层面是管理情境。项目管理工作可以通过流程、标准、指南等合理的"硬"机制来实现,同时也要涉及制度背景的"软"机制,如社会契约、行为、文化等。

在 Peter Morris 退休和去世时,IJPM 和 EPOJ 分别采用专刊的方式纪念和回顾了他对项目管理理论和知识体系的贡献,给予了 Peter Morris 极高的评价。

5. 项目研究

项目研究(project studies)可视为一个较为通用的描述,该概念不局限于特定的分析层级(Geraldi et al.,2016),还包含了组织层面的活动,如项目、项目群、项目组合,组织的角色和供应链的活动等(Maylor et al.,2018)。Geraldi 和 Söderlund(2016)从知识产生的角度提出了项目研究的三种类型,如表 8-8 所示。第一类是工具性导向,研究者跟研究情景相互独立(positivist);第二类是侧重理解,体现研究者的解读(interpretative research);第三类是批判理论(critical theory),研究者带有一定立场。

表 8-8　项目研究的类别与方向

理论类型	方向	第一类:工具性导向	第二类:侧重理解	第三类:批判理论
关于实践的理论(Theory about practice)	方向 1	项目和项目管理的全生命周期模型	项目和项目管理的复杂性理论	具有聚焦的多元性
为实践的理论(Theory for practice)	方向 2	项目作为工具性的过程	项目作为社会化过程	具有技术核心社会化过程
	方向 3	关注产品创造	关注价值创造	关注所有的价值
	方向 4	狭义的项目概念	广义的项目概念	超越项目的广义概念
实践中的理论(Theory in practice)	方向 5	实践者作为受训练的技术员	实践者作为自省的实践者	实践者作为参与性的实践者

来源:Geraldi 和 Söderlund(2016)。

项目管理理论化视角的讨论

(1)项目管理理论化的目的是更有效地认识项目管理实践规律。

（2）研究中通常基于不同的理论视角来解读项目实践。如项目的实践性、项目组织等都是基于特定理论视角来解读项目管理实践的。

（3）除项目管理外，研究者寻求一个更合适的概念来统领当前项目相关的研究。如采用项目研究、项目组织、项目交付等，以弥补项目管理一词的局限性。

8.4　项目管理理论与管理理论的联系

虽然项目管理方法与工具在实践领域取得了较大成功，但项目管理理论的发展相较于管理领域仍存在较大差距，具体表现为：管理与组织领域的学术期刊较少刊载项目管理的相关论文，项目管理领域的研究学者也难以将其研究成果拓展到管理和组织领域。项目管理作为一个研究领域，既要与其他领域紧密关联，也需要有其独立存在的条件。目前，项目管理理论在某些方面已取得了进展，如临时性组织的概念得到了项目管理及管理与组织领域的广泛关注，并被学界所认可。此外，也有项目管理研究者将论文发表在管理和组织研究相关的期刊。同时管理和组织研究的研究学者也开始将项目作为研究情境，例如临时性营销组织相关的研究方向。

1. 项目管理发展的实践性根源

项目管理的实践性根源与现代项目管理发展历程密切相关。从早期美国国防项目管理实践可看出，项目管理产生于特定的历史背景。在解决具体实践问题的同时，也推动了一系列技术工具、方法和最佳实践的发展，如计划评审技术、单代号网络图、关键路径法、挣值管理等。在现代项目管理萌芽之初广泛存在于实践之中，人们对其应用价值的需求高于对其理论发展的需求。

同样地，研究者 Morris（2014）认为项目管理是一个实践导向的学科，应注重应用与影响力。而传统学术更倾向于在某一个知识领域内或者某一个特定议题内展开研究，而非从学科整体层面进行考虑。如此，缺乏整体层面的思考将致使学科认同度低。成虎等（2008）认为项目管理理论是应用型理论，其研究是"问题导向型"的，注重理论研究与实践的结合，最终目标是指导项目管理实践，提出解决项目管理问题的对策，以使项目管理实践更为科学化和理性化。

2. 项目管理的理论基础薄弱

研究者发现，项目管理仍面临着理论基础薄弱等方面问题。如早期 Shenhar（1998）通过总结以前文献，发现学者们普遍认为项目管理没有明确的理论基础[①]。Kloppenborg 和 Opfer（2002）提出，脱离理论基础的项目管理研究将失去根基，发展也将受阻。Reich 等（2013）认为，研究者的思路容易被项目的复杂性所影响，关注具体案例分析，而非理论建

---

① 本研究发表于 1998 年，随后 20 余年的发展，项目管理理论方面取得了长足的进步。

设,这导致项目管理研究在学术性、严谨性和对实践者的启发性都还不够。Pitsis 等(2014)发现,项目管理相关论文较少获得管理与组织领域期刊的关注和引用,并且研究结论也呈现实践导向,并非提供理论贡献。某种程度上,理论基础的薄弱也制约项目管理理论的发展。其他一些代表性观点如表 8-9 所示。

表 8-9　项目管理理论化不足的观点

作者	相关观点与论述
Söderlund 和 Maylor(2012)	虽然实践中,以项目形式交付广泛存在,但理论相关性及学术影响仍面临挑战:"如果你想发表,需要将项目管理一词从题目或关键词中去除""该领域太应用,太接近实践而难以作为合适的学术研究"。知识的发展较为零散,如 2000—2011 三本项目管理杂志发表了上百篇的风险管理文章,大部分研究建立新模型,并未思考对一般性风险的理解和管理的贡献
Reich 等(2013)	当前项目组织的研究在学术性、严谨性和对实践者的启发都还不够。其原因有:对组织层面的关注尚处在初期;许多项目研究者缺乏组织研究领域的训练;项目的复杂性容易引导研究者关注具体的案例分析,而非理论建设
Morris(2014)	项目管理是一个实践导向、"做"的学科,关注点应该更注重于应用与影响力。学术传统更倾向于某一个知识领域内某一特定议题,而非从学科整体层面。当对项目管理缺乏整体层面的思考,项目管理就会变成头上有一个"洞"的职业
Pitsis 等(2014)	项目管理论文较少获得主流期刊的注意和引用。一些具有高引用的论文并未来自项目管理研究学者,而是社会学研究者等。项目管理期刊尽管对于本领域有贡献,但难获得超出本领域学科的合法性。项目管理研究结论更多是实践导向,而非提供理论相关性
Pinto 和 Winch(2016)	项目管理从学科角度需要一个连贯、一致的理论视角,应发展一个一般性项目管理理论,不然将成为各个领域的罗列
Maylor 等(2018)	项目研究已经历成为"夹在中间"的多学科领域的风险,即在理论层面难以充分切入学术界,被实践者认为过于理论导向而难解决实践问题

3. 项目管理理论的发展依赖于管理与组织科学

项目管理理论的发展依赖已有管理与组织理论。目前研究多将管理与组织科学理论作为项目管理研究的理论基础,通过广义的理论来透视或分析项目管理中存在的具体问题。例如,Shenhar 和 Dvir(2007)提出项目管理理论发展应以问题为导向,并依赖管理与组织理论。类似地,也有研究者提出项目管理基于各种管理和组织科学理论来发展,形成一门多元化的学科(Söderlund,2011)。Kolltveit 等(2007)通过综述发现理论基础包括任务、领导力、系统、利益相关者、交易成本和商业六个类别。Turner 等(2013)发现项目管理研究的理论基础包括优化、系统建模、治理、行为、成功因素、决策、过程、权变和营销九个类别。

4. 项目管理理论的发展补充管理与组织科学

除了依赖管理与组织科学理论以外,Pinto 和 Winch(2016)从学科发展角度分析,认为需要一个连贯且一致的理论基础,并提出应该发展项目管理领域普遍适用的一般性理论,否则项目管理会成为其他各个领域理论的简单堆砌。例如,可将项目视为网络组织、信息处理的组织、临时性组织,或从制度情境考虑项目(Pinto et al.,2016)。

以项目能力的提出为例,可说明项目管理理论如何补充管理与组织理论。早期研究中,Chandler(1990)提出用战略能力和职能能力两个维度来解释组织能力:战略能力是指企业比竞争对手更快进入新市场和更快退出衰退市场的动态能力;职能能力指的是改善公司的研发、产品设计、生产、分销、采购、财务和日常行政管理所需的能力。Davies 和 Brady(2000)指出 Chandler 提出的组织能力框架将企业独立看待,忽视了企业外部的组织能力。此外,Chandler 提出的战略能力和职能能力对于从小批量生产调整到大批量,以获取成本优势的情形有效,但对于大型复杂项目等适用性存在不足。根据复杂产品系统研制(如通信设备、高铁、智能建筑、武器系统等)特征,研究者认为除职能能力和战略能力外,项目能力是复杂产品系统设计和实施中重要能力,进而提炼形成了项目能力的概念。项目能力是指与内部和外部客户进行交涉、制定投标文件、实施和执行项目的知识和经验。项目能力的提出补充了早期以战略能力和职能能力为主的组织能力框架。

项目管理与组织和管理理论的联系的讨论

(1) 在现有学术评价体系中,高水平论文占据重要地位。在此情形下,项目管理研究领域为获得自身合法性,需要与高水平期刊接轨,避免形成一个封闭圈子。

(2) 由内而外(从项目管理领域拓展到管理与组织领域)是实现接轨的一种方式,此外,也可以是由外向内,即管理与组织领域研究学者以项目或临时性组织作为研究情境。但不管是何种方式,高水平期刊在方法严谨、理论贡献、实践相关三个关键要求是一致的。需要立足于管理与组织领域的理论发展,而非仅限于项目管理理论的发展;实践相关针对普遍性适用范围,而非仅局限于特定的项目管理领域。

(3) 发表在不同级别的杂志是学术圈对研究成果的评价,另一个重要评价标准是项目管理研究结论能经得起实践检验,有助于改进实践和促进社会经济发展。同时,能基于实践,对项目管理理论持续修正和完善,实现"理论从实践中来,到实践中去"的循环发展。

第9章

临时性组织

> **内容简介:**
>
> 从组织项目管理角度看,临时性是项目组织区别于一般组织的重要特征。本章介绍临时性组织在时间、任务、组织、情境嵌入四个方面的特征。在此基础上,再拓展到企业层面、跨组织层面、项目网络、项目生态层面,最后介绍临时性组织中典型的组织行为。

9.1 临时性组织概述

在 20 世纪 90 年代之前,在对电影、戏剧制作、广告等领域的研究中出现了"过渡性组织""临时性系统""短期项目"等名称。例如,Goodman 等(1976)以舞台剧制作为研究对象提出临时性系统(temporary systems),具体指一组技能各异的个体在一个复杂的任务中共同工作一定时间,在这期间,对项目的认识集中在一次性任务、限定的时间等特征。

1995 年 *Scandinavian Journal of Management* 期刊组织了一期关于"临时性组织与项目管理"的专刊。Lundin(1995)提出项目存在很多形式和变化,进而认为需要从实证和理论层面进行区别。专刊编辑认为临时性组织尚未完全建立,可通过这个专刊来寻找其特征。该专刊发表了多篇有影响力的文章,如 Lundin 和 Söderholm(1995)提出的临时性组织;Midler(1995)提出的项目化;Packendorff(1995)提出项目管理的发展方向。2023 年,Geraldi 等(2023)筹划在该期刊组织一期专刊,纪念临时性组织提出 30 周年。

1995 年的专刊中,Lundin 和 Söderholm(1995)提出临时性组织的概念,随后该概念逐渐被认可。由于该文的奠基性地位,以及一大批活跃的北欧学者,学术界出现了项目管理的北欧学派(Scandinavian School of Project Management)(Jacobsson et al.,2016)。项目管理领域重要的学术联盟(International Research Network on Organizing by Projects,IRNOP)也主要是由一批北欧学者发起,1994 年第一届学术会议由 Umea School of Business 承办。

Lundin 和 Söderholm(1995)提出的临时性组织包括时间、任务、团队、转变四个维度的特征,并且认为时间是临时性组织理论的核心。具体为:①时间维度是指临时性组织的时间呈现一个线性的顺序,从开始到结束存在不同阶段。②任务具有独特性。独特意味着临时性组织的任务的发展是不可逆、未知的,需要柔性和创造性。③团队的形成以任务为导向,团队成员的参与具有事先明确的时间,团队成员在该任务之前、过程中和任务之后都可能隶属于另一组织,团队依赖于其他组织环境。④转变是指临时性组织的目标是改变或实现特定对象。研究者认为时间维度处于四者的核心位置,如图 9-1 所示。

图 9-1 临时性组织四个核心概念的关系(Lundin et al.,1995)

后续有研究者认为可以将转变放在核心位置(Jacobsson et al.,2013),并认为转变来自大量的选择。Jacobsson 等(2013)认为,永久性组织对临时性组织形成目标、期望和控制,并通过选择来构建和发展临时性组织。选择是组织内的重复性活动,通过选择来创造动力、行为和进展;转变是一个项目或变革过程的结束状态。

2013 年,Lundin 和 Söderholm(2013)又重新思考了临时性组织的概念,提出了"最终状态"这一概念,最终状态意图修正临时性组织结束时间的限制,并提出项目管理应当注重过程。作者列举了几个例子,如对于悉尼歌剧院,按项目开始和结束时间来分析,这是一个失败的项目;但从最终状态角度来看,这又是一个成功的项目。另外,若把某些事件,如"拯救老鹰计划"视为项目运行,则很难界定拯救老鹰计划的结束时间。

继 Lundin 和 Söderholm(1995)提出临时性组织概念后,第二个里程碑是 Engwall(2003)提出临时性组织的情境维度。Engwall(2003)的文章题名是《没有一个项目是孤岛:连接项目与历史和情境》(*No Project Is an Island: Linking Projects to History and Context*),该题名的主标题取自诗人 John Donne 的著作 *No man is an island*。该文重点分析了某电力公司的一个成功项目和一个失败项目,失败项目聘请了经验丰富的项目经理,并建立了正式的项目管理体系,而成功项目却相反。最后,作者分析发现,除了项目管理体系外,项目管理受时间和组织维度的情境影响。时间维度指过去、现在和未来相互联系;组织维度情境需要考虑项目所处情境的社会规范、价值观、惯例,以及情境中并行的其他事件等。此文之后,情境成为临时性组织的特征之一。

Turner 和 Müller(2003)认为项目的本质是临时性组织。临时性组织可视为:①生产功能;②资源分配的代理,负责职能组织内的变化管理;③管理不确定性的代理。项目经理是临时性组织的行政长官,担任目标设置和激励团队成员的角色。作为代理的管理者,也是委托人的代理,项目经理的行为和绩效要被监督和控制。Turner 和 Müller(2003)提出的项目定义是:"一个项目是一个临时性组织,资源将分配到该临时性组织来完成一个独特、新颖的、短暂的努力,该行为将管理内在的不确定性和集成的需求,为了交付改变的有益目标。"随后,Turner(2009)将该概念优化为:"一个项目是一个临时性组织,资源将分配到该临时性组织以交付一个有益的改变。"

临时性组织概念自1995年被提出后,经过十几年的发展,Bakker(2010)系统地对临时性组织的相关研究进行综述。该研究首先发现了临时性组织研究呈指数级增长。并依据以往研究,将临时性组织定义为针对一项复杂任务共同工作了一段有限时间的组织群体。随后从时间、团队、任务和情境四个维度对95篇文献进行了分析,如表9-1所示。跟Lundin和Söderholm(1995)的四个维度框架有所差异,用情境维度替换了转变维度。

表9-1 临时性组织的特征

维度	要素	举例
时间	时间限制对过程、行为和绩效的影响	预期的有限时间影响组织成员的时间使用、沟通、规范和角色定位、领导力、协调工具等;关注当前任务,而不是长远效率,但又非常关注人际关系,这些超越了临时性组织
	临时性组织随时间的发展	顺序性的发展,如项目生命周期;非顺序性的发展,如间断性平衡
	时间在项目组织内的角色	时间在临时性组织中是线性的,而在永久性组织是循环的;将来完成时
团队	临时组织中的团队怎么应对不确定性和风险	快速地信任;团队成员的行为嵌入在稳定的社会、时间和结构情境之中
	面对面的交互	基于角色的协调;沟通基于任务,而不是基于人际关系,随着项目周期变长而减少
	临时性团队怎么管理	领导力关注"软"的方面或者"硬"的任务方面;团队设计涉及成员的循环合作
任务	任务类型	任务是复杂的:一次性、不确定的任务及技术;任务是有限的,任务完成,临时性组织就解散
	对于一个有限任务的影响	任务结束后,知识被分散了;关注任务,而不是关系
	怎么能有效进行管理	看不见的社会结构(如角色系统);任务执行期间,临时团队较专注,受到干扰少;即兴有助于协调非常规任务
情境	在临时性组织中知识是怎么创造的	通过基于项目的学习能保存一部分知识;项目能力;记忆对象
	企业怎么通过临时性组织来管理创新	基于项目的组织有助于创新;怎么将创新与商业战略联系;面对面的交互
	更广的社会情境	制度、社会、时间维度的嵌入性
	职业	从临时性组织到临时性组织

来源:Bakker(2010)。

2016年,Bakker等在 *Organization Studies* 期刊上组织了一期关于临时性组织(organizing)的专刊。Bakker等(2016)分析指出,临时性组织的特征包括由活动和实践、相互依赖的个人或者组织来承担,在一个预定的时间范围内完成一个事先定义的任务目标。作者从结构和参与者两个维度分析了组织的永久性程度,进而形成了四个象限:当结构与参与者都为永久性时,形成永久性组织;当结构与参与者都是临时性时,呈现出临时性组织特征。作者提出临时性组织应当关注过程、形式和视角,并提出临时性组织研究的三大挑战和机遇:①如何理论化和应对时间和临时性;②如何分析永久性和临时性的内涵,及两者之间的联系;③如何通过实证的方式来研究临时性组织。

同年,Burke 和 Morley(2016)在期刊 *Human Relations* 上发表了一篇临时性组织的综述。其综述的框架包括:①个人和团队层面。相关研究议题包括时空上的现象(如顺序性和非顺序性)、团队的持续时间及离职、领导力(任务导向、强调参与性)、协调(基于角色的协调、快速信任、时空上的协调)等。②任务特征。相关研究议题包括不确定性与模糊性、时间限制、复杂性、唯一性。③临时性与永久性间的矛盾。相关研究议题包括自主与嵌入、学习与知识传播、人力资源管理、资源依赖等。④网络与组织域。相关研究议题包括网络与制度性嵌入、网络惯例与路径依赖、项目生态。⑤项目绩效。相关研究议题包括临时性组织与永久性组织层面的影响。相较于 Bakker(2010)的综述,这篇综述增加了网络和组织域相关内容。

Hadida 等(2019)针对临时性营销组织展开了系统综述,该文发表在市场营销领域期刊 *Journal of Marketing*(UTD24 期刊)上。在营销情境下,Hadida 等人比较了临时性组织、联合体、初创企业、永久性组织四类组织形式。从时间维度看,临时性组织相较于其他三类,不存在历史交互,也缺少任务结束后的交互。作者细分了独立型(如一次性产品发布会)、混合型(如营销沟通活动)、充分嵌入型(如新产品研发团队)三类临时性组织形式。三种组织形式呈现出在共同的历史和未来期待的影响程度上的差异。Hadida 等人也构建了一个包含驱动、治理问题、组织形式和绩效四维度的框架。其中,临时性组织的驱动包括任务(新颖)、时间(持续时间)、团队(异质);临时性组织治理的问题包括选择与执行;临时性组织形式包括独立、混合、充分嵌入;绩效包括成果创造性与决策速度。后续,Ghazimatin 等(2021)以建筑业承包商选择和定价为例进行了实证拓展,该文同样也发表在营销管理领域期刊上。

总体来看,临时性组织相关论文不仅发表在项目管理相关期刊,还发表在包括 *Journal of Marketing*、*Research Policy* 等营销管理和管理学领域的重要期刊。早期的几篇重要文章都是发表于非项目管理领域期刊。例如,Lundin 和 Söderholm(2013)的文章发表在 *Scandinavian Journal of Management*,Engwall(2003)的文章发表在 *Research Policy*(FT50 期刊之一),Bakker(2010)的文章发表于管理学综述类期刊 *International Journal of Management Reviews*。这表明目前该概念已获得较广的学术认可度。此外,时间、任务、团队、情境四个维度作为临时性组织的特征也被学界所认可。临时性组织特征对组织行为、组织结构的影响等也被广泛研究。研究者也充分调查了临时性组织边界与边界外因素的交互(如网络组织、永久性企业组织、制度环境、时间维度等)。此外,相较于临时性组织的四个共性特征,一些特定情境的临时性组织还有待深入研究。例如,营销、急救团队、复杂工程等存在差异化特征。

9.2　临时性组织特征

1. 时间

临时性组织的时间维度表现为时间的有限性和被感知的线性存在,此外临时性组织成员普遍感知到时间压力,并对未来将要完成的工作具有一定的投射性。

(1) 有限性。临时性组织有明确的起止时间。Winch(2014)认为,有限性实则强调项目的确定性,即参与主体在项目一开始便知项目在未来某个时点会终止。因此,临时性组织的有限性是一种被参与者所感知的特性。项目不一定存在一个可确定的结束时间,也不一定持续时间较短,但可以确定的是,它会在未来某个时点终止。

(2) 以线性形式存在。参与主体感受到的时间以线性形式存在是指过去的事不会再发生,即临时性组织的发展是一次性、非循环的。另一种观点则认为,人们感知的时间的发展是周期性的,过去的事件会在未来重复发生。但这种重复不是指事物的完全重复,而是指事物的周期性变化。组织通过对过去的解释和学习重新制定惯例,并循环使用。线性意味着时间是一次性"资源"。因此,计划制定者需要有效地利用这种资源,如将时间划分为多个阶段,对后续工作进行详细计划。Jones 和 Lichtenstein(2009)用三种时序标记来分析时间特征,包括:①时间顺序,可按日历或时钟的时间;②基于事件的顺序,即基于关键节点;③基于确定周期的顺序。如,组织行为需要与日历或环境要求保持一致(如开幕日期)。

(3) 将来完成时。Pitsis 等(2003)基于 2000 年悉尼奥运会基础设施建设项目的分析提出"将来完成时战略"的概念。将来完成时组合了对结果的前瞻性投射与对实现投射的未来路径的可视化,并且该过程是一个涌现性战略。Winch 等(2023)认为,复杂项目组织的核心概念之一是投射性。在实践中,实践者也常用"以终为始"等来体现项目早期策划工作的地位。

(3) 时间压力。研究者也分析了时间压力情形下的项目问题解决、合作、创新等问题。例如,Choo(2014)以某公司内部的 1 558 个六西格玛项目为例,分析了项目问题定义和项目工期的关系。研究发现:定义问题的时间太短,会造成对问题定义不清,解决问题难度提升,工期延长;定义问题的时间太长,则会造成过度的误工,对问题定义的回馈效率降低。研究者发现,项目经验有助于弱化负面影响,而复杂程度强化了负面影响。此外,研究者通过试验的方式分析了时间建构、任务和团队沉浸之间的关系。研究发现,较短合作期限的团队更关注当前任务,更倾向于采用启发式的信息处理方式;对时间长短的建构会调节团队冲突对组织凝聚力的负面影响(Bakker et al.,2013)。Waller 等(2002)研究了对时间的注意力和截止日期的关系,对时间的注意力是指时间带来的紧张感。作者发现,团队通常在截止日临近时持续提升注意力,而不是在中间点快速提升注意力,但在临近中间点时,团队会调整任务的安排。Yakura(2002)提出,时间线(或称计划表,如甘特图、进度图等)可视为"时序边界物",认为时间线可作为不同参与主体理解时间的工具。并且在总结前人关于组织中时序问题的基础上,提出时间线也同样承担进度、协同、分配资源的功能。

也有研究者分析了时间压力对创新的影响(Amabile et al.,2002),表明当时间压力高或低时,都可能影响创新思维的高低,如表9-2所示。

表9-2　时间压力与创新思维矩阵

	时间压力低	时间压力高
创新思维高	参与者感受在远征:倾向于产生或探索想法而不是识别问题;倾向于和某个体而非一群人合作	参与者感受到使命:专注于某个活动不受干扰;相信从事工作的重要性;用创新思维探索想法和识别问题
创新思维低	参与者感受在自由驾驶:较少接受来自高层对创新的管理;与小组开会和讨论比和个人多;较少的团队合作	参与者感受到在跑步机上:分心;分散的工作内容;感受不到事情的重要性;与小组开会和讨论比和个人多;在计划和进度中有大量最后时刻的修改

来源:Amabile 等(2002)。

2. 任务

任务是临时性组织成立的原因。任务的变化(如任务工作量的变化、任务类型的变化等)会引起团队的变化。

(1)独特性。任务独特是指任务的发展具有不确定性,任务与环境的交互也会增加任务的独特性,如动态发展、与社会和政治环境深度融合等。这使得团队成员在完成任务的过程中,除了从其他项目寻找经验之外,还需要柔性和创造性。任务越独特,项目成员所能利用的经验就越少,需要创新的程度就越高。

(2)有限性。上层组织将任务分配给临时性组织,同时会对任务范围、任务内容等加以明确。由于临时性组织会在未来某个时点解散,因此任务可占用的时间也是有限的。同时,某些任务在开始阶段可能无法被准确定义,需要在实施过程中逐步明确。

(3)转换性。临时性组织的目标是改变或实现某状态,甚至涉及参与主体行为或价值观的改变。Kreiner(2020)认为,狭义的观点可将项目视为有意地朝一个计划的未来跃迁,而更广义的观点是将项目视为追求、试验和发现的过程。由于项目常作为变革的代理,在应对重大挑战的创新和变革中可发挥重要作用(Locatelli et al.,2023)。

3. 团队

(1)团队以任务为导向。上层组织通过建立临时性组织来承担任务,以实现特定目的。团队的建立是以任务为导向,先有任务,然后有团队,并且团队随着任务的变化而调整。临时性组织动态变化可有效应对外界环境变化和高效地利用企业资源,防止人员闲置。但动态性也带来以下突出挑战:①组织人员、责任的动态变化容易造成组织责任不连续,产生责任盲区。②任务之间的衔接难度大,前序任务的信息传递到后续任务难度较大,不利于集成化管理。③容易产生短期导向。各阶段参与人员主要关心各自承担的工作任务,对后续工作及项目持续时间之外的影响考虑不充分。④早期人员融入团队以及中后期人员归属感存在问题,可能带来项目团队的震荡。

(2) 团队有事先明确的开始与结束时点。团队依据任务而组建,任务完成后团队就解散。事先明确的开始和结束时点将给团队成员形成一系列期望,该期望影响团队成员的动机和行为。

(3) 团队依赖于其他组织环境。团队成员在加入项目之前,通常属于永久性组织或其他项目组织;在项目运行过程中,会受到永久性组织的影响;在项目结束,团队解散后,又返回永久性组织或被分配到其他项目组织。同时,项目团队依赖上层组织提供资源以实施项目任务。

(4) 团队成员的项目化职业。任务具有明确的开始和结束时间,该特征造成团队成员的职业发展也呈现出项目化。职业发展在接连的项目过程中螺旋上升,个人职业发展与项目成败紧密关联。

9.3 临时性组织的情境嵌入性

情境嵌入性是指临时性组织行为由组织和情境的交互作用共同形成。嵌入并非将情境剥离出来进行单独分析,而是将情境与临时性组织进行整体性分析,两者构成有机整体。过往研究者对情境的划分存在差异。例如,Engwall(2003)提出项目管理受时间和组织维度情境的影响。类似地,Jones 和 Lichtenstein(2009)关注了跨组织项目的时间与社会两个维度的嵌入性,其中时间维度的嵌入性指跨组织项目预期的持续时间形成一种约束组织行为的机制。社会维度的嵌入性是指个人和组织间交互的频率、持续时间和模式,社会嵌入可形成关系嵌入和结构嵌入。Morris 和 Geraldi(2011)从三个层级分析了情境,但作者没有使用"嵌入"一词。第一层是技术层,关注操作,以交付为导向;第二层是战略层,扩展到项目构思与可行性分析,关心价值实现;第三层是制度层,关注管理项目的制度环境,为项目创造环境,提供支持。Sydow 和 Windeler(2020)提出临时性组织或基于项目的组织需要与组织、跨组织网络、行业/域和社会综合考虑。Manning(2017)提出的嵌入层级包括项目、组织、项目网络、组织域。

项目情境可从时间、社会和制度三个维度进行分析(图 9-2)。

(1) 时间情境的嵌入性。虽然临时性组织持续时间有限,但该组织受过去经历和未来期待的共同影响。研究发现,项目过去合作的经历和对未来合作的机会成本的评估是临时性组织建立长期合作伙伴的驱动因素

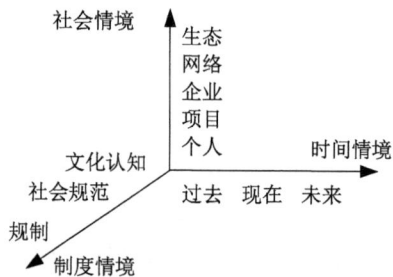

图 9-2 项目情境框架

(Ebers et al.,2016)。首先,临时性组织团队成员的行为受历史因素的影响,如成员之间的信任程度、合作默契、过往工作习惯的熟知等。但也有研究发现长期合作关系有助于提升质量,但并不一定有助于节约成本,长期合作关系也会带来合作创新、竞争等方面的惰性(Holloway et al.,2016)。其次,研究者用"未来的阴影"(shadow of the future)来描述临时性组织受未来期待的影响。研究发现,对未来的期待影响组织和个人的行为,例如,可提升合作的可能性,带来谈判中的让步,提升共同解决问题的意愿,降低监督的强度,并且可将激励扩展到多期合作中。Ebers 和 Maurer(2016)认为对未来的期待是一个向前看的机会成本评估,Ligthart 等(2016)认为对未来的期待可形成计算型信任。

（2）制度情境嵌入性。制度包括正式规则和非正式规则等。制度能够为项目创造环境和提供支持。项目活动受到制度框架的影响。此外,项目的实施也影响制度的形成。例如,Manning(2017)用组织域,Morris 和 Geraldi(2011)则直接用制度来描述制度嵌入性特征。

（3）社会情境的嵌入性。社会情境包括组织环境之外更广泛的因素,如个人关系、团队、企业、网络等层面。社会情境层级包括:①企业内;②跨企业团队;③项目网络和项目生态,如表9-3所示。各层级所依赖的作用机制存在差异,并相互影响。企业内的团队管理依赖授权、监督、资源分派、考核等方式;企业间合作通过合同、关系等进行管理;网络层面通过信息共享、声誉约束等机制产生限制。由于分析层级不同,其绩效的衡量也有所不同。例如,项目团队主要考核团队绩效;企业间关注合同履约或交易绩效;在项目网络层级,成功的考量不再局限于单个项目,而需要从网络层面进行衡量。并且,层级之间存在相互影响,如网络层面作用机制将影响跨企业合作绩效与团队绩效。

表 9-3　不同社会情境层级的对比

比较项目	企业内	跨企业	项目网络/生态
组织层级	项目团队	跨企业团队	网络组织
作用机制	授权、监督、考核等	合同、关系	信息共享、声誉约束
效果	团队绩效	合作绩效	网络绩效

9.3.1　企业层面

虽然项目组织是临时的,但项目组织的团队成员相对于企业而言是永久存在的,并且企业内不同项目组织所采用的实践具有相似性。因此,在企业层面如何针对项目组织临时性特征展开研究是研究者关注的重点。研究者总结了项目型企业关注的重点领域,包括企业设计、战略、能力与惯例、学习和知识管理、企业管理等(Söderlund,2023)。本节选取几个典型研究领域作为说明。

1. 项目治理

1）项目治理的概述

项目治理的提出弥补了以"目标控制"为内涵的项目管理的不足,特别是补充了企业层面的视角,如企业层面对项目的决策、监督和保障。Rodney Turner 在离任 IJPM 主编时回顾到,他和他的合作者是项目治理的重要发起人(Turner,2018),1999 年 Rodney Turner 发表了第一篇项目治理相关的文章。他提到,当时提出项目治理是受交易费用理论的启发。项目治理自提出后,逐渐成为项目管理领域的研究热点。项目管理领域相关期刊出版了多个专刊和多篇有影响力的综述论文。例如,Ahola 等(2014)分析了项目治理相关的 19 篇文章及其所引用的文章,提出项目治理的一个分类,即企业内项目治理和多企业共同参与的项目治理。Song 等(2022)对 1 352 篇文献的综述中提出了一个新框架,从情境交互程度与结构和过程维度进行划分,进而形成组织项目治理(名词)、组织项目治理(动名词,强调过程)、制度项目治理(名词)、制度项目治理(动名词,强调过程)四种类型。

2)项目治理的理论基础

项目治理的理论基础包括代理理论、管家精神理论、交易费用理论、利益相关者理论、制度理论、权变理论、网络理论等(Musawir et al. ,2020)。例如,Tuner(2009)关于项目治理的研究采用交易费用理论,Müller(2009)采用公司治理的理论视角,此外也有研究采用 APM、PMI 的项目管理知识体系所界定的范围。不同理论基础的假设条件和关键概念存在差异,进而影响项目治理的内涵和边界。例如,交易费用理论的出发点是针对交易费用采用差异化的治理机制,主要关注合同治理、关系治理等操作化概念。代理理论关注信息不对称、道德风险、委托代理关系等基本概念,常使用正式控制、非正式控制等治理机制。

相较于临时性组织,项目治理在获得组织与管理领域的认可度上可能要低一些。例如,Ebers 和 Oerlemans(2016)发表在期刊 *Journal of Management* 的文章以德国建筑业为实证情境,分析了介入科层式治理和市场治理之间的治理模式。该文章引用了 7 篇项目管理期刊中的论文,但并未使用“项目治理”一词。

3)项目治理的定义

由于研究所采用的理论基础存在差异,相应地,项目治理的定义也存在差异性,如表9-4所示。总体上,项目治理是企业为了保持项目的决策和执行与企业发展目标一致,体现在结构、机制、人员能力三者的结合上。项目治理工作主要分布在职能部门、企业高层、项目管理委员会等组织中。除项目治理外,项目管理领域还涉及项目群治理、知识治理、效益实现治理、项目风险治理等概念。虽然各自侧重点存在差异,但其相同之处在于均设定一个结构和定义相应的机制。

表 9-4　项目治理的概念

概念	定义	文献
一个项目的治理（governance of a project）	提供一个结构,通过这个结构可促使项目目标的设置和决定实施方式和监督方式	Turner(2009)
项目的治理（governance of projects）	确定项目、项目群、项目组合治理的模式,包括在项目中资源的配置方式	Müller(2009)

概念	定义	文献
（跨组织）建设项目治理	那些促使具有不一致长期利益和战略目标的法律上独立的参与主体朝共同目标所做的努力	Sha(2016)

1）项目治理结构

企业内纵向治理结构采用分层分级管理，从上到下进行授权和监督，下一层级在授权范围内决策，并对上一层级负责。例如，在港珠澳大桥项目中建立了"专责小组—三地联合工作委员会—项目法人"三层级业主方项目治理结构。其中，港珠澳大桥专责小组由国家发展改革委牵头，国家有关部门和粤港澳三方政府参加；三地联合工作委员会由粤港澳三地政府共同组建，主要协调相关问题并对项目法人进行监管；项目法人是港珠澳大桥管理局，由香港、广东和澳门三方政府共同举办，承担大桥主体部分的建设、运营、维护和管理的组织实施等工作。

2）项目治理机制

企业内项目治理机制一般包括：

（1）决策、资源、激励。①决策涉及哪些项目将被批准和支持，以及遵循怎样的决策规则与程序；②资源是指有效率和有效果地使用资源的机制；③项目激励包括项目经营目标设置，相对应的激励措施等。

（2）授权、评审、决策、监督。①授权是支撑责任目标的授权，其中权力范围包括人、财、物，权力类型包括建议、审核、批准等；②评审针对实施过程中的关键方案、风险等内容；③决策是指项目实施过程在授权范围内进行的决策，包括决策流程、决策规则等；④监督包括监督权力的行使、责任目标的实现，监督项目的执行、考核机制，以及对项目管理成熟度进行评价等。

（3）问题升级机制。分层分级管理需要确定各层级授权解决问题的范围和可容忍的风险范围。项目团队成员的问题可以上升到项目经理层进行解决；项目层面问题可升级到企业层面，由企业高层或职能部门进行协调解决。

（4）赋能和储备资源。赋能是为更好实现项目目标的达成，在事前、事中、事后对项目执行提供支持。储备资源有利于提高类似项目的能力，如知识管理、技术储备、数据库等。

为促进项目治理机制的有效实施，通常还会建立项目治理的保证机制，如流程机制、持续改进机制等，以支撑确定责任目标、授权合理性、高效赋能和有效监督。

3）人员能力

项目岗位的人员及其能力需要与治理结构、机制相互匹配，只有人员能力、治理结构与治理机制三者协调一致时，才能发挥其最大的作用。当人员能力尚不能达到岗位要求，则需要通过培训、赋能等措施来补足。

2. 企业内项目学习与创新

项目型企业的学习和创新具有矛盾性。一方面，其导致项目具有一次性、独特性特点，项目中的问题常常更新,而解决新问题需要创新,因此项目是实施创新的重要载体。另一方面,临时性组织具有动态性,又面临进度压力,导致创新挑战大,因此项目知识难以沉淀与传播。针对项目这一特定情境,研究者试图建立项目学习的框架。例如,Prencipe 和 Tell(2001)针对跨项目学习提出经验积累、知识表述和知识编码的框架,如表 9-5 所示。

表 9-5　跨项目学习

维度	经验积累	知识表述	知识编码
机制	通过"用"来学习 通过"做"来学习	通过"反思"来学习 通过"思考"来学习 通过"讨论"来学习 通过"碰撞"来学习	通过"书写"来学习 通过"执行"来学习 通过"复制"来学习 通过"适应"来学习
效果	经验丰富的专家 专业的经济性	增进对"行为—绩效"关系的理解 协调的经济性	编码化的流程、手册等 传播的经济性

来源:Prencipe 和 Tell(2001)。

　　类似地,研究者提出项目型企业的学习和基于项目的学习路径:①项目内部的知识创造与获取;②知识编码和传递到永久性组织中;③共享、传播到其他或后续项目中(Scarbrough et al.,2004)。项目型企业的创新存在从公司到项目或从项目到公司两条路径(Brady et al.,2004)。从公司到项目是指公司从战略角度考虑,推动创新,在项目上试点;从项目到公司是指单个项目中为解决问题而进行创新,进而在企业层沉淀和扩散。

9.3.2　跨企业层面

　　在企业组织内,上层组织通过设立临时性组织来承担任务,进而实现特定目标。任务结束后,临时性组织解散,团队成员回到上层组织中。而跨企业项目存在多个上层组织,如表 9-6 所示。研究者认为需要将跨企业项目独立于企业内项目进行分析。

表 9-6　企业内项目组织与跨企业项目组织的比较

维度	企业内项目组织	跨企业项目组织
结构	存在于矩阵式或项目式组织中	存在于企业之间
上层组织个数	单一上层组织	多个上层组织
与上层组织的关系	解散时,上层组织将资源重新分配给企业内其他临时性组织	解散时,资源由各自上层组织重新分配给其他临时性组织

1. 跨企业项目

　　跨企业组织指两个或多个企业针对项目执行而建立的临时性合作组织,典型如运营方和交付组织之间、交付组织组成的联合体、交付组织与分包商等。现代项目越来越复杂,需要大量企业共同合作,企业的专业分工形成规模经济。此外,通过跨组织合作引入市场的价格竞争机制,有助于降本增效。

Sydow 和 Braun(2018)认为早期研究主要关注项目型企业内的项目,对跨组织项目的特征认识不足[①],因此提出需要关注跨组织维度。他们认为跨组织关系存在以下可能的贡献:一是通过潜在和激活的纽带架起项目间的桥梁,组织间的关系可能会在项目结束后处于"潜伏"状态,直到在未来某项目中再次被激活。二是通过组织间合作团队影响组织内的科层式结构。跨组织项目中,组织需要共同定义跨组织人员角色,使其能够跨越组织边界。三是模糊化的组织边界。不同组织的成员既要与所属组织保持一致,还要与合作组织相一致。四是跨组织项目将重构项目成员的行为。

跨企业项目的临时性组织运作规则与企业内的临时性组织存在差异,跨企业项目团队主要通过合同连接,合同约定了双方责任、交付物、交付过程管理等;而企业内部的临时性组织主要是通过授权和监督等方式进行管理。

跨企业项目可以从业主组织和交付组织两个角度来分析。

(1)业主组织(投资方)的跨企业组织:首先,针对前期策划、实施和运营的主体形成跨企业组织。例如,非经营性政府投资工程推行代建制,强调"投资、建设、管理、使用"彼此分离,进而形成了工程全生命周期的跨组织合作。业主组织也在某个阶段形成跨组织合作,如地产开发项目与其他企业通过合作模式对项目进行建设开发。其次,业主组织(投资方)与交付组织构成跨企业组织。业主组织将其部分工作委托给交付组织承担。如在前期委托可行性研究项目,设计阶段委托设计项目,施工阶段委托施工项目,运行维护阶段委托大修项目等。

(2)交付组织的跨企业组织:交付组织参与到业主组织(投资方)的前期策划、实施与运营的某些阶段,如图 9-3 所示。除与业主组织(投资方)形成跨企业组织外,也可以形成以交付组织为主的跨企业组织。包括基于合同关系的跨企业合作,如交付组织形成的联合体,或是总包与分包。另外,还有非合同关系的跨组织合作,如施工单位与维护单位,虽然两者之间不存在合同关系,但其工作内容存在相互依赖关系。

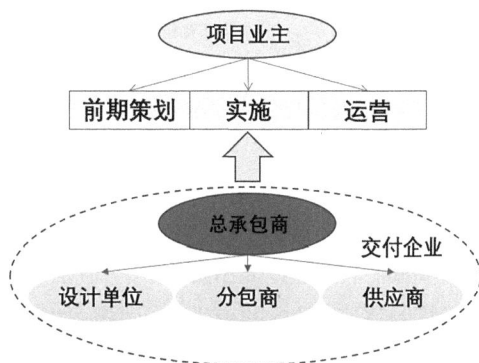

图 9-3　业主组织与交付组织的跨企业项目

工程中跨企业合作遵循以下原则:

(1)一切以工程目标实现为准则。构建工程总目标,不同主体应服从统一目标。

(2)全生命周期视角。工程任何一个阶段的工作都要立足于工程全生命周期。不仅注重建设实施,更注重工程的运营维护。以工程全生命周期的整体最优作为总体目标。

(3)组织运作的集成。将可行性研究、规划、设计和招标投标、施工、运行维护和拆除的

---

① 作者采用跨组织项目(inter-organizational project)一词,所指的意思是企业间项目。

全过程作为整体进行统一管理,形成具有连续性、集成化的管理系统。责任体系一体化,实行一体化决策、一体化组织、一体化控制。前置工作考虑后续需求,后续工作的前置考虑。如设计、施工、运营等介入项目前期策划;设计阶段考虑运维。此外,通过高效的信息交流机制降低不同业务和不同阶段信息孤岛的影响。

2. 跨企业项目治理

组织间治理结构强调合作组织间设置相对应的组织结构,进而有助于同级沟通协调,以及跨级的争议解决。跨组织项目治理机制从合同治理(或称为正式治理)和关系治理(或称为非正式治理)展开分析。关于正式治理与关系治理间关系的研究非常丰富。正式治理是指通过正式规则定义交付成果,明确监督程序,明确责任、权利,明确突发事件和应对策略。正式治理存在不足,如不完备、模糊性与缺少弹性。非正式治理以信任和共同的社会规范作为约束。非正式治理可弥补正式治理的不足,但也存在缺陷,如耗费时间和资源,也会产生机会主义,并且不容易维护,容易被破坏。

因此过往研究也关注正式治理与非正式治理的组合。主要集中在分析以下内容:①两者之间关系(即替代或互补);②两者细分要素(如正式治理的控制与协调要素、信任的能力与善意合作维度)间关系;③在某些权变因素影响下两者间关系,如不确定性类型(即环境或行为不确定性)、环境不确定性高低等;④两者交互关系共同作用下对绩效的影响;⑤两者交互作用的动态性(图9-4)。

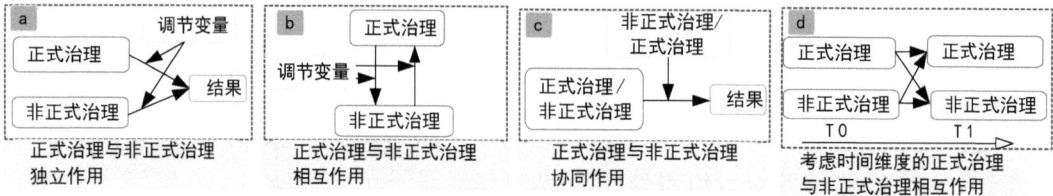

图 9-4　治理策略的共同作用关系分析(Ning,2017)①

Kujala 等(2021)提出跨组织项目治理包括六个维度:①目标设置,包括共同的绩效目标、目标的清晰、目标的弹性;②回报,如回报与绩效关联、风险分担、所有权结构、声誉与未来商业机会;④监督,如正式控制、非正式控制;④协调,包括共同的项目管理实践、共同的文化、价值和规范、沟通与信息共享;⑤角色和决策,包括角色与责任的定义、管理结构、决策权力;⑥能力建设,如主体选择、培训与持续改进。跨组织治理与跨组织项目治理存在一定差别。前者针对主体之间交易、合作或协调关系的治理,以关系和交易作为分析单元;跨组织项目治理通常是以项目为分析单元,而非关系和交易。Roehrich 等(2024)在 JOM 组织针对跨组织重大项目专刊时,提出要加强跨组织治理研究。

---

① 该研究是笔者主持的国家自然科学基金项目"组态视角下全过程工程咨询项目多主体协同治理研究"所关注的内容。

3. 组合治理

组合治理体现在多个关系之间治理机制的共同作用。多个关系是指同时存在组织内与组织间的关系,多种治理机制指同时采用正式治理与非正式治理。组合治理可能存在于两方、三方或多方之间。

(1)两方之间的组合治理(Ning et al.,2022)。业主组织委托交付组织交付项目,交付组织再成立项目团队。在该情形下,交付组织的项目团队承担双重角色,项目团队既要满足交付组织的要求(以内部经营责任、监督等方式),也要满足运营方的要求(以合同的方式)。若只考虑交付组织内委托代理关系或企业间的委托代理关系,都可能只是局部最优。为实现最有效的治理,需要将业主组织与交付组织间治理与交付组织内治理进行组合。例如,企业内项目团队的考核需考虑业主组织与交付组织的合同,如图 9-5 中的 A 企业与 B 企业。

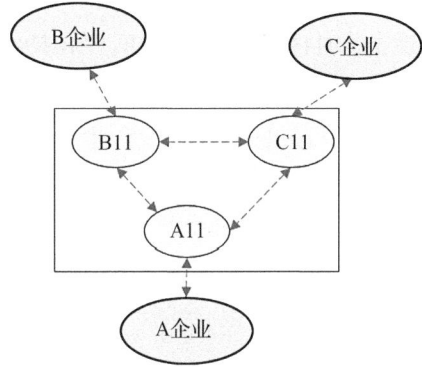

图 9-5　跨组织项目的界面

(3)三方之间的组合治理。例如,由业主、总包和监理单位组成三方治理。业主与总包、监理分别签订合同,监理受业主委托对总包进行协调管理。三方治理中每个主体都与另外两个主体有直接的互动关系。如图 9-5 中的 A、B、C 三个企业。在建设工程中,工程师受业主委托,成为项目实施中的管理者,承担协调、决策、监管的职能。协调包括通知、会议、文件接收照管、磋商;决策包括决定、指令、要求、同意/拒绝;监管包括监督检查、签发证书。工程师的权力来自业主和承包商某种程度上的让渡(张水波等,2021)。

(4)多方之间的组合治理。例如,工程项目涉及建设单位、承包商、设计方、监理单位、供应商等多个主体,涉及多方之间的组合治理。各企业调派项目团队参与到项目之中,为实现项目目标而合作,但同时又需要保证项目的结果符合各企业的利益。研究者也将跨组织项目扩展到了网络层面,如 Ahola(2018)提出了跨组织项目的三种网络结构,即单核心的基于市场机制的跨组织网络、以双边关系为核心的跨组织网络、以多主体为核心的跨组织网络。三类网络的结构特征、治理机制、前导因素和情境等存在差异。

9.3.3　项目网络层面

网络呈现出区别于市场和科层式的组织特征。市场机制依赖竞争和价格的作用;科层式依赖权力作用。与这两者有所不同,网络依赖信任、信息共享和共同的问题解决等机制(Uzzi,1997)。信任在网络中形成一种独特的治理机制。在信任的作用下,网络主体之间更倾向于共同合作,并相互做出妥协,以促进更高效率和更有效地协作和问题解决。特别在面对困难和不确定性较高的任务时,信任可发挥重要作用。在一个紧密的网络中,网络主体倾向于共享和交换高质量信息、隐性信息等;相反,在一个松散的网络中,网络主体主要共享官方信息、文档化的正式信息等。共同的问题解决是指网络主体有意愿，并且积极参与合作性的问题解决。不少研究采用社会网络分析方法来刻画项目网络的关键特征。

项目网络可划分为两类（表9-7）。一类是基于单一项目所形成的项目网络，如重大工程中的大量参与主体所形成的项目网络。该类型项目网络以单一项目为纽带，具有临时性。另一类是通过一系列连续或间断的项目所形成的网络，该项目网络虽然在单个项目上呈现出临时性，但网络主体间存在持续或间断的关系。例如，运营方建立供应商库或建立战略合作伙伴关系，该网络在单个项目是临时存在的，但主体间建立了长期的合作关系。Dubois 和 Gadde（2000）提出，永久性组织与临时性组织层面的网络要做区分：永久性网络存在于一定数量的企业间的长期持续交易，但在活动和资源层面的关系适应性上较弱；临时性网络存在大量协调性工作，需要大量现场互动。这两类网络主要基于企业层面，当以个体为分析对象时，呈现的是人际网络。

表 9-7　与项目网络相关的概念

概念	描述	分析单元	参考文献
准公司	存在于总承包商和专业分包商之间的一个稳定的组织形式	连续性项目	Eccles（1981）
项目网络	项目联盟（coalitions）作为一个临时性组织来执行一个项目	单项目	Pryke（2004）
潜伏性组织	一种组织形式，连接了持续关系中的关键主体，当有项目需求时，该关系转成活跃	连续性项目	Starkey 等（2000）
项目网络	不仅是临时性的形式，也以一种特定方式组合了临时性与永久性	单项目	Sydow（2022）
项目网络组织	在一系列战略上协同的核心项目团队和弹性合作伙伴中，连接了法律上独立但运行上相互依赖的个人和组织。项目网络组织超越了单个项目	连续性项目	Manning（2017）

项目网络呈现出战略性协调关系，是基于项目而存在长期关系（Manning，2017）。Manning（2017）认为项目网络形成的策略包括：①创造及更新基于项目的纽带；②汇集潜在的项目合作伙伴；③保持核心的项目伙伴关系。这三种方式可为临时性组织提供制度和资源支持，实现信息的有效传播。Dubois 和 Gadde（2000）对建筑行业的项目网络研究发现，网络层面的效益来自企业之间在技术解决方案、物流或管理惯例等方面的相互适应。

Sydow 和 Staber（2002）认为项目网络具有以下特征：①作为一种生产和交易的组织模式，参与主体在功能上相互依赖，但在法律上独立；②虽然项目网络的持续时间有限，但参与主体和活动协调需要考虑过往经历和未来期待；③项目网络依赖于周边组织域内的制度来提供制度和规范性资源。项目网络中，没有一方能在整个网络中行使合法性的权力；没有明确的标准来划分和控制网络的边界；每一个项目都受临时性制约，又呈现动态改变，在不同项目间进行（部分）重构（DeFillippi et al.，2016）。

项目网络在单个项目中临时存在,项目结束后,该项目网络中断。可能是永久性中断,也可能是临时中断。研究发现,临时中断可视为处于休眠状态,休眠状态的项目网络如果被重建,可以和现有网络关系相结合,使项目在效率、新颖性、信任和共享等方面获得更大的提升(Levin et al.,2011)。也有研究者称之为潜伏性组织,该类型组织可作为一种持续性的组织形式,保持一种休眠状态,直到新项目需求将参与主体重新集结(Starkey et al.,2000)。研究也发现,变成潜伏性组织后会折损部分弹性,但能够降低风险和提高效率,带来更好的产品(Starkey et al.,2000)。

9.3.4 项目生态层面

1. 工程生态

工程生态是指相互依赖的工程实体所形成的一个有机整体。单个工程作为生态系统的一部分,发挥其功能。同时作为整体生态系统的构成部分,受整体生态系统的约束。工程价值实现过程面临上层系统约束:

(1)工程在空间维度的相互联系。不同类型的工程具有连通性和相互依赖性。例如,某区域内的地产项目规划和设计分析需要考虑如下因素:①区位分析,如交通条件分析、交通现状及规划;②配套设施,如商业设施和基本生活配套、娱乐休闲配套,自然资源;③红线内外风险因素,如周边工厂、高压线、垃圾处理站等。此外,还需要进行市场分析,包括政策环境、宏观市场、市场容量、市场供求关系、市场竞争等。这些都体现了工程之间相互依赖,形成一个整体。

(2)业主组织的资产整体效益。区别于上一层系统关注不同类型资产的联系,单个业主组织关注某一个资产类型(如电网、水网等)。例如,电网、交通网需要形成网状结构,并在时间维度上分期、持续建设。再比如,单条地铁线建设,需要考虑预留换乘站以便未来成网;高速公路要考虑未来扩建的可能性。

(3)单个项目。单个项目需要与业主组织的所有资产形成连接,并跟资产网络形成整体的联系。单个项目受到企业资产目标的影响,同时也受到资产系统层级的影响。

2. 项目生态

虽然在项目管理领域存在项目生态的概念,但该概念的提出主要基于经济地理视角。Grabher(2002)对广告行业展开研究,提出了项目生态的概念,论文发表在《区域研究》(*Regional Studies*)杂志上。Grabher组织了一期专刊介绍经济地理视角下临时性组织的认识。其主要目的是分析临时性组织与外部因素的嵌入性。项目生态呈现的特征包括:项目与公司、人际关系、当地性、企业集团网络间存在相互依赖性;项目从公司、人际关系、当地性、企业集团网络调集关键的资源;这种依赖性呈现出项目生态的组织和物理空间。作者分析到,在广告等行业中,具体包括如下层级:

(1)在项目组织内部,不同职业逻辑差异容易带来冲突:商业逻辑强调为客户解决问题;科学逻辑突出管理一个项目过程;艺术逻辑涉及产品的技术生产过程。

（2）人际关系层面包括：①客户网络，如合同关系、客户市场经理与代理人经理间的关系。②供应商网络，呈现创造性网络。在创造性网络中，即兴突出创造性，要求不断更换，而编排强调技术性，保持稳定。

（3）当地性是指：①聚集。聚集程度与要求交付速度成正比。②噪声和信息。聚集程度高，越容易获取信息。③外出休闲。通过休闲促使从局外人变成局内人。

（4）企业集团网络：①地域上的触及能接触更多的客户。②品牌丰富能服务不同需求的客户。③专业范围广能尽可能满足客户要求。④跨项目学习存在但仍较弱。

在专刊的社评（editorial）中，Grabher（2002）将文章取名为《炫酷的项目，无聊的制度：社会情境下的临时性协作》，描述了项目生态的以下维度：①项目作为形式强调职业化、认证化、制度化；项目作为过程强调任务、相互依赖性、权力、截止日期。②网络包含声誉、汇集（pools）和潜伏（latency）。③本地性。地域对临时性组织产生影响，如在一个地域内收集信息会存在噪声，如谣言、推荐、信息误导等。在一个地域，人们讨论的内容会趋近，也存在一些共同的休闲际遇等。④制度方面强调快速信任、系统性（即形成长期的项目网络）、通过转换来学习（即调整不同项目之间所形成的学习）。⑤企业方面突出在位企业、跨项目学习、品牌。

此外，Grabher（2004）也提出项目生态的知识治理，其中项目生态的构成层级包括：①核心团队，项目任务的主要执行者。②公司层级，公司管理多个项目。③个人网络是可持续的，超越了项目时间的约束。④知识社群，包括对任务完成有贡献的所有参与者，包括客户、承包商公司、供应商、企业集团等。

9.4 临时性组织的行为

临时性组织的行为也是研究者重点关注的内容。例如，研究者认识到，组织或个人建立信任需要时间，而项目中又存在突出的时间约束，参与项目的主体对信任的建立提出了更迫切的需求，以更有效地推进项目的实施。本节选取协调和计划两个典型行为展开分析。

9.4.1 组织协调

组织协调的要素包括：组织成员一起工作，工作内容相互依赖，以及将完成一个目标、一个任务或一份工作（Okhuysen et al.，2009）。组织协调的实现包括三个重要方面（Okhuysen et al.，2009）：第一，责任性，即明确工作负责的主体；第二，可预见性，通过认识后续工作活动的组成和发生时间，促使合作主体对后续任务活动的预测达成一致性认识；第三，共同的理解，建立一个对总体任务的共同视角，以及个体工作如何与总体任务相吻合的视角。已有的协调方式形成的基础包括建立共同的承诺（如共有理解或共同的知识），使用各种边界跨越机制(如流程、数据等)。但在临时性组织中,由于任务的独特性和组织的临时性,对协调方式的建立存在新挑战性。

1. 基于角色的协调

Bechky(2006)通过对四个项目(两个电影、一个 MTV、一个商业广告)的研究提出了基于角色的协调。研究发现,基于角色的协调根植于两个组织情境:跨组织的职业发展和项目作为一个临时性的整体制度。项目作为一个临时性的整体制度,产生强大的社会化压力,引导角色执行,在短期内频繁地、面对面地接触,并对未来的交互产生期待。研究发现,促进角色期待形成的方式包括热情的感谢、礼貌性的劝诫、角色导向的玩笑等。影响角色结构与角色执行的因素包括角色的时间长短、对未来交互的期待、交互的可视性、职位的高低。

组织协调强调基于角色或基于团队协调两类。基于角色的协调强调角色的明晰,不强调人员的固定;基于团队的协调强调团队互动。Valentine 和 Edmondson(2015)认为两者之间存在一定矛盾。研究者针对医院的急救部门展开研究发现,在协调中设置中间层结构,该结构具有明确边界(哪些个体属于该群体)、角色集(角色组成的群体,可以完成共同的工作)、共同的责任三个特征,集合了基于角色的协调与团队协调的双重特征,研究者称之为团队支架(team scaffolds)。

2. 应急组织的协调

事故抢险组织也是典型的一类临时性组织。Beck 和 Plowman(2014)对哥伦比亚号事故后的跨组织协调进行了研究。该案例是具有广泛传播面的大型事件,并且合作者相对陌生。协调具有两方面特殊性:其一,从持续时间角度,具有临时性;其二,协调形成方式呈现涌现特征。针对此特殊性,协调应对措施包括建立总体目标,采用共同工作场所,利用一些可借鉴措施的部分内容,以及试验。研究发现,信任由最初的基于情境的快速信任,进而转变为基于关系的信任;身份由基于情境的社会化身份,进而转变为社会化身份形成于一个共同身份中。类似地,研究者发现应对突发意外事件(电影拍摄、特警出警等)时,组织需要利用已有资源,包括角色转变、惯例重新组织、工作顺序重新布置(Bechky et al.,2011)。

9.4.2 计划行为[①]

1. 隐藏之手的讨论

隐藏之手(hiding hand)是 1967 年经济学家 Albert Hirschman 在《观察的开发项目》(*Development Projects Observed*)一书中提出的。其解释机理是:创造性资源的出现可能是由于对任务产生了错误判断,创造力总是以意外的方式出现,人们事先难以预料。因为对未来任务难度的不了解,所以会让任务先顺利启动起来,然后跌跌撞撞地迈向项目成功。在项目成本估算这一具体情境中,体现在低估了项目成本或困难的同时,也可能低估了自

---

① 计划行为的相关研究中,本节选取成本计划行为作为示例。

己的能力。Hirschman 认为如果事先知道了困难,有些项目就可能难以启动。

1) 基于重大工程样本的检验

Flyvbjerg(2016)通过重大工程的成本数据的样本对隐藏之手进行了检验,并提出了五个反驳观点:①从统计数据上,并没有发现隐藏之手,即项目并非由"创造性错误"和"有益的忽视"带来成功。Flyvbjerg 认为,如果效益/解决问题的能力(高于预期效益)要高于成本/难度(即成本超支),低估成本和低估解决问题的能力(效益低估)可以相互抵消。但数据显示两者并未相互抵消,而是存在成本低估和效益高估的现象。②针对因变量的抽样存在错误,从一些意外成功的项目中找寻规律,会倾向于证实隐藏之手。③Hirschman(1967)研究中 11 个项目的样本太小,不足以支撑结论。④Hirschman 错误地解读了研究结论。他一方面私下说该研究是探索性,但又主张隐藏之手是一个原则。⑤得出错误的结论。Flyvbjerg 通过大样本检验,并未得到与 Hirschman 相同的结论。

2) 后续文章的辩论

首先是 Ika(2018)和 Lepenies(2018)做出回应,Flyvbjerg 团队随后跟进进行了多轮辩论(Flyvbjerg,2016;Flyvbjerg et al.,2016)。此外 Love 等(2019)也参与了辩论。其中,Ika(2018)提出 Flyvbjerg(2016)的研究存在以下方面的问题:

(1) 逻辑上的问题。Flyvbjerg 将隐藏之手简化为成本超支和效益提升的对比,该逻辑忽视了对"难度""问题解决能力"和"创造性"的测量。该论证过程是偷换概念。Flyvbjerg 后续回应,"难度""问题解决能力"和"创造性"等都包含在成本超支和效益低估里。

(2) 实证的缺陷。Ika(2018)通过对 161 个世界银行项目进行分析,得出了与 Flyvbjerg(2016)不一致的结论。该研究调查了世界银行项目的主管,让其选择一个已完项目,采用自我评估的方式,用 1~7 评价项目管理(针对项目目标)和交付(针对运营)的成功程度。结论发现:①项目管理失败、交付成功的数量为 21 个,可用隐藏之手来解释;②项目管理成功、交付失败的数量为 2 个;③项目管理成功、交付成功的数量为 133 个;④项目管理失败、交付失败的数量为 5 个,可用计划谬误来解释。Flyvbjerg 回应,调研中采用 1~7 的评价方式有主观性,结论有偏见性。

(3) 研究方法的缺陷。Flyvbjerg 的研究并未考虑全生命周期成本、效益以及意外效果,而这些是隐藏之手解释的关键部分。Flyvbjerg 回应,考虑全生命周期成本、效益以及意外效果部分的数据目前并不存在。

此外,Flyvbjerg 和 Sunstein(2016)基于 2 062 个项目的分析证实了恶意的和善意的两只隐藏之手的存在。其中,善意的隐藏之手导致效益的超出部分要大于成本的超支部分,而恶意的隐藏之手导致效益的超出部分小于成本的超支部分。Hirschman 所指,恶意的隐藏之手占到了 78%的项目,而善意的隐藏之手只占到 22%。相比较,解释力更强的是计划谬误。效益超预期的情况存在于五分之一项目中,但不普遍,80%的项目并未体现出隐藏之手的特征。相对地,计划谬误、乐观主义偏见、战略性歪曲等具有更强解释力。

Love 等(2019)提到 Flyvbjerg 的研究方法存在缺陷。他提出,Flyvbjerg 团队应该公开数据,从而来验证研究结论的可复制性。在过往研究中,Flyvbjerg 团队并没有提供:①数据的来源,如怎么获得数据的;②问卷的数量、样本大小、抽样流程,项目的基本信息(如地域、类型和合同额);③访谈的数量;④其他详细信息等。

在四只手的框架基础上,如表 9-8 所示,Ika 等(2020)提出"第五只手",该观点认为各种情况均存在。类似的,Thiel 和 Grabher(2024)从忽视行为(ignorance behavior)综合了不同观点,从产生的忽视、已知的忽视和未知的忽视三个方面进行分类。产生的忽视是指存在压制与隐藏知识,如 Flyvbjerg 提出的战略性歪曲;已知的忽视主要决定学习或不学习;对于未知的忽视,主要决定考虑或不考虑,如从意识、准备和主动参与来进行考虑。

表 9-8　四只手的划分

项目复杂性	知识状态(不确定性)	
	忽视	意识
低估	隐藏之手:面对忽视时,采用积极的手段解决问题	恶意之手:利用第三方的忽视
高估	保护之手:面对忽视时,采用风险管理和最差情景规划	被动之手:限制创新与避免风险

来源:Ika 等(2020)。

Flyvbjerg(2021)描述了在项目计划和管理中存在十个突出的行为偏见,包括战略性歪曲、乐观主义偏见、独特性偏见、计划谬误、过度自信偏见、事后偏见、可得性偏见、基准谬误、锚定、承诺升级。这些行为偏见主要基于其关于重大工程超支相关研究所得。

临时性组织行为的讨论

(1)行为具有变动性。在项目进行过程中,各方行为会随着项目的进展发生变化,包括态度、情绪、认知、经验等方面的变化。首先,各方在项目实施中经历一个学习过程,对工程、环境、技术、团队等逐渐形成新认识。其次,项目不同阶段的行为存在变化,如项目早期的不熟悉状态(如对项目、对合作对象都不熟悉),项目后期的盘算后续工作行为等。最后,跟合作单位的磨合过程(如产生冲突、形成信任),行为也会产生变化。项目成员会在过程中不断调整行为,对项目执行的理解也存在变化。

(2)行为具有多样化特征。团队和个人行为的特质差异,难以通过成员的项目业绩、证书等显性成果来体现。例如,有些参与主体希望尽可能提高工程质量,以此作为丰碑;有参与主体没有精品意识;而有些管理者过于相信自己的能力,听不进建议等。这些行为特征难以在签订合同时进行预测和评估,但实践中又广泛存在。

(3)各种因素会影响人员的合作。比如合作中存在机会主义,存在逐利的行为;性格、脾气是否相投等也影响信任的建立;能力越强的个体,可能其性格越突出;各方的能力和关注点侧重点不一样也将影响合作。

9.5 项目化及其悖论

1. 项目化概述

Midler(1995)通过对法国雷诺公司的研究提出了"项目化"(projectification)的概念。雷诺公司从传统的职能组织转变为通过项目协调的组织形式,到 20 世纪 90 年代建立了强大的项目团队,这一转变为企业带来了持久的影响。Midler 总结组织变革的过程为项目化过程。项目化动摇了企业内对任务定义、科层式规则、职能和供应关系等永久性组织运作的逻辑。在文章末尾,Midler 提出了两点项目化的顾虑,其一是临时性组织与永久性组织之间的平衡问题;第二个顾虑是项目化的学习过程,如采用自下而上或自上而下的过程。

企业的运营工作也可采用项目化运作,如大规模定制化生产、职能部门内的项目。Maylor 和 Turkulainen(2019)综述提到组织项目化(organisational projectification)的对象可能是新产品开发、人力资源管理、公共部门、社会、经济等,项目化的过程包括治理、能力、胜任力、语言、买卖关系等。Schoper 等(2018)在 2014 年抽样调查了不同行业以项目形式运作情况,发现德国、挪威和冰岛的项目工作时间比例分别为 34.7%、32.6%和 27.7%。

Jacobsson 和 Jałocha(2021)基于 123 篇项目化相关论文的综述提出项目化的四个呈现:①项目化作为一个管理方式,即通过组织结构再造来适应项目的运作;②项目化作为一个社会化趋势,即项目化被认为是项目实践嵌入到社会结构中的长期结果,该方面主要关注项目的宏观方面的影响,比如公共政策项目;③项目化作为一个人类的状态。该趋势关注微观层面,比如工作关系的变化、工作身份等;④项目化作为一个哲学事项,即在对时间、空间和工作认知的形而上的转变。在 123 篇文章中,45 篇文章的作者全部来自北欧,此外,51 篇文章只有欧洲作者(除北欧作者外),19 篇文章是跨国的合作,只有 8 篇文章完全来自欧洲之外的作者。从该数据可看出北欧及欧洲项目管理研究的影响。

2. 项目化的负面影响

研究者关注项目运作的负面影响包括两方面:以项目为情境的负面影响,如腐败在项目中存在,在其他情境也存在,项目只是研究腐败的一类情境;项目运作存在的负面影响,例如,项目带来的工作家庭冲突,项目的强进度压力带来紧张等。

Aguilar Velasco 和 Wald(2022)综述分析得出以下项目化的负面影响:①情感方面,包括精神健康问题、情绪问题、倦怠、睡眠干扰等;②认知问题,包括高风险采纳行为、低效、厌倦等;③社会生活方面,包括孤独、工作关系质量、家庭工作冲突、不信任等;④职业生涯方面,包括离职、基于项目的职业发展等;⑤身心方面,包括疲劳、身体健康问题等。如果扩充到更大的范围,研究者探究了项目中的腐败、工作家庭冲突等。Locatelli 等(2022)提出了项目的黑暗面的概念,即与项目相关的非法或非道德现象,如腐败、洗钱、不可持续地利用自然资源、非法倾倒垃圾等。

3. 悖论

项目管理作为一个系统存在大量相互关联的因素,这些因素之间呈现出多样的关系,悖论关系是其中一种。例如,成本、进度、质量三个目标之间存在一定悖论关系。DeFillippi 和 Arthur(1998)通过研究电影行业,提出项目型企业运作有别于战略管理理论,他们认为这些是项目型企业运行的悖论,其中包括:①战略的制定时间早于企业成立时间,而且该战略通常针对单个产品,而非一系列相关的产品;②结构和用人是临时性的;③资金投入是临时性的;④企业解散要早于成果交付,如电影公映;⑤冗余是有必要的;⑥一些无关紧要的工作(如实习生通过为资深员工准备咖啡等)可能获得近距离的学习机会,有助于后续职业的发展;⑦职业的移动性驱动行业稳定性,如职业发展通过个人网络进行连接,该网络是相对稳定的;⑧可能存在职业发展成功,但企业失败的情况。

项目运作在应对变化、定制任务导向、目标导向等方面具有优势,但也面临突出的劣势,如标准程度不高、规模经济差等。优势和劣势并存,形成典型的悖论。研究者研究了不同情境下的悖论。

(1) 项目网络的悖论特征(DeFillippi et al. ,2016)包括:①距离悖论,临时性组织与永久性组织间存在矛盾;②学习悖论,知识的创造与传播间存在矛盾;③身份悖论,个人与集体之间存在身份的矛盾;④差异悖论,定制与标准化之间存在矛盾;⑤时序悖论,项目工作内容的过去、现在和未来之间存在矛盾。

(2) 敏捷软件开发项目管理的悖论。Iivari(2021)针对敏捷软件开发项目提出了 11 个悖论,分为结构悖论、执行悖论与项目目标悖论三类。其中,结构性悖论包括管理控制与团队自主性、正式与非正式、个人与团队绩效、团队一致性与异质性之间的矛盾;执行悖论包括主动与被动响应需求变化、持续计划与蓝图、僵硬执行与柔性执行、自律与即兴之间的矛盾;项目绩效悖论包括质量与及时的数量、开发时间与努力、效率与创新性之间的矛盾。

(3) 临时性组织与永久组织之间存在矛盾。例如,Burke 和 Morley(2016)概括了四个主要矛盾:一是项目应从组织环境中脱离还是嵌入的问题;二是知识在永久组织中传递的问题;三是人力资源管理的问题;四是资源依赖的问题。

项目中的具体实践也存在悖论。例如,标准化手册可以实现经验固化,减少团队间的差距,提升企业的平均水平,提升企业形象,提升效益,有助于新项目快速进入正轨,减少员工离职带来的知识流失,提升新员工的培训质量。但标准化手册也有缺点,如抑制创新,团队成员可能只参照手册执行;标准化偏显性知识,过程中仍存在大量隐性知识和经验等,无法充分融入。实践中,使用标准化手册有优势,但也有其局限性,并且使用过程也会带来一些新的问题,该现象也可称为悖论。因此需要制定悖论应对措施。例如,在使用标准化手册的同时,鼓励创新,以进行持续改进。

关系治理悖论的讨论①

现实中,关系治理常陷入矛盾困境。例如,当买方固定长期的卖方合作伙伴时,买方容易面临关系风险,陷入被动(Elfenbein et al.,2014);个人信任能促进合作,但也隐含渎职的机会主义行为;弹性制度和措施有助于解决问题,但也可能带来谈判困难。即关系治理能解决一些问题,也可能引发其他问题。此外信任和不信任可能同时存在,如一方信任其合作者的能力,但也会怀疑对方是否会善意合作。

关系治理中矛盾困境被已有研究证实。从效果角度,研究发现关系治理实施程度与绩效间存在倒 U 形关系,即太多或太少的关系治理实践都可能无益(Uzzi,1997)。当关系治理要素(如信任)程度较高时,管理者的谈判动机会降低,从而减少了寻找到最优解决方案的可能性。此外,关系治理要素本身也容易同时带来正、负面的效果。如信任能促进合作,但也可能导致决策缺失客观性或低效决策及机会主义行为。实证研究还发现,持续的合作虽能提高协同性,但并不一定能提高效率,并且持续的合作会让买方暴露在卖方的机会主义行为下(Holloway et al.,2016)。

扩展到多次交易过程中,研究发现,过去的合作经历对当前交易的影响是非线性的(Soda et al.,2004)。一种解释是,持续的交易能带来嵌入的关系网络,但也会产生抵制改变的惰性。这种非线性还可能体现在双方要经过一定的矛盾困境阶段后才能获得合作效益(Gulati et al.,2008)。此外,基于担心机会主义行为会导致交易风险,买方可能不愿意更换供应商,从而形成过度嵌入的矛盾困境(Lazzarini et al.,2008)。

对于矛盾困境的应对策略,Poole 和 Van de Ven(1989)提出了四种,即保持两者对立并同时让两者保持平衡、空间上分离、时间上分离和合成。Ashforth 等(2014)也提出四个策略,包括回避、一方压倒另一方、妥协和整体论。Smith 和 Lewis(2011)认为应对策略是"接受"和"解决"之间的动态平衡。"接受"指承认对立的存在,并有意地探索对立的动态关系;"解决"意味着分离、选择一种/一面或者合成。Clegg 等(2002)提出通过关系视角来管理矛盾,即先承认两个方面同时存在,然后通过关系整合的方式来管理对立面之间的关系。

Ning 等(2019)针对家庭装修的案例分析了关系治理矛盾困境的形成以及应对。关系治理矛盾困境的产生机理如图 9-6 所示。关系治理矛盾困境的一个来源是:意识到信任与不信任同时存在。例如,客户信任家装公司的完成能力,但不信任报价的真实合理性;客户信任家装公司的施工能力,但可能不信任施工人员能充分遵守公司规定。在这种情况下,客户的信任和不信任将同时存在,进而带来矛盾困境的局面。

---

① 该研究是笔者主持的国家自然科学基金项目"嵌入视角下建设项目关系治理矛盾困境及应对策略研究"所关注的内容。

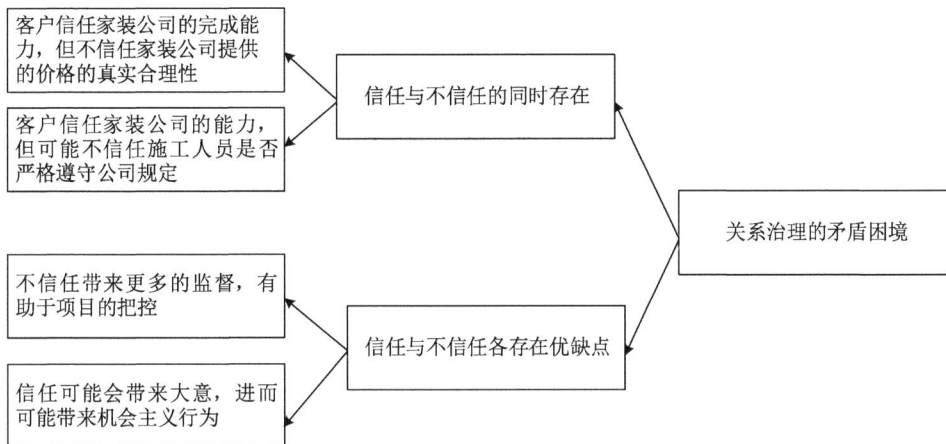

图 9-6 关系治理的矛盾困境

关系治理矛盾困境的另一个来源是：信任和不信任各具有优缺点。当客户意识到信任和不信任各有利弊时，内心会产生矛盾心理。例如，信任可能会带来大意，进而家装公司有可能利用客户的信任，产生机会主义行为。而不信任，可促进客户更多的监督，进行保障项目的有效实施，但监督过程的成本又较高。基于此，客户可能会产生信任两难。

该结论强调关系治理存在矛盾性。关系治理矛盾困境源于交易关系多样性和多面性，客户会对不同的方面（如能力信任和善意信任）产生不同的心理态度，当两者相反时，信任和不信任同时存在，进而产生矛盾困境。

Ning 等（2019）发现，客户在应对信任和不信任共存的矛盾困境时，会采用平衡策略，既不是过分依赖信任，也不是完全强调不信任，而是在两者之间寻求动态平衡，平衡的过程受质量和成本绩效的影响（表 9-9）。信任和不信任共存形成的关系治理矛盾困境是动态发展的，信任和不信任的程度受到依赖程度和不确定程度的影响，而动态发展过程受过程性质量和成本因素的影响。

表 9-9 关系治理矛盾困境的实施过程

阶段	信任/不信任程度	客户应对策略
搜寻	低信任 低不信任	非正式的方式：通过社交网络获得公司信息；个人调查价格和质量信息
谈判	中等信任 高不信任	正式的方式：合同约定
施工	开始于中等不信任和信任 信任和不信任波动，取决于质量和成本绩效	正式方式：监督成果和家装公司行为；合同的执行 非正式方式：与设计师、项目经理等建立良好关系
维修	信任来自施工的后期 低不信任	正式方式：合同执行

（4）项目运营化

虽然项目与运营是两个相对独立的领域，但近年来研究和实践都在尝试连接两者。例如，研究者组织了一个探讨将运营管理理论应用到项目管理领域的专刊（Maylor et al.，2018)，标题为《旧理论，新情境：将运营管理理论扩展到项目中》。在运营领域，对重复性工作的运营可带来规模经济，但运营应对外界的变化较慢，且定制化程度低。因此，实践中应探寻如何实现运营的项目化，如大规模定制化生产、职能部门内的项目。而在项目领域，项目具有灵活性、快速调集资源等优势，有助于快速应对变化、实现定制等。但临时性容易带来知识流失严重、标准化挑战大、规模经济差等问题。两者之间的对比如表9-10所示。如何在发挥项目运作优势的同时克服其劣势，成为亟待解决的问题。

表 9-10　项目与运营的对比

角度	项目	运营
目的	目标导向，创造具有一定独特性的成果	远见性，获得持续回报
任务性质	独特的、一次性任务	重复性任务
所处环境	相对不确定和开放	相对确定
组织模式	临时团队	直线职能制
优势	柔性、应对变化、定制任务导向、目标导向等	标准化、规模经济、效率高等
劣势	短期导向、标准程度低、规模经济差	应对动态变化、复杂协调难度大

项目运营化是指将多项目中共性的工作活动按照一定规模通过部门化、集中化的方式来管理，以实现规模经济效益和集成效率。项目运营（Maylor et al.，2018)区别于项目管理体系的运营（如流程合规、持续改进)、项目的运营管理（如评审、决策）等。Harvey和Aubry（2018）从运营角度区分了项目流程的类型，如重复性、比较重复、比较多样、非常多样、独特的，但他们并未明确这是一个区间还是几种特定的分类。Maylor等（2015）关注了基于项目的运营（project-based operation)，提出了战略意图、关注（聚焦重点)、吻合（分析能力与战略聚焦重点的吻合度)与资源配置四个运营策略。

项目运行有其优势，但也存在不足，优势和不足构成项目运行的正反两面，呈现出典型的悖论特征。悖论是指相互依赖的元素之间持续存在的矛盾关系，其核心前提是矛盾元素的持续共存，并非简单的"非此即彼"。悖论理论可为认识项目提供新视角。

第 10 章

不同项目特征下的项目管理

内容简介：

　　项目特征作为边界条件影响项目管理的设计与实施。在描述一般项目特征分类的基础之上，本章以咨询服务项目、创新项目和重大基础设施工程三类项目的研究进展为例，说明项目特征影响项目管理的方式。

10.1　项目特征概述

　　项目特征描述是认识项目的关键。项目特征指项目管理所处的制度、社会、文化、时空、对象等因素呈现出的差异化属性。其中包括：环境中存在的大量习以为常的假设条件，上层系统环境，如企业战略、行业政策、市场，以及项目管理的对象。重大基础设施项目和软件项目的质量管理，其项目对象存在较大差异。

　　实践中也常从各种特征角度对项目进行描述区分，例如：①按行业可分为工程建设项目、软件项目、医药研发项目等；②按资金来源可分为政府投资项目、民营投资项目、公私合营项目等；③按企业视角可分为企业内项目、企业外项目；④按活动类型可分为营销项目、交付项目、研发项目等；⑤按管理模式可分为总包项目、平行发包项目等；⑥按项目规模可分为重大项目、大项目、中小项目等；⑦按企业内部的项目重要性分级可分为战略级、常规项目等；⑧在教学中，项目管理也有其所属学科，如工程管理专业的工程项目管理、软件工程专业的软件项目管理、工业工程专业的项目调度等。这些分类是依据人们的感性认知划分的，从理论层面，需要提炼一些抽象的特征因素来刻画这些类别差异。

　　项目按特征分类的思路总体遵循权变思想，权变是指项目管理是随着某些因素（如战略、规模、技术、环境等）变化而定制的，不同项目特征需匹配相应的项目管

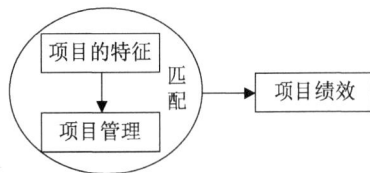

图 10-1　项目特征与项目管理的匹配

理。权变关注如何刻画抽象的项目特征,并根据项目特征匹配相应的项目管理措施,以实现最佳项目绩效。

10.1.1 项目特征

Aaron Shenhar 和 Dov Dvir 于 2000 年左右在 *Research Policy*、*Management Science* 等期刊上发表了多篇文章来刻画项目特征(Dvir et al.,1998)。例如,Shenhar(2001)从不确定性和复杂性两个维度对项目进行刻画。其中,不确定性是指项目中技术的不确定性程度,包括低、中、高、超高四个层级;复杂性是指产品组成的复杂性,包括组合、系统、项目群三种类型。随后,Shenhar 和 Dvir(2007)提出一个钻石模型(图 10-2)。该模型又称 NTCP(novelty、technology、complexity、pace)模型,除不确定性和复杂性两个维度外,增加了新颖性和节奏两个维度。其中,新颖性是产品对于市场的新颖程度,划分为衍生的(对当前产品的扩展和改进)、平台的(已有产品线的新一代)、突破性的;节奏划分为常规的、快速的、时间紧要的(如不可改变结束时间)、闪电的。

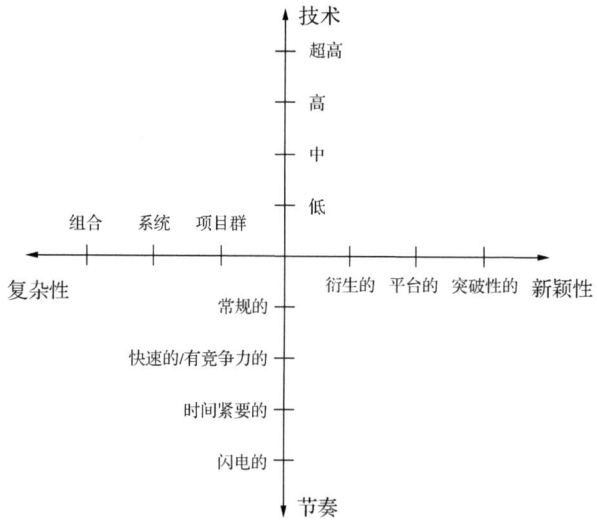

图 10-2 钻石模型(Shenhar et al.,2007)

Loch 等(2025)随后修改了 Shenhar 和 Dvir(2007)所提出框架中的节奏和技术两个维度,增加了行为改变维度,形成了复杂性、不确定性与行为改变三个维度。并区分了项目的两个改变:参与主体行为和经验的改变,以及人造物(如产品和过程)的改变。基于三个维度高低程度,对项目类型进行了划分,并发现不同项目类型(可计划的项目、快速适应项目、变革项目、新颖项目、重大项目、棘手项目)中三个维度的高低程度存在差异,如表 10-1 所示。

表 10-1 项目特征与过程(process)类型的匹配

项目类型	项目特征维度			过程类型			
	复杂性	不确定性	行为改变	门径式过程	敏捷式过程	探索性过程	变革性过程
可计划的项目	低	低	低	√	√		
快速适应项目	低	高	低		√		
变革项目	低	低	高				√
新颖项目	低	高	中			√	
重大项目	高	高	高	√	√	√	√
棘手项目	高	高	高	√	√	√	√

来源:Loch 等(2025)。

研究者也分析了项目管理中尺度(scale)的概念(Harrison et al.,2024),典型的描述有小、大、重大等,但他们认为通过一个量化的尺度区分存在挑战。

此外,有研究者提出以下项目特征因素影响项目管理的设计和实施(Crawford et al.,2004;Karrbom Gustavsson et al.,2014):

(1)制度特征方面。①是否具有较为一致的文化背景。②受外界干扰程度,即项目是相对孤立或受外界环境干扰较大。

(2)项目对象特征方面。①目标的清晰程度。例如,目标很清晰或只是愿景;面对多目标问题时,需要评估和确定多目标的优先级。②解决方案的数量。是相对清晰的解决方案,还是要从众多的解决方案中对比。③交付物的可描述性。例如,交付物描述较为抽象(如创新、咨询服务)或较为具体。④实施过程的特征。例如,过程是顺序性或迭代性。迭代更强调持续性的过程评估和决策。⑤信息。项目信息是结构化、可追溯的,或是倡导口头的、隐性的。

(3)项目参与主体方面。①参与方的交互性。例如,是否需要各方紧密合作,反复讨论。②各方诉求的差异性。例如,是否需要大量的沟通、谈判等。③主体的边界。例如,是否容易划定参与主体的边界。

虽然这些因素提供了充分的信息,但对理论要求的简约性仍存在一定差距。相对应地,钻石模型虽然满足理论的简约性要求,但可能对某些因素的描述有所缺失。理论在兼顾简约、准确描述现实等方面具有一定挑战。

也有研究者比较了特定项目特性,如战略项目与常规项目在目标、活动、能力要求、不确定性程度等维度存在差异,如表10-2所示。

表 10-2　常规项目与战略项目的对比

维度	常规项目	战略项目
目标	上层充分定义的	大致的愿景和方向、不清楚具体目标,部分地涌现
活动	可以通过经验描述	部分涌现
能力要求	存在的,并可被确定的	并不一定存在,也并不一定具体
不确定性	计划的偏离和风险(可预知概率)	不可预测的不确定性,如新的情形、新的影响和措施,不能被事先预料
指标列举	已知的市场环境和客户反应、绩效指标、环境指标	新市场、未知的客户反应、未知的技术

来源:Lenfle 和 Loch(2010)。

在项目特征因素中,复杂性是一个重要概念。将复杂性划分为不同维度是认识复杂性的常见方式。例如,研究者采用技术-组织-环境框架(Bosch-Rekveldt et al.,2011)或结构复杂性、不确定性、动态性、节奏、社会政治复杂性框架等(Geraldi et al.,2011)。Maylor 等

(2013)开发了一个复杂性评估工具,包含结构、社会-政治、涌现三个维度的32项测量指标。Maylor等(2008)提出了一个MODeST模型来评估管理的复杂性(managerial complexity),其中包括使命、组织、交付、利益相关者、团队五个维度,每个维度下有一系列指标。研究者对任务复杂性进行了系统综述,如表10-3所示。

表10-3 任务复杂性的子维度

维度	定义
规模	任务组成的数量
多样性	不同任务组成之间的差异性
模糊性	不清楚、不完整或不具体的任务组成的程度
关系	任务组成的相互依赖性
变换性	任务组成的变化或不稳定的特征
不稳定性	信息的不准确和失真性
新颖性	新颖、非常规和非惯例性的活动或任务的出现
不一致性	不一致、不对应、不兼容和差异性的任务组成
行动复杂性	执行某任务组成行为的认知和物理性的内在要求
时间方面的需求	时间压力,任务间及表现形式间存在的并行,其他时间相关的限制

来源:Liu和Li(2012)。

Bakhshi等(2016)为了澄清项目复杂性这一概念,分析了1990—2015年间420篇相关文章。最后发现项目复杂性研究可划分为五个阶段:①1990—1995年期间。认识到了复杂性项目,关注结构复杂性,比较少关注不确定性。②1995—2000年期间。出现了更多形式的定义,关注结构复杂性和不确定性。③2000—2005年期间。区分不同类型项目,引用了系统理论中的自主性、依赖性。④2005—2010年期间。关注结构复杂、不确定性、涌现、自主性、连接性、多样性、社会政治。⑤2010—2015年期间。实证研究增加,关注结构复杂、不确定、涌现、自主性、连接性、多样性、社会政治、环境要素。

Geraldi等(2011)提出区分项目中的复杂性(complexity in projects)和项目的复杂性(complexity of projects)。前者是通过复杂性理论研究项目,而后者分析复杂项目的基本特征及个人和组织如何应对复杂性。根据对项目复杂性考虑因素的不同,将2011年以前的研究按时间进行了分类,如图10-3所示。

盛昭瀚提出的复杂系统管理理论重点突出了复杂整体性的概念。虽然实践者可从不同维度对复杂性进行分析,但相较于从多维度分析,复杂工程管理问题呈现出复杂整体性特征,即还原不可逆(盛昭瀚,2020)。复杂整体性是指,既有系统要素相互关联形成的复杂性,又有系统整体性传导、衍生而引发的复杂性,还有复杂性与整体性相互纠缠而在更高层次上涌现出来的复杂整体性。复杂整体性引发大量基础性问题,如不同系统要素的差异化

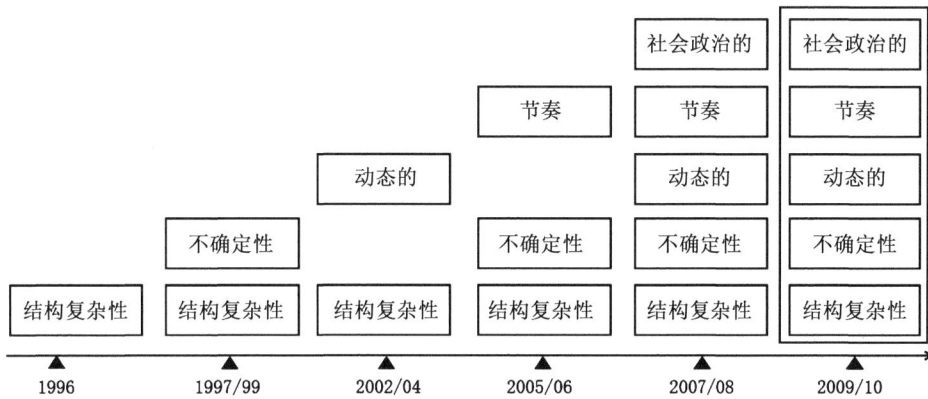

社会政治的	社会政治的
节奏	节奏	节奏
动态的	动态的	动态的
不确定性	不确定性	不确定性	不确定性
结构复杂性	结构复杂性	结构复杂性	结构复杂性	结构复杂性	结构复杂性

| 1996 | 1997/99 | 2002/04 | 2005/06 | 2007/08 | 2009/10 |

图 10-3　对项目复杂性认识的阶段(Geraldi et al. ,2011)

作用、系统要素之间的冲突、协同与涌现、主体间合作与冲突、涌现突变等。这些基础性问题带来了巨大的管理挑战。

10.1.2　考虑项目特征的项目管理

1. 项目复杂性与项目管理

认识项目复杂性是为了更有效应对项目管理中的问题。与权变思路一致,常见应对措施针对不同复杂性维度展开。例如,针对结构、社会-政治、涌现三个维度,Maylor 等(2013)提出主动的复杂性管理,包括移除复杂性来源、减少复杂性影响、应对剩余的复杂性。具体应对措施包括选择匹配的项目、选择合适的人员、定制合适的流程。Maylor 和 Turner(2017)提出了包括理解、降低、应对三个步骤在内的复杂性旅程。其中,理解即描述和刻画存在的复杂性;降低是采取措施来消除或减少复杂性影响;应对针对降低之后仍未被消除的复杂性。Turner 等(2018)从探索与应用两个维度建立了应对复杂性的分类,如表 10-4所示。虽然该框架针对供应链情境,但对项目管理也有参考性。

表 10-4　应对复杂性的分类(供应链情境)

分类	应用:精炼和应用已有知识	探索:创新、问题解决和创造新知识
不利的复杂性(减少)	使用合适的已知技术、流程和实践来减少复杂性	开发解决方案来减少或消除复杂性
有利的复杂性(接纳)	利用已有解决方案来获取复杂性中的效益	利用复杂性带来的,并且是竞争者难以模仿的机会

来源:Turner 等(2018)。

Maylor 和 Turner(2017)认为从复杂性到应对是一个双向循环的过程,即应对需要与项目复杂性特征相匹配,同时采取的应对措施又会影响部分复杂性特征。研究者也认为,复杂性可体现为一种心理上的经历,也可以体现为任务和执行者之间的交互;或是取决于客观的任务属性(Campbell,1988)。一方面,主体在面对复杂性时呈现出众多不适。例如,缺少应对复杂问题的信心,对过程不适应,难以适应存在高不确定性的工作;难以容忍失败、模糊等;难以适应目标不明确、实现途径不清晰等问题解决过程;对解决问题过程的失败、挫折的忍受力、毅力等面临挑战。另一方面,人是项目复杂性中最活跃的因素,改造工程的同时也在改造自己。如原港珠澳大桥管理局局长提到,"工程是人造物,造物先造人,人是工程实施中最活跃、最重要的因素"。

2. 项目特征与项目管理

1)二分法

在项目特征的测量维度,通常是简化采用二分法。项目开发方法最常见分类包括门径式与敏捷式,两者的区别如表 10-5 所示。采用二分法体现出非此即彼的状态。相较而言,Shenhar 和 Dvir(2007)提出的钻石模型对每个维度刻画的程度更多。即便如此,现实情况表现得更为复杂。

表 10-5　门径式与敏捷式开发的对比

对比维度	门径式	敏捷式
目标	SMART 原则	在过程中,与客户合作共同形成
范围	早期可知、较为稳定、需求已知	大部分是涌现、快速变化、部分需求未知
过程	顺序性的	迭代性的
时间	项目开始到结束	划分成部分
团队	计划导向,角色分工明确、稳定	协作、敏捷、自组织、跨职能
责任	明确的责任划分	共担责任
客户参与	决策阶段	各个阶段
权力	从上到下	自我组织的
信息	必须是结构化的和可以追溯的	口头的和私人的
文档	完整的和可追溯的	无
对变更的观点	与原计划的偏差,是一个问题	是形成高质量的机遇
优先点	基于范围的交付、管理者协商	客户优先、时间窗交付
过程测量	依附于原计划	与交付一个过程产品相关
知识的发展	线性的学习过程,基于一定的知识管理系统	通过迭代性的学习过程,不断地反思和调整行为

参考 Karrbom Gustavsson 和 Hallin(2014),Ciric Lalic 等(2022)。

盛昭瀚(2020)提出了多尺度管理。在管理活动中,要区别同一维度管理要素多尺度属性引起的特征差异性,并针对这些差异性,设计相应的管理原则、流程与方法,使管理活动能够更加精细地体现这一类差异。在此基础上，可把管理要素复杂性进行精细，分类开展多尺度的管理活动。多尺度管理主要由以下两个阶段组成：第一阶段为基于还原论思维对维度进行尺度划分，并通过提取不同尺度特征，分析与管理要素关联以及对管理问题产生影响的维度；第二阶段为基于整体论思维对多尺度分析进行维度层次上的整合，形成在维度整体意义上对管理问题复杂性的认知。

2）混合策略

在实践中，除二分法之外，还存在混合策略，即同时组合了多种项目开发方法。Imani（2017）将混合策略分为两类：按阶段混合和按方法混合。按阶段划分是指针对不同阶段采用不同开发方法。例如，在需求阶段按照计划驱动，在开发阶段采用迭代的方式。按方法划分，即针对具体的工作进行混合。以下是研究中几个混合策略的示例：

（1）新产品开发中门径式和敏捷式的混合。de Vasconcelos Gomes等（2022）提出在新产品开发中，门径式和敏捷式开发混合的过程中的一些设计准则：①适应性的设计准则。当相关的外部项目方面不可预测时，混合策略设计中需要考虑使用螺旋式的开发周期、基于风险的权变预案、想法到启动系统等来实现适应性的产品需求。②柔性的设计准则。当项目呈现独特性时，混合策略设计中需要考虑跳过或组合阶段和决策点来实现项目定制化的产品开发过程。③快速变化的设计准则。当存在快速变化及不确定的环境，混合策略设计中需要考虑使用快速的试验来加速产品的开发过程。④整合的设计准则。当存在来自不同来源、不同类别、不可预期的资源需求时，混合策略设计中需要考虑使用柔性的资源获取和分配机制在合适时点提供恰当的资源。

（2）多过程类型的组合。Loch等（2025）提出项目管理的过程类型与项目类型相对应，可能是一对一或一对多的关系，其中的过程类型包括门径式过程、敏捷式过程、探索性过程、变革性过程。虽然作者是用过程类型，但其所指的是开发方法，如表10-1所示。

（3）计划驱动与敏捷驱动的混合。Mirzaei等（2024）分析了针对项目特征设计混合项目管理方法论（具体指计划驱动与敏捷交付）。研究者认为团队类型与目标类型影响混合项目管理方法论的设计。目标类型包括项目成功和项目管理成功，前者涉及运营的成功，后者主要是针对项目计划的实现；转换性团队是指团队成员流动性很大，在过程中有成员加入和离开；平稳的团队是团队成员持续性完成项目工作，直至结束。例如，当项目经理需要实现商业计划的成功，采用方法的混合（整个过程都混合使用两种方法），更容易获得自主权；当项目经理面临实现项目管理的成功，采用阶段的混合，如早期阶段融入更多相关者，采用敏捷方式；执行阶段采用计划驱动。

（4）Aoki和Wilhelm（2017）在丰田的供应商关系管理中发现，在研发项目中，目标较为模糊，目标实现上需要给予更大的自主权，但对过程控制较强。在大规模制造中，目标更为明晰，但在过程控制中给予一定的自主权。

（5）Lenfle和Loch（2010）针对新颖和创新项目，提出可融合传统项目管理与不确定性管理的思路。对工作依据不确定性进行分解，对可预测的不确定性采用计划与执行；对不可预测的不确定性可采用并行测试与迭代,如图10-4所示。

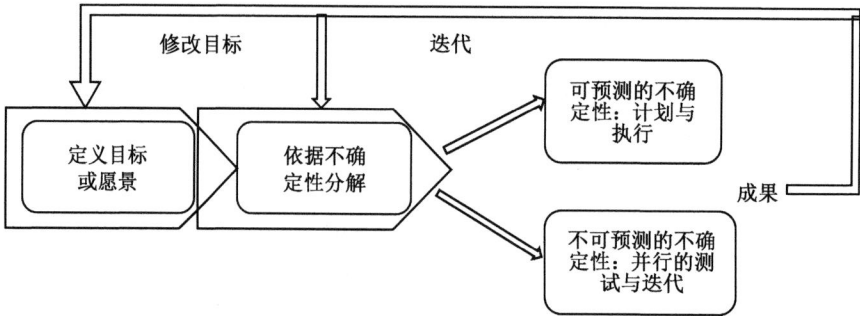

图10-4 采用弹性的方式来补充门径式(Lenfle et al.,2010)

考虑项目特征的项目管理

（1）梳理项目特征,并对项目特征进行测量。例如,从复杂性认识项目,需要先定义复杂性,再对复杂性程度进行测量。依据项目特征与特征测量的程度差异进行分类。分类的目的是有效管理,即不同类别匹配相应的项目管理措施。

（2）对项目特征描述刻画难度大。首先,由于项目类型多、行业多,进行共性抽象的挑战大。其次,对共性的抽象意味着以失去部分细节为代价,如何实现抽象与细节的平衡也存在挑战。此外,对特征的测量的难度也较大,研究中常采用二分法的方式进行测量,但实践中呈现出更为复杂的情况,比如存在中间过渡状态,或者二分法的各种组合。

（3）项目分类过程中,除提炼共性特征因素外,还需要提炼个性因素。例如虽然管理咨询和会计咨询作为咨询服务都具有知识密集的共性特征,可归类为知识密集型项目,但两者的知识类型存在差异,也会带来管理措施的差异。从管理有效性角度,需要明确项目的共性和个性特征。采用针对共性特征的管理措施的同时,需要根据个性因素进行调整。因此如何刻画共性和个性之间的关系,如何实现共性的一般化与个性的特殊化的叠加是值得关注的重要议题。

（4）项目开发方法的总体分类是门径式和敏捷式,两种分类是基于项目特征所对应的管理措施形成的一个总体。虽然用"门径式"和"敏捷式"这两个术语容易被理解,但两者并未清楚说明项目特征和特征所对应的管理措施,即存在概念内涵界定模糊的问题。概念不清不利于理论的发展和交流。因此,需要对门径式和敏捷开发的概念内涵进行清晰界定,如各自包含哪些关键项目特征,以及采取哪些对应的项目管理措施。

（5）当采用管理理论基础解读项目管理特征时,不同的理论基础对特征剖析的视角存在差异。例如,对项目不确定性采用不同的理论基础进行分析时,其假设条件和对应的管理措施上存在差异。

10.2 咨询项目管理

1. 咨询项目的特征

咨询项目具有区别于一般项目的特征,典型特征包括四个方面:①咨询服务是专业性和高智力的处理过程。咨询服务人员需要具备专业知识和技能,从而实现复杂的、高智力的服务内容处理过程,形成交付成果。②交付的咨询成果具有无形性。由于其是无形的,咨询服务的质量难以用客观指标进行衡量。③咨询服务由专业人士完成,依赖专业人士的知识,技能和经验。专业人士在使用知识时存在很大的自主性,特别是对隐性知识的使用;④咨询服务是为委托方定制的,需要委托方的积极参与,如委托方提出需求,对咨询成果的审核等。

咨询人员的身份也存在典型特征。研究者认为建筑师作为咨询人员具有多重身份,例如,作为独立的合同执行者,设计咨询服务提供者,作为业主的代理和专业顾问,作为准司法性的官员。这些身份的差异促使建筑师在素质上既要有作为行业专家的专业技能和职业技巧,也需要具备作为社会公正和公平维护者的诚信和责任感(姜涌等,2020)。

咨询服务基本特征带来如下管理方面的挑战:

(1)监督困难。基于成果与行为的控制,要求成果可客观测量、行为可被观察,从而建立付出与成果之间的联系,并且委托人需要具备相关知识来进行控制。但对咨询服务而言,其成果质量难以被客观测量,行为过程难以被客观描述,因此难以监督其成果和行为付出。

(2)知识利用带来的监督困难。咨询知识可分为显性和隐性知识两类,对于委托方而言,显性知识易于获得和理解,因此可采用事前规定和事后监督,以监督和控制咨询服务。但对于隐性知识,如技术诀窍和经验,委托方都难以事先规定和事后监督。同时,也是由于知识利用的自主性,采用保守、安全、标准化咨询方案时,并不一定能实现委托方的最大利益。

(3)由于委托方和咨询方的共同生产特征,导致咨询方的责任界定困难。咨询方的努力并不一定意味着好的咨询成果,因为咨询服务是咨询方和委托方共同努力的结果。这就意味着咨询方的付出和成果质量的联系较为模糊。

咨询人员非常依赖行业协会的治理,如以行业标准、规范、工作准则等作为咨询人员行为的重要约束。但是,行业治理在市场中效果受限,比如委托方传播有限,交易信息难以被外界所获知。因此,需要采用声誉约束,促使其遵循共同的行为规范,受行业协会的约束。

基于咨询服务的特征和管理的挑战,咨询项目管理区别于一般项目管理。本节通过工程咨询服务的奖惩和咨询服务的选择两个示例的分析来呈现咨询项目管理的差异。

2. 工程咨询服务的奖惩

工程咨询费用常与项目绩效挂钩,如在项目管理合同中设定工程的投资总额,如果实际投资节约,则按照一定的比例给项目管理单位奖励;反之,如果投资超支,则按照一定的比例对项目管理单位进行处罚。在造价审计类业务中,可以核减额为计费基础。但在工程咨询服务中,设置这种奖惩存在矛盾性,原因如下。

(1) 工程咨询属于智力服务,工程咨询企业属于高知识密集,低资本密集的企业,赔偿能力不足,不能承担大的赔偿责任。如果业主将投资超支风险部分或全部转嫁给咨询机构(如项目管理单位、代建单位),表面上看似乎是对业主有利的,但实际上最终会因为超出它的承受力而不能落实,这样就失去了约束的意义。

(2) 如果将项目绩效(如总投资)作为工程咨询绩效的衡量标准,以投资节约量与它的利益直接挂钩,确实可以最大程度地激发工程咨询投资控制的积极性,但也会激发短期行为。为了避免自己的损失和风险,咨询方更关注项目完成和投资节约,从而放弃工程全生命周期社会责任和历史责任,倾向采用保守策略,更倾向于服从业主意见,而不积极创新,不能争取更优的结果。例如,在设计方案的选择、材料采购、施工方案的选择等过程中,咨询方会尽可能从降低投资角度出发。

(3) 工程是多目标系统,对咨询服务的绩效评价也应该是多方面的。如果过于注重总投资考核,会鼓励咨询企业放弃对其他工程全生命周期因素的考虑,如工程质量、耐久性、安全性、节能和低碳等。如果绩效仅有部分内容可被测量,就会引导朝可测量部分努力,忽视其他因素,这与工程价值体系的多元化相矛盾,会加剧目标之间的矛盾和冲突。

(4) 要取得工程的成功,咨询方必须公平对待各方利益,如公正地对待承包商,使工程相关者各方面满意。如果奖惩与实际总投资节约或超支额度相关,则咨询方在工程中就有很大且直接的利害关系,在签订工程设计、施工、采购合同时,以及在工程计量、支付工程价款、处理索赔时,可能不公平对待承包商,造成失去公正性。

(5) 工程是一次性的,这使得工程总投资很难被事先准确计算,工程实施过程中也会发生大量变更,使工程的目标发生变化,而且咨询工作也很难衡量和评价。许多重要的关键性贡献难以被量化,测量指标和方法存在缺陷,测量过程容易受到干扰,导致奖励和处罚与咨询工作的绩效很难有对应关系。

3. 咨询服务的选择

咨询服务难以通过质量进行选择。首先,咨询服务是为委托方定制,委托方需要不同程度地参与到服务过程中,质量是形成于服务过程中的,最终质量水平取决于委托方和咨询方之间的交互,难以孤立地评价咨询方对质量的贡献。其次,交付成果是无形的,难以用客观、量化的指标进行衡量,很多咨询服务只有等做完,甚至是做完后很长时间,才能评判其质量好坏。最后,咨询服务由专业人士完成,其知识利用存在利用的自主性,质量因而会随之波动,特别是隐性知识的使用难以监督和控制。

咨询合同中,针对质量标准的条款设置的目的是确保咨询方不能利用其不承担项目风险的特点,来滥用该项权利,降低服务质量标准。通常采用的质量标准条款包括:①需满足行业标准;②咨询服务提供与项目相匹配的能力和资质;③符合同类行业标准的尽责和审慎程度。

定义的缺陷服务包括服务存在错误、服务存在过失、服务的专业水平不符合行业标准。

咨询服务也难以通过价格进行选择。制造行业竞争优势之一是价格优势,但其前提是质量水平可比较,特别是产品已生产并可供比较。但咨询服务质量水平的客观可比性较差,因为共同生产、为业主定制,采购和过程质量测量模糊,并且质量形成于服务过程中。在质量不可比的情况下,价格竞争的难度很大。

咨询服务选择主要是选择具备按要求完成咨询服务的能力,强调过去经验和相关能力以及咨询人员对拟开展咨询工作的理解和拟采取的咨询方案,并以相关业绩和关键人员的能力作为重要参考。但同时也要认识到该方法存在局限性,即咨询服务需要委托方不同程度的参与,过去的能力并非意味着能与当前的委托方进行紧密合作。委托方与咨询方需要建立相互信任的合作关系,以合作关系为重要基础。

10.3　创新项目管理

项目管理早期最佳实践的标准化得益于几个关键事件的推动,如北极星计划推动了网络计划技术的实施。但实际上,北极星计划的成功绝非依赖以控制为导向的计划工具,如1.1节的分析。有研究者提出了疑问,"为什么项目管理研究有一个阶段会如此强调标准化、控制、理性工具"(Lenfle et al. ,2010),并发表了题名为《根源的迷失》的论文。研究者认为,项目管理强调标准化、控制和理性工具并不是由早期的重大项目所致,更多的是由于PMI等对最佳实践的标准化的推动。早期的重大项目(如曼哈顿计划、北极星计划)存在大量不确定性,有一系列值得深入提炼和总结的管理实践,其中一个重要方面便是创新项目管理。

1. 项目管理与创新管理

项目管理与创新管理的区别,如表 10-6 所示。

表 10-6　项目管理与创新管理的对比

对比角度	项目管理	创新管理
理论基础	单个(系统理论)	多个,如权变理论、演化理论等
方式	最优化、门径过程	适应、涌现、权变结构
项目的视角	项目是相似的	项目是差异化的
目的	在时间、预算、要求范围内完成任务	在已有或新市场中实现商业成果
成功的定义	实现项目目的,对失败难以容忍	实现商业战略,可容忍失败
管理方式	普适性	适应于环境中的差异(variation)

对比角度	项目管理	创新管理
管理层次	中层管理或项目管理	高层管理
任务	可计划或可预测的，线性的	不确定、复杂、非线性、相互依赖
计划	初始进行计划，并按需要再计划，促使发展遵循计划	计划、再计划、依据环境的变化进行调整
应对不确定性的方法	关注负面风险、风险管理的方法、控制过程、防止偏离	关注机会、积极的风险、风险意愿
管理关注	运行、工具、方法	战略、设计和结构、流程和工具
环境影响	最小的，项目启动后，与环境脱离	在计划与执行阶段影响项目的结构与流程

来源：Davies 等（2023）。

也有研究者针对探索性项目展开研究，例如，2019 年，Lenfle 等（2019）在 PMJ 召集了一期专刊，分析了探索性项目的三方面研究：①目标和方式在项目开始阶段难以被充分定义；②传统项目管理难以直接不加修改地应用到探索性项目中；③探索性项目与永久性组织的界限。

面对创新项目管理，常用二分法的方式，即区分创新项目不确定性与复杂性程度，采用对应的项目管理措施，如表 10-7 所示。该思路与组织理论的二元创新较为接近。常规的计划、控制方法和工具可有效执行常规任务，但遇到高不确定性任务时，依赖试验、迭代性和平行测试等方法。其中择优和学习是两个关键机制（Loch et al.，2019），择优主要是基于并行测试多个方案，获得试验结果后进行比较，从而确定最优的方案，或吸收不同方案的优点进行重新组合。工程技术创新常用的方式是同时设置多组开展试验。在工程实践中常用首件认可制，进行同等尺寸、真实环境的试验等。IT 企业创新活动也常进行多个团队平行、竞争研发。学习是在执行过程中，不断地搜索新的信息来源，紧密监督和观察新的变化，及时对实施的早期信息进行收集和学习等。根据发现的新信息、新信号等进行路线的重新规划，并定期进行评估和回顾，总结经验。

表 10-7　复杂程度和不确定性程度高低所带来的影响

维度	复杂性程度低	复杂性程度高
不确定性程度高	试验-错误的学习	学习与择优
不确定性程度低	计划与风险管理	择优

来源：Loch 和 Sommer（2019）。

2. 不确定性的应对

不确定性的应对是创新项目管理的关键。Ramasesh 和 Browning（2014）分析了造成

"不知道的不知道"(unknow unknowns)的相关因素,其中包括:①复杂性,包括项目要素的复杂性(如项目要素的数量、项目要素的多样性、项目要素的内部复杂性、缺少鲁棒性)及关系复杂性(如项目要素之间关系的数量和多样性等);②复杂的(complicatedness),包括缺少观察者的能力和经验,差异化的观点等;③粗心(mindlessness),包括错失微弱信号、有意的忽视等;④项目病理,包括项目内部系统不匹配、利益相关者的期望不明晰、专业能力破碎化等。

Gillier 和 Lenfle(2019)分析了曼哈顿原子弹研制计划中应对极端不确定性的试验,作者称之为"未知",并基于 Thomke(2003)提出的五个原则进行了修改,如表 10-8 所示。

表 10-8　应对未知的原则的改进

传统的原则(Thomke, 2003)		改进后的原则	
五项原则	组织实践	曼哈顿原子弹研制计划的挑战	扩展的原则
预测和利用早期信息	在问题前端识别,这样更容易且以更低投入来解决	由于缺少相关知识,很多问题事先未知,在试验过程中涌现	诊断不确定性的不同的来源
经常性开展试验,但不宜给组织带来负担	考虑组织的学习能力来计划试验	组织的学习能力在试验过程成长,伴随着新引入人员和新的角色和责任	为探索未知构建相应的能力
组合新的和传统技术	组合使用新的和现有的技术	传统技术被使用,也创造了新的技术	设计可能需要的新工具
组织快速试验	检查和改进现有的惯例、组织边界和激励快速试验;使用小规模包含多知识领域的团队实施快速迭代;采用并行试验	在整个过程创建跨专业团队来执行分散的试验	组织快速的部分重叠性试验,并保持选项的开放
失败在早期并且是经常性的,但避免错误	包容早期失败和显著地提升知识;切记试验地本源;有效的试验涉及并有明确的目标、假设和控制变量	考虑到缺少知识和试验的新颖性,有效地区分失败和错误存在较大困难	错误不能够被避免,实施不完美的测试来学习现象、理论和如何进行下一个试验

来源:Gillier 和 Lenfle(2019)。

Ramasesh 和 Browning(2014)提出了一些策略来减少"不知道的不知道",包括产品、过程、组织、工具和目的等方面,如:①对未来情景进行推演;②采用清单方式;③对计划进行反复推敲;④注意一些微弱的信息;⑤挖掘数据;⑥多采用对话、访谈的形式;⑦经常、开放性的交流;⑧集权和自主性的平衡;⑨鼓励发现;⑩创造一种谨慎的文化等(Browning et al. ,2015)。

质量管理的 PDCA 关注预防和持续改进,并假设风险和问题可以做一些事先预测,进而提出计划,执行后再进行监督。但在某些场景中,难以对客户需求、实施过程等进行详细计划,呈现出一定探索性,因此,研究者提出要区分应用性质量管理与探索性质量管理,两者在客户关注、客户管理、团队合作、培训等方面存在差异性,如表 10-9 所示。

表 10-9　应用性与探索性质量管理的对比

对比角度	应用性质量管理	探索性质量管理
客户关注	确认已有客户、评估客户需求、理解客户期望、回应客户需要和期望	探索客户的新需要、在产品开发早期融入客户需求
过程管理	提升过程控制和过程可靠性	探索产品和过程的新改进、组织的动态变革
团队合作	关注职能内的问题解决	跨职能的合作
培训	对现有技能的培训	对多个技能的培训

来源:Zhang 等(2012)。

区别于运营质量管理,项目质量管理存在如下特征:①项目创新是任务导向;②构建临时性组织来实施;③项目的一次性导致问题常新;④项目中,特别是建设项目遵从大量的标准和规范,以及经历长运营周期。因此,过往研究从运营质量管理构建的探索性质量管理框架,难以适用于项目情境下的探索性质量管理。基于此,研究者提出基于韧性框架构建项目情境下的探索性质量管理。韧性有助于应对变化与不可预测的条件,它将变化和不可预测当作系统运行的一部分。四个维度包括:①预测未来,对未来要发生的事进行预测;②监测当前的实施;③应对计划与非计划内变化与干扰;④学习已经发生事情的经验(Hollnagel,2011)。

韧性框架能有效地应对探索性项目质量管理的不确定性和模糊性,如图 10-5 和图 10-6 的框架(Ning et al. ,2017)。

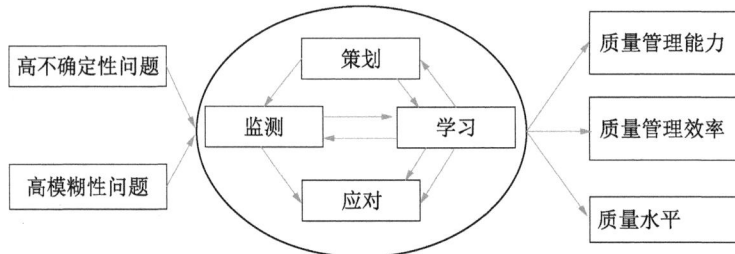

图 10-5　韧性的框架

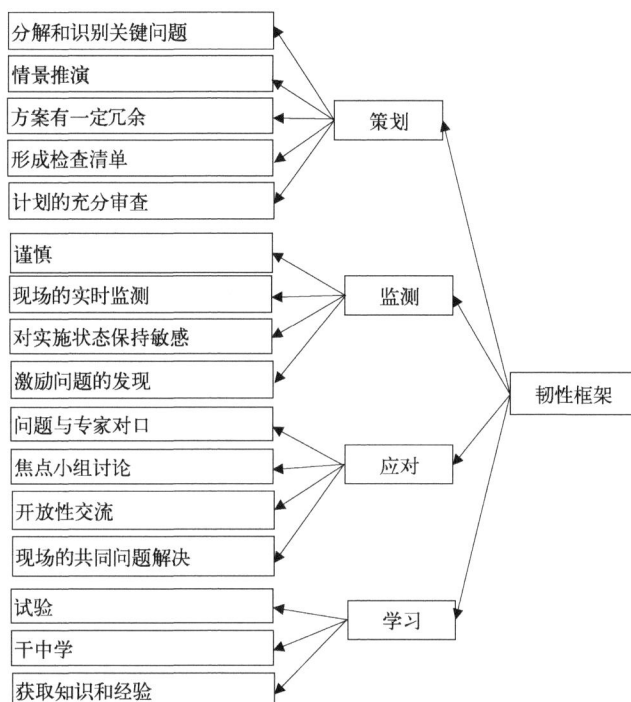

图 10-6　探索性项目质量管理韧性框架

10.4　重大工程管理

10.4.1　重大工程的特征[①]

重大工程面临技术、管理、制度等多重复杂问题挑战,如青藏铁路的冻土问题。Flyvbjerg(2014)提出,相比较一般规模工程仅需要"车辆驾驶证",重大工程管理需要"飞机驾驶证"的能力。重大工程的复杂性和不确定性等特征已得到研究者的广泛关注。

1)规模巨大带来的工程整体性的挑战

工程管理是对工程的规划、设计、建造和运维等相关活动的管理。工程整体性表现为工程作为一个整体发挥其功能价值。尽管工程的策划、设计、建造、运维等采用分阶段、分主体实施,但各部分紧密关联并构成一个整体,需要进行总体考虑,工程作为一个整体发挥其功能。但在重大工程中,规模巨大对工程整体性的挑战极大,需要突出集成能力。

2)开放系统特征

工程管理系统具有典型的开放系统特征,与外部环境的交互密切。在重大工程中,突出体现在要满足上层系统的要求以及与外部环境的交互。

---

① 项目管理期刊中主要采用"项目"一词,而非工程。基于7.5节的讨论,本小节采用重大工程一词。

（1）上层系统要求与约束。重大工程因其政府投资、规模巨大、社会影响深远等基本属性，受上层系统(如国家、区域、行业等)的约束较多。典型约束包括：①法律制度形成严格的刚性约束，不可调整，如土地规划、行业规范、环保法规等；②国家和地区发展战略决定了项目的战略定位与规划；③行政主管部门所批复的概算资金、建设周期等构成了资源约束，如很多关键问题的解决往往存在一定的时间窗口和成本压力。

（2）与外部环境的交互。重大工程管理问题与外部环境存在紧密的耦合关系，问题的形成和形态通常本身是与环境相互作用的结果。

3）参与主体特征

重大工程的建设和管理参与方众多，不同参与主体具有差异化的认知和利益诉求。

（1）有限理性。实践者对未来的活动认知有限，能获取和处理的信息有限，因而对问题的呈现和解决方案难以形成流畅和全面的预测，需要不断收集信息和迭代方案，以动态地构建认知和进行决策。有限理性还体现在实践者缺乏认识问题和解决问题的经验上。

（2）主观能动性和能力。实践者是工程中最活跃的因素，实践者的主观能动性影响问题解决的程度，主观能动性可以引导、调整和整合，形成更大的能动性，主动解决工程管理的各种问题和冲突。除主观能动性外，参与主体的能力也决定了工程目标的实现程度。

（3）多主体的诉求差异。重大工程的众多参与主体存在差异化的利益诉求，容易形成冲突。此外，主体可能并不具备完备的解决问题的能力。一方面需要多主体进行协同合作，另一方面需要在项目过程中进行能力构建，需要多主体通过解释、讨论、学习等方式达成共识。

4）管理问题的非充分定义

非充分定义是重大工程管理问题的基本属性，定义问题的信息不存在或信息过于混杂，如存在信息缺失、问题难以被陈述等。

（1）模糊性。通常表现为工程管理问题的信息混淆、缺乏理解，难以形成清晰和一致的认识等。

（2）不确定性。指在问题的分析和决策阶段所掌握的信息有限，难以对问题形成确定性预估，需要进一步获取有关该问题的具体信息，才能够形成解决方案。不确定性还可能体现在缺少成熟的理论支撑或缺少已有实践经验的支撑。

（3）不稳定性。强调认识问题的过程不稳定，存在大量可预期或不可预期的变化，特别是信息准确度和信息量在项目过程中发生变化。例如，信息不准确和失真等造成对问题的错误认识，信息前后不一致引起混淆，信息量锐减或激增等造成对问题的认识混乱。

盛昭瀚等(2019)总结了重大工程管理理论的4个基础性概念。其中包括：①重大工程—环境复合系统。重大工程实体一旦形成，相当于在原来的环境系统内增加了重大工程实体这个新系统。这样，原来的环境系统与新建的重大工程系统在总体上又形成了一个新的更复杂的人造系统，称此系统为"重大工程—环境复合系统"。②复杂性。复杂性是对重大工程管理对象本质属性以及管理活动内在关系特征的抽象与凝练。③深度不确定性。

不确定性造成常规处理不确定的思想与方法不再适用。④情景。重大工程环境或重大工程—环境复合系统在整体层面上形成的宏观现象、现象的演化以及形成该现象的可能路径。

10.4.2　重大工程管理研究概述

重大工程管理研究的范围非常广泛,Denicol 等(2020)基于对重大工程相关的 86 篇文献和 6 007 个摘要的综述分析,识别了影响重大项目绩效问题的 6 大主题、18 个原因以及54 类应对措施,包括:①决策行为;②战略、治理和采购;③风险和不确定性;④领导力和团队;⑤利益相关者管理;⑥供应链整合和协调。这六个主题的划分在重大工程管理研究中具有一定的代表性。我国学者在重大工程管理理论的基础理论(盛昭瀚,2020)、组织模式(乐云等,2019)、决策治理(李迁等,2019)、创新生态系统(王歌等,2024;曾赛星等,2019)、项目治理(王卓甫等,2023)、建设转向运维过渡机制(薛小龙等,2023)等方面进行了深入研究。本小节选取几个重大工程研究作为具体示例。

(1) 提升绩效

虽然研究广泛认为重大工程从规模上有别于一般建设项目,但研究中也提出这种区别不仅仅是规模上的。由于重大工程施工周期长、界面复杂,存在突出的复杂性和绩效管控挑战。如 Flyvbjerg 等(2002)对全球 258 个交通基础设施的调研发现,90%的项目存在不同程度的成本超支,绩效管控难的结论在不同领域(如水电、奥运会等)、不同地域、不同经济发展环境中都被进一步印证。尽管重大工程绩效糟糕,但经济社会的发展仍需以重大工程形式予以交付,Flyvbjerg(2014)称之为"重大工程的矛盾困境",即需要以重大工程进行交付,但绩效非常难以控制。Gil 和 Fu(2022)发现项目组织治理结构的变化以及伴随的价值创造与分配的再谈判也是成本超支的原因之一。

为提升重大工程的绩效,Flyvbjerg 等(2009)从决策角度认为要有效控制乐观主义偏见和战略性歪曲,如提高公共与私人部门的责任性,采用基于样本集的预测办法(外部视角)来提升预测准确性。除了 Flyvbjerg 等所提出的外部视角,Love 等(2015)还认为应当结合内部视角,特别是采用集成交付和建筑信息模型。

(2) 应对复杂性和不确定性

复杂性和不确定性是研究重大工程管理的重要方面。为深入了解重大工程特征,不少研究提出测量复杂性。为了应对管理复杂性,Davies 和 Mackenzie(2014)提出组织应具备将一个复杂系统进行分解再进行系统集成的能力,他们分析了伦敦奥林匹克采用元系统集成的能力来应对系统的系统。Sanderson(2012)从不确定性角度总结了三类可解释重大工程绩效的因素,包括战略性寻租、治理结构的脱节、多样的项目文化和合理性(rationalities),并发现当前关于战略性寻租和治理结构的研究多关注事前设计,忽视了过程中的涌现。Shenhar 和 Holzmann(2017)提出重大工程需要清晰的战略愿景、整体一致性、对复杂性的适应三个重要方面。

（3）重大工程创新

重大工程创新领域的代表性人物是曾赛星老师和 Andrew Davies。曾赛星老师提出了重大工程创新生态系统,并在港珠澳大桥等项目中进行了实证检验。Davies 等(2017)提出大型复杂项目中创新的五个规则:①搜寻的能力,确认、测试和结合不同的管理方法和措施;②适应的解决问题的能力,通过建立项目组织结构和流程来应对突发事件和各种潜在机会;③测试和试验的能力,在实施前,小范围验证新颖的、高风险措施的合理性和稳定性;④战略性创新的能力,能够充分调动供应链上的资源和能力;⑤平衡的能力,处理惯例工作与创新工作之间的冲突。

Davies 等(2009)以 London Heathrow Terminal 5 为案例,发现重大工程创新包括系统重新组合和系统复制两种机制。系统重新组合是指从其他领域、工程中学习成功的想法、实践、技术等,并结合到当前项目中。系统复制是学习使用在某一大型项目中已经成功使用的流程组合。此外,Davies 等(2014)以伦敦市郊铁路 Crossrail 为例,分析了重大工程创新可能发生在几个阶段:①前期,从其他项目、行业中获取想法、经验和实践来设计创新项目流程、组织和治理结构;②投标与合同签订阶段,鼓励承包商和供应商提出新颖的想法和创新的方案;③实施阶段,动员所有参与主体来提出新颖想法、新技术和组织实践以提高绩效;④结束阶段,将创新的想法和资源传播到更大范围的创新生态系统。

10.4.3 重大工程成本超支原因的争论

成本超支是重大工程重点关注的议题之一,其中 Bent Flyvbjerg(简称"BF")是关键研究者之一。BF 等 2002 年发表的《公共项目的成本低估:错误还是撒谎?》(*Underestimating Costs in Public Works Project: Error or Lie?*)具有里程碑意义。他在对 258 个交通类基础设施项目(如道路、桥梁、隧道等)调查中发现,90%的项目在决策阶段都存在成本低估,过去 70 年成本低估的现象并没有有所改变。BF 分析到,如果是预测技术所导致的成本低估,那么平均值应当趋近于零,既有高的部分,也有低的部分。另外,如果是预测技术原因所致,技术是会随时间而有所改进,但数据并没有呈现这种改进。在排除了预测技术原因的基础上,BF 团队提出可能是战略性歪曲以及乐观主义偏见所引起的。前者是指推行者有意地低估,而后者指人们做预测时容易乐观(Flyvbjerg et al.,2002)。这篇文章发表在规划领域期刊,而非项目管理领域期刊。

此后,BF 团队又调查了 14 个国家的 210 个交通类基础设施项目的交通流量,发现90%的项目存在客流量高估的情况,过去 30 年客流量高估的现象没有改善。随后,BF 团队提出了两类提高计划预测水平的方法:第一类针对需要做一个准确的预测,可采用基于参照集的预测。第二类针对并不关心预测准确性的情形,BF 团队认为要提高责任性,加强处罚(Flyvbjerg et al.,2005)。后续,作者团队在不同的样本中测试该结论的可扩展性,如大坝、奥运会、信息系统项目等(Flyvbjerg et al.,2022),产生了很大的社会影响。如在罗马退出 2024 年奥运会申办的发布会上,罗马市长手持 BF 团队的报告,提到"鉴于我们所拿到的数据,这些奥林匹克并不是可持续。他们仅带来债务"。基于参照集的成本估算方法也在一些国家和地区得以推广和应用,例如美国规划协会(American Planning Association, APA)也支持该方法的使用,"APA 鼓励规划人员使用在传统的方法之外,采用基于参照集的预测作为一种方法来提升准确性。基于参照集的预测方法对非常规项目,如体育馆、博物馆、展览中心等一次性项目是较为有益的。规划人员应该不能单独地依赖土木工程技术作为方法来形成项目预测"。

BF 团队也分析了中国 1984—2008 年间的 95 个铁路和公路项目。结果显示,铁路项目进度平均滞后 25%,而公路项目则不会;考虑到实际建设时间,中国项目比西方国家项目的建设周期要短;中国项目的进度滞后情况比西方国家的轻(西方 42.7%,中国 5.9%)。成本方面,75% 的交通项目存在成本超支问题;实际成本比计划成本高出 30.6%;公路项目的超支情况不如铁路项目严重;中国项目的成本超支分布与西方国家的项目超支分布并无明显差异(Ansar et al.,2016)。

之后的研究陆续加强了对重大工程超支、超工期的解释,BF 团队认为主要原因包括乐观主义偏见和战略性歪曲。乐观主义偏见主要是在计划和决策中,决策者具有乐观性,设想自己能比正常情况做得更好;战略性歪曲主要指为了某些利益,故意撒谎。BF 团队的分析主要基于两点:其一是行为经济学中证实的决策和计划的偏见,是基于 Amos Tversky 和 Daniel Kahneman 的理论;其二是委托代理理论中代理人存在强激励来实施战略性歪曲行为。

不少研究者对此持不同观点。例如,Peter Love(简称"PL")团队把原因分为范围变化和计划谬误两类,后者是 BF 所主张的。PL 团队分析了 1999 年到 2007 年香港的 320 个公共项目中的 85 个交通基础设施项目(Love et al.,2019)。结果显示,47% 的项目最终成本低于批准概算。跟 BF 发现的十个项目中有九个是超支的结论不一致。在批准的概算和招标控制价格,存在平均约 28% 的成本节约,PL 团队分析该部分的减少主要是范围改变和业主需求的改变。招标控制价和最终成本之间的比较发现,36% 的项目存在成本节约。签约合同价与最终成本之间的比较发现,42% 的项目有效地控制了成本。成本的变化主要由变更所导致(其中 95% 的项目)。其主要结论是,计划谬误不能解释交通基础设施的成本超支。在 2018 年英国政府的一场咨询会中,BF 团队也提到香港在道路工程管理上较为成功,他提到的解释因素是项目之间的有效学习,特别是一定时间内连续建设了大量的道路工程[①]。后续有系列论文针对该问题展开讨论,主要集中在 PL 和 BF 两个团队之间。该争论可能是近期项目管理领域影响力最大的一次学术争论。两个团队争论的关键焦点体现在以下几方面:

---

① Public Administration and Constitutional Affairs Committee. The Government's management of major projects inquiry[EB/OL]. (2018-11-26)[2024-07-29]. https://committees.parliament.uk/oralevidence/8678/pdf/.

焦点 1：258 个样本是不是研究重大工程成本超支的最大样本量？

1）样本大小的问题

PL 团队提出，之前有多个研究的样本超过 258 个项目，例如，Thurgood 等(1990)分析了 817 个高速公路项目，Hinze 等(1992)分析了 468 个高速公路项目，Bordat 等(2004)分析了 659 个样本。

BF 团队回应，Thurgood 等(1990)虽然针对 817 个项目的总体，但只选取了 106 个做分析。其中有三个研究是 2002 年之后发表的。这些研究针对美国高速公路，而 BF 团队的研究包括全球范围的各类交通基础设施项目，两者在对象上不具备可比性。此外，这些研究主要针对小型项目，跟 BF 团队所关注的重大工程不一样，因此也不具备可比性。这些研究采用的比较基准是中标价，与 BF 团队研究关注决策和预测不同。此外，这些不是独立的学术研究，而是更侧重于解决雇主的问题，像是咨询报告。

2）抽样的问题

PL 团队认为，样本的异质性影响研究结论。BF 团队回应道，2002 年的文章抽样过程考虑数据的可获得性，样本可能并不是最具代表性的，但更关键的是检查抽样方式带来的误差。此外，PL 团队批判道，二手数据选择存在选择性失明。BF 团队回应道，采用其他研究的数据是元分析，并不是二手数据。

PL 团队认为，按照当期的总体及正态分布来计算，258 个样本偏小，理想的样本至少要超过 383 个。BF 团队回应道，当总体比抽样量大很多的时候，总体的大小并不是关键。后续研究如 806 个样本(Cantarelli et al.，2012)及 2 062 个样本(Flyvbjerg，2016)验证了相同结论。

焦点 2：用决策阶段的估算作为基准是否合适？

PL 团队认为，在项目策划阶段存在较大估算变化，建议采用中标合同价作为基准。BF 团队回应道，选择什么基准取决于研究目的，2002 年的论文旨在分析是否存在决策的问题，所以选择的是估算价作为基准。

焦点 3：交通类基础设施 10 个有 9 个都会超支？

PL 团队发现，Terrill 等(2016)研究了 836 个交通基础设施项目，其中 34% 存在超支。BF 团队回应：其他有研究证实了更高的超支水平。例如，PL 团队对 58 个澳大利亚的交通基础设施的分析发现 95% 存在超支。如果 PL 团队要证实这个不对，应该提供相应的数据。

BF 团队认为 Terrill 等存在以下问题：①68% 的项目早期数据缺失，因此作者假设不存在成本超支现象。BF 团队认为这样处理不合适，他们的研究发现大量项目在早期即存在成本超支问题。②如果 Terrill 等认为没有成本超支的数据即不存在超支，这是一个严重的抽样问题。③该研究是以中标价为基准，与 BF 采用估算的方法不一样。④该研究中人工收集了 51 个项目，其中 65% 存在成本超支，平均在 52%，这个结果和 BF 的研究具有可比性，但 PL 团队并没有提到这部分数据。⑤该研究的其他数据来自一家咨询机构，缺乏第三方的独立验证。⑥最严重的是，该研究非常主观地剔除了 56 个异常值，很可能剔除掉超支较大的项目。⑦在2016年发表时,BF团队也考虑将其纳入团队数据库,但经过仔细的审查和与其作者进行讨论后,最后决定放弃。

焦点4:低估不能被技术错误所解释,最主要的原因是不是战略性歪曲?

PL团队认为,BF团队假设的成本超支的正态分布并未反映现实情况,应当建立现实的分布。而BF团队所推介的基于参照集的预测方法也是基于正态分布的假设。BF团队回应道,PL团队理解错误,基于参照集的预测是基于过往案例的真实数据,而不是假设的正态分布。

PL团队认为,在用基于参照集预测时,应当采用中间值而非平均值。BF团队回应:中间值和平均值都可以用,取决于预测的目的。但实际数据显示分布成本超支的平均值远高于中间值。采用中间值意味着更大风险概率。但对于单个的项目,BF团队建议采用 P 值计算,如80%的置信区间。

PL团队认为,在预测过程中,应当考虑不确定性的范围。BF团队回应:PL团队的观点是相互矛盾的。前面讲不适合用平均值,但现在又强调用标准差。同时按成本超支的分布看,明显偏右,并且不是扁平的钟形,但如果用标准差来计算,意味着对称分布,这是有问题的。

PL团队总结到,成本超支有两种思想:其一是项目范围和定义的变化;其二是预测的心理行为因素(如战略性歪曲、乐观主义偏见等)。BF团队回应:项目范围和定义的变化是成本超支的因素,但根本因素还是在决策阶段对这些原因的估计不够,有主观也有客观因素。

BF之前发表了《关于案例研究的五个误区》(Google引用超2万次),类似地,针对重大工程成本超支,发表了一篇《关于成本超支你应该知道的五件事》(Flyvbjerg et al.,2018)。五件事分别是:①什么是成本超支,该怎么来测量?成本超支是实际成本超出计划成本的数值,数据要统一。基准线要反映测量的意图,如关注决策阶段还是承包商的成本控制。②用什么数据来分析成本超支?为获得某一个项目的超支情况,通常采用抽样的方式,因此样本能有效代表总体情况。③成本超支具有怎样的规模和频率?对重大工程研究发现,在投资决策阶段,超支情况严重;均值和中位数都大于零;均值通常大于中位数。④什么是成本超支的根本原因?从行为科学的角度看,根本原因在于人们的偏见性,如心理和政治方面。其他如范围变化、复杂性、恶劣天气等并不是根本原因。如果不能解决超支的根本原因,成本超支最终难以控制。⑤怎么才能最有效地避免成本超支?首先,有效地实施项目前期策划工作,包括采用基于参照集或者类似的方法来克服成本估算的偏见;其次,建立激励机制;最后,选择有成功经验的交付团队。

重大工程成本管控的讨论

1. 研究方案设计方面

对成本超支(因变量)的解释上,BF团队的研究并没有直接证实撒谎是唯一或最强的解释,也并没有直接排除如预测技术、项目复杂等因素的解释程度。BF团队2002年的文章通过统计数据分析出成本超支均值显著大于零,并通过作者对数据的解决和讨论推论出可以排除技术原因(错误),同时推论心理、政治等方面因素具有较好的解释性。在Flyvbjerg等(2002)的文章中,这可能只是一个猜想,因为BF等并没有直接证实技术原因是可以排除的。如作者提到如果是技术原因导致的,那随着年代的变化技术应该会越来越完善,进而超支情况会得到有效缓解。但如果技术确实没有进步,或者技术的进步并不是根本性的?其中的关键是自变量对因变量的解释性。

2. 重大工程成本管控的矛盾性

(1) 重大工程成本的提前估计和认知不足的矛盾性。虽然成本需要提前估计(估算、概算、预算),但实施情况难以提前估计,面临较大的不确定性。估算、概算和预算主要是参考历史项目指标。但历史项目不能有效地代表未来实施项目,特别是创新程度较大的重大工程。

(2) 成本管理的刚性与实施过程柔性的矛盾。相比工艺、质量等,成本可定量描述,量化的数据意味着可辩驳性很少,同时成本责任考量的刚性很强,但重大工程过程实施不确定性大,需要调整的因素多。在质量、成本、工期、环境、安全等因素的责任考量中,成本是相对可调整的。

(3) 成本确定阶段,容易出现多参与主体意见不一致的矛盾性。技术角度、安全环保角度、造价角度、高层领导角度、制度约束角度都不一致,成本管理需要在这些不一致中寻找平衡。

(4) 以投资概算控制为目的与全生命周期费用最低之间的矛盾性。投资概算主要关注从初步设计批复到竣工验收所发生的费用,但对维护、检修、使用等考虑不足,总体费用并不一定最优。概算又是刚性的,原则上不能突破。为了控制概算,容易出现折损使用阶段维护和维修情况的决策。这也是矛盾的。

3. 合理确定成本的原则

首先,针对可计算部分,尽可能提高成本估计的准确性。比如,提高认知,增进对系统边界的充分认知、及早融入技术标准和方案、充分调查、多方案比选、反复校核;积累数据,充分认识以往工程数据的规律;充分吸纳潜在投标人、行业相关专家的反馈意见,对缺少部分的成本数据展开研究。其次,对于不能准确估计的部分需要采用相应的合同和管理措施来应对。例如,选择合适的合同计价方式,对风险与不确定性进行分析;对尚未充分认识的部分设计合同柔性机制,设计风险规避措施等;对深度不确定因素的应对,可设置合理的预备费。

10.5 数字化项目管理

10.5.1 数字化项目管理概述

按对象划分,数字化技术可分为数字化人造物和数据。前者是指平台、软件、模型等,后者指数字化技术支撑的数据。按效果划分,可分为效率技术(云技术)、连接技术(5G、物联网)、信任去中介化技术(区块链)、自动化技术(大数据、人工智能)。

研究者将数字化技术特征概括为数据化、连接力、计算力和可供性。其中:数据化指基于数据技术,项目活动和管理过程可通过数据来测量和刻画;连接力指基于数字化技术实现不同对象数据、不同系统、不同主体的连接;计算力指基于数据计算分析技术,可提供超越传统统计学分析的决策支持能力;可供性指基于开放配置技术,不同主体可调用平台功能模块并进行自主配置。

数字技术影响项目组织行为和结构。数字化背景下,项目中改变的内容包括:①工作内容改变,如任务、流程、岗位描述的调整;②由于透明化带来的自主性下降和标准化程度提升;③人际关系改变,例如面对面社交减少,虚拟社交关系等新的关系形成。数字化可促成基于数字技术的信任,体现在数据透明可视、实时远程监控、交付质量可追溯。数字化技术形成更好的交互和合作工具,实现多方共享、过程透明等。此外,数字化技术也可能产生副作用,如人际交流减少、信息过剩等。

项目管理数字化面临区别于一般运营场景数字化的挑战。

1) 项目管理层面的挑战

(1) 项目属性方面。项目是任务导向的,先有任务需求、再计划和实施,如果在任务需求阶段没有明确对数字化技术的要求,在后续的计划和执行阶段就难以实施数字化技术。此外,对于交付组织而言,项目具有一次性特征,标准化程度低,难以形成批量复制,因此缺乏主动投入数字化的动力。

(2) 数据的问题。相较于运营情境(如工厂),项目面临突出的数据挑战。例如,项目动态性使得数据动态变化,容易造成不重视过程数据,难以形成有效的数据积累。虽然建设工程领域积累了大量的造价数据,但其带来的缺失、污染、缺乏标准性等问题会导致数据的再利用成本高,需要大量专业人士做数据清洗工作。此外,数据收集规范性差,存在污染和虚假数据的概率高。

(3) 管理规范性的问题。相较于运营情境,项目管理的规范程度相对较低,整体较为粗放,组织临时性造成经验流失严重。此外,项目管理的集成性不高,容易出现数据孤岛等问题。

2) 企业层面的挑战

(1) 交付组织面临的挑战。例如,业主需求多样,项目独特,因此交付组织需要定制。定制造成难以横向对比,带来数据沉淀难度大等问题。此外,交付组织实施数字化的重要动机是业主需求,并且交付组织的流程和输出文件等需要与业主组织保持一致,作为项目的交付方,明确客户在数字化方面的需求是关键前提条件。

(2) 业主组织数字化的挑战。业主是项目数字化技术使用的重要驱动者,因此业主需要以全局的价值体系来规划数字化技术的使用。不同的价值体系赋予管理活动不同的内涵,支撑不同管理职能和决策。例如,全生命周期成本全过程质量(考虑使用者使用习惯,以及维护、维修改造的要求)对数据要求与阶段性成本和阶段性质量(如施工质量)不同。

例如,电力公司针对电力设备采用全生命周期成本管理。电力设备全生命周期成本(life-cycle cost,LCC)考虑资产规划、设计、采购、建设、运行、维护、检修、改造、报废等全过程,使资产全生命周期内 LCC 值最低。$LCC=C_1+C_2+C_3+C_4+C_5$。其中,C_1 为资本性投入成本,包括设备的购置费、安装调试费和其他费用;C_2 为资产运维成本,包括设备运维人工、材料成本、设备损耗;C_3 为资产检修成本,包括周期性解体检修费用、周期性检修维护费用;C_4 为资产故障处置成本,包括故障抢修人工、材料、台班成本、设备故障损失电量;C_5 为资产报废处置成本,包括资产提前退役成本、资产报废处置过程成本、报废资产处置收入。LCC 可应用于电网规划、采购招标、运维检修、技改大修的经济性评价、设备选型和电力系统规划等。

但实践中,业主组织常面临数据连贯性差问题:①过程数据连贯性不足,特别是涉及前期策划、建设实施、运营维护多阶段的数据连贯性较差;②不同职能管理的数据连贯性较差,例如成本、进度、质量等之间难以实现有效的集成;③与外部企业数据连接性差,如设计、施工、设备供应商提供的信息难以归集和统一使用。

10.5.2 数据驱动的项目管理

1) 数据的概述

(1) 数据、信息和知识有所不同。数据是业务运转在流程中留下的记录;信息是经过加工处理的、对决策有价值的数据;知识是对信息进行归纳所形成的规则,如图 10-7 所示。例如,项目中关于成本的记录作为数据;当把成本数据进行归类时,便形成了信息,如人工成本、管理成本等;知识在实践中表述是规则,如人工成本的基线。规则数字化后,可实现实时预警和自主决策。

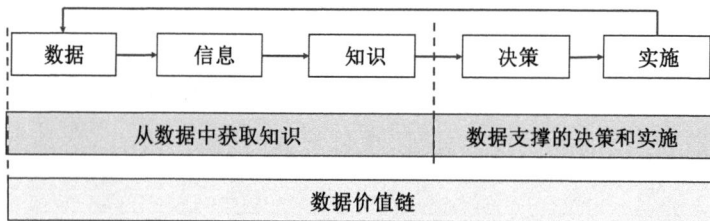

图 10-7 数据的价值链条

(2) 业务、流程和 IT。业务是执行项目管理的过程,如投标业务。每个业务执行都涉及流程的安排。流程是处理业务的输入、处理、输出。IT 承载业务流程,实现数据传递和集成,并且作为交互和合作工具,促进多方共享、过程透明等。数据驱动是通过数据支撑了业务流程的运转,智能程度越高,流程处理部分人工确认、审核、审批就越少。

(3) 数据的作用。数据的作用可从数据分析方法进行归类,典型的分类包括:①构建描述分析,描述性统计量和测试、指标、可视化等;②构建因果解释,用于理解现象发生的机理,并进行原因的解释;③构建预测模型,预测模型、机器学习等;④构建结构化模型和最优化方法。

2)数字化项目管理的内容

数字化项目管理包括对象数字化、规则数字化、流程数字化、作业数字化、运营数字化。对象数字化与规则数字化是基础,流程、作业及运营是基于对象与规则之上的对管理与业务的数字化应用。

(1)对象数字化指项目管理业务对象数字化,业务活动与数据形成"数字孪生"。

(2)规则数字化指通过规则数据实现业务规则与流程的解耦。在数字化平台上建设规则库,根据项目流程配置相应的规则。

(3)流程数字化指将项目全生命周期内的管理流程植入 IT 系统,使业务流转过程数字化。

(4)作业数字化指为生产人员现场的施工、验收等操作工具的数字化,实现作业过程的可视化和智能化。

(5)运营数字化指通过数字化工具进行项目运营管理,数字化项目运营内容包括运营工具、能力服务、指标体系、运营规则等方面。

数字化项目管理可划分为三个阶段:第一阶段,流程数字化,通过 IT 系统运行流程,实现流程的数字化,实现业务在流程中流转的过程留痕,进而积累数据。第二阶段,基于数据驱动的辅助决策,通过数据支撑决策。第三阶段,规则数字化,通过数据形成决策规则,将规则植入到流程中,通过数字化规则实现项目状态的自我诊断、分析和智能决策。

10.5.3　数字化背景下的项目运营化

1. 项目运营化概述

项目运营化兼具项目与运营的优势,将多项目中共性的一次性工作通过部门化、集中化的方式来管理(如典型的弱矩阵形式),以实现规模经济效益。数字化给项目运营化带来了新的契机,有助于克服传统弱矩阵的问题。企业项目运营机制如图 10-8 所示。

2. 作业实施、项目管理、项目治理的运营化

(1)作业实施层的运营化。例如,对同一区域内不同项目的办公室、库房、工具、车辆、备件管理等进行统一管理。根据项目作业活动确定资源需求,将其定义为资源需求单元,进而生成资源需求工单,通过平台进行工单交易。工单标准化的要素包括标准活动、标准输入、标准输出、作业手册、作业工具、标准工时等。

(2)项目管理层的运营化。通过标准化实现跨地域的项目远程服务,将现场需要实施的工作委托到远程的运营中心完成,如方案编制、项目过程评审、进度计划编制、项目报告、质量审批、文档管理等。项目与运营中心形成委托代理关系。

(3)项目治理的运营化。通过数字化技术对项目关键指标进行统一数据收集、集中监控分析,统一预警通报,如质量监控/预警、技术问题监控、作业效率监控、分包履约监控等。

3. 企业项目运营化的运作机制：标准化组件的运营

（1）多项目任务的同质化解构。从作业实施、项目管理、项目治理识别出可标准化的运营单元，进而形成标准化手册、标准化工具、标准化技能模型等。

（2）标准化单元的组件化运营。基于数字化技术将标准化单元封装成组件，对组件进行运营。组件可进行独立编译、发布、升级、调整，并具备接口隔离原则，通过标准接口连接，可实现与不同组件的集成。组件运营化组织向项目团队提供能力组件，例如知识组件、过程组件、职能组件等。

（3）组件的定制化编排。项目团队根据项目实际需求设计项目流程，依据项目流程调用和编排组件。在项目流程中，组件可配置、可调用，实现项目流程与组件的解耦。实现项目层面的定制和组件层面的运营。

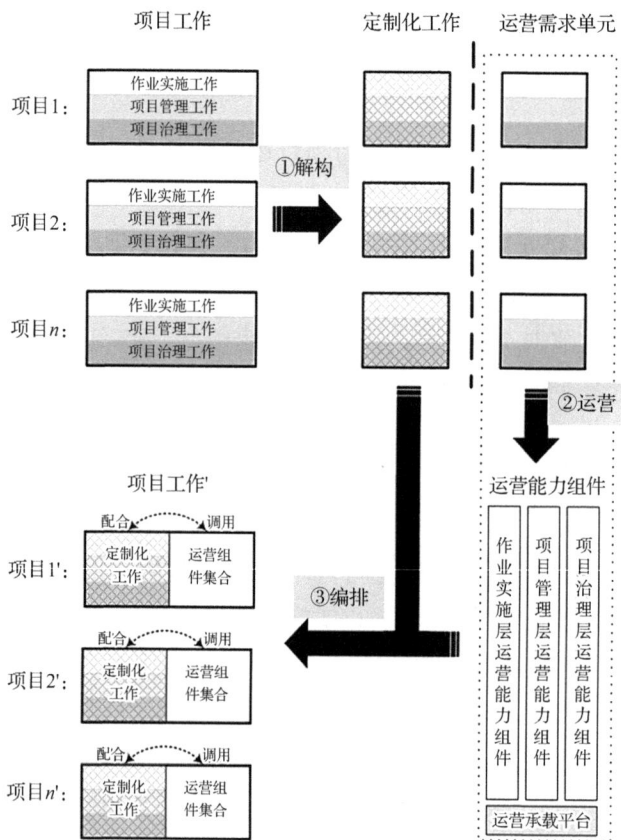

图 10-8　企业项目运营机制（赖苑苑等，2023）

4. 平台型组织

项目运营化组织呈现出平台化组织特征。平台化可作为中介连接多边资源，平台型组织的特征包括：①由管控转向赋能。组件运营中心提供支撑项目运作的能力，赋能项目的运行；②企业中形成项目与运营组织的买卖机制。项目组织与运营组织之间包含买卖与协调关系，需要进行考评、定价和市场激励等。

第四篇

展　望

在管理研究中,如何促进实践与理论结合是业界所关注的重点,其关键是兼顾实践相关性与理论贡献两方面。国家自然科学基金委提出管理研究需要"顶天立地",其中批判的一个现象是当前管理理论发展依赖的数学模型非常精美、复杂,但在指导多样、丰富、系统的实践方面仍有不足,即实现了理论贡献,但实践相关性稍弱。

项目管理研究同样需要实现实践相关性与理论贡献。但不同的是,当前项目管理研究领域目前更侧重于实践相关性,对理论贡献,特别是广义的管理理论贡献有限。原因之一是项目管理本身具有较强的实践导向。同时值得注意的是,在当前追求更基础性理论贡献的呼声中,研究者也提出要警惕出现丢失实践相关性的优势。

第四篇的展望旨在探讨未来如何实现项目管理的理论贡献与实践相关性的结合,本篇提出实践问题的理论化,并在实践层面实现知行合一。需要说明的是,展望仅仅是对项目管理实践与理论发展的一种主观猜测性,提供一种对未来思考的观点。

第 11 章

项目管理实践与理论发展的展望

> **内容简介:**
>
> 　　本章首先通过研究问题与实践问题的对比来剖析项目管理实践与理论发展之间的关系,进而通过实践问题的理论化来介绍如何促进实践与理论的结合,最后提出项目管理实践与理论的发展展望。

11.1　项目管理实践与理论发展的关系

1. 研究问题与实践问题

1) 研究问题

研究问题的提出是基于当前理论中存在的不足,以及由该不足引发的疑问。研究问题是研究最终要回答的问题。提出研究问题的目的是弥补研究不足,进而形成贡献理论。研究问题的作用体现在定义研究范围、引导研究过程、定位研究贡献。提出研究问题要求研究者具备理论知识,并且能运用理论知识来思考实践问题。

从写作过程来看,研究问题提出是研究的开端,呈现出一个线性的陈述过程。但从研究的实施过程来看,研究问题的提出和定义是一个循环迭代、非程序化的过程。例如,研究问题可能经过一定范围的调研和认知后进行重新修正。

2) 实践问题

实践问题是指现状与期望之间存在偏差,该偏差可能是目前存在消极的、不能接受的状态,如质量缺陷、进度延缓等,也可能是为实现更高期望,如改进流程实现更高的效率目标。因为现状与预期的偏差,所以需要设计与实施解决方案以达到预期状态。明确实践问题是为了铺垫实践改进的方向。

3) 研究问题与实践问题的区别

(1) 实践问题较为宽泛。实践问题的描述较为详细、多面和动态,没有清晰的边界。实践问题具有极强的整体性,子问题的关联性强,一个要素变化会引起其他的很多因素相应的调整,因此需要系统思维。实践强调体系性和目标导向,因此实践问题会牵涉多个专业,一个专业里多个理论,形成一个理论交织的体系。研究问题是通过理论视角来解读实践问题,从某个理论角度切入,更为聚焦。例如,实践中存在节能效率不高的问题,可能从决策、激励、多方案比选等角度进行研究。研究通常是对现象进行抽象化的描述,而研究问题的提出是为了形成研究结论,产生研究贡献,问题相对更为聚焦。

(2) 研究中解决的是通用问题,而不是针对某一特定企业或特定项目的问题。

(3) 目的不同。研究问题针对理论层面的不足,提出研究问题的目的是实现理论贡献。解决实践问题是为了实现实践预期。由于目的不同,两者之间存在距离。

研究问题与实践问题的简单比较见表 11-1。

表 11-1　研究问题与实践问题的比较

维度	研究问题	实践问题
对象	针对理论不足,理论中尚未达到的预期状态	实践中尚未达到的预期状态
类型	通用、一般性问题	可以是针对某企业的某特定问题
目的	引导研究的开展,定位理论贡献	明确实践中待改进之处

2. 实践与理论结合的三种情形

在项目管理领域及广义的管理领域都倡导实践与理论结合。结合程度有以下几种典型的情形:

(1) 情形一:纯粹的实践工作。在实践工作中,针对实践问题提出解决方案,并未有明显的理论分析过程,也不强调理论贡献。虽然直观感觉上是从实践问题直接推导解决方案,但人们在思考解决方案时可能依赖理论、相似经验等进行推导,思考过程参考了理论、案例、经验等,从中获取规律性认识,进而来指导解决方案的设计。从实践问题到解决方案过程存在默示或潜在的理论和经验的指导,只是该过程并不强调理论贡献的要求。

(2) 情形二:从论文中来到论文中去。从已有研究中发现了研究不足再进行解决,进而形成理论贡献,即常说的"从论文中来到论文中去"。但实际上,在思考研究不足时,也会与实践情况进行关联。只是并未进行重点考虑,因此可能存在错误解读或关联的实践问题不是关键问题。

(3) 情形三:基于实践问题理论化。从理论视角对实践问题进行抽象。例如,成本超支问题可从决策角度进行理论化,研究发现成本估算过程受决策心理因素影响(如乐观主义偏见)。然后,对理论化的理论领域进行分析,以确定研究不足和提出研究问题。一方面,通过回答研究问题来形成理论贡献。另一方面,获得一般性解决方案,进而将一般性解决方案具体化以解决实践问题。虽然研究与实践工作两者的目的不同,但通过实践问题的理论化和一般性解决方案的具体化,可弥补其中的部分隔阂。

第三种情形相较于前两种情形存在以下特征:①研究的出发点是实践问题。因此,需要对实践问题进行分析,选择关键、重要的实践问题展开研究;②通过理论化与情境化两个步骤实现从具体(实践)到一般(理论)、一般(理论)到具体的(实践)的转化,进而促进实践与理论的结合;③理论贡献能最大程度地支撑实践问题的解决。图 11-1 为实践与理论结合的示意。

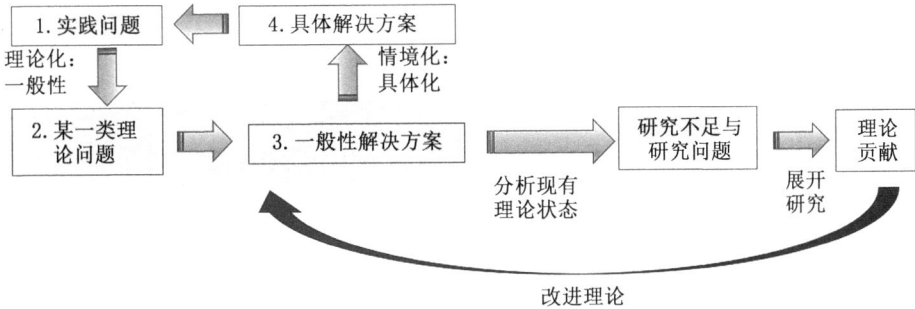

图 11-1　实践与理论结合的示意

11.2　项目管理实践问题的理论化

11.2.1　项目管理实践问题的理论化的步骤

实践与理论结合的关键是对实践问题进行理论化,将实践问题抽象成一类理论问题。再在理论上推演形成一般性解决方案,然后依据具体情境形成具体解决方案。实践问题理论化需要重点考虑一般理论与具体实践之间的联系。

(1)实践问题可从多理论视角进行解读。例如,咨询中跨专业合作可归类到知识融合的问题、合作的问题、激励的问题等;成本超支通过决策、技术、管理等视角进行解读。理论是分析实践问题的一个视角。

(2)理论化的吻合和解释力。理论视角的选择主要考虑吻合和解释力,即理论视角可解释实践问题。如选择知识融合视角,意味着采用知识融合的一般性解决方案有助于解决咨询跨专业合作问题,知识融合具有较高的解释力。

实践中,面对具体问题,通常会参考用于解决该问题的规章制度,当存在对应规章制度,即可按规章制度解决问题。

实践问题的理论化具体包括以下步骤(图 11-2):

第一步:呈现备选的理论库和实践问题库

(1)形成备选理论库需要提炼问题特征和要素进行理论分析。如咨询服务具有知识密集、人力资本等关键特征,以此为基础,搜寻相关理论,对初步筛选的理论进行分析。对实践问题的属性描述主要是对特征进行归纳与抽象,有助于抓住实践问题的关键矛盾,从中

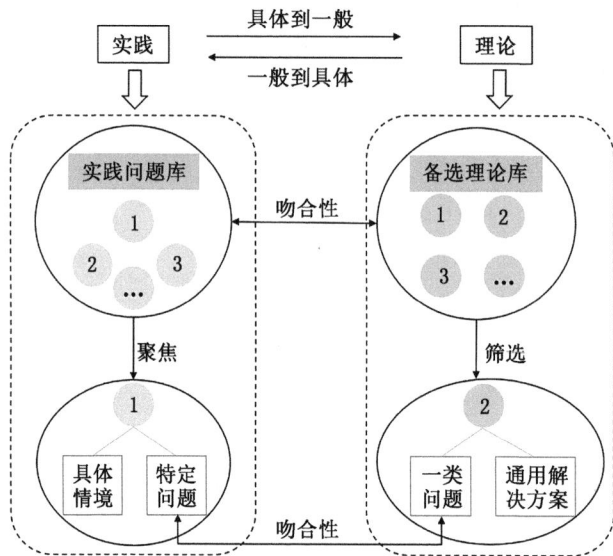

图 11-2　实践问题理论化的步骤

剥离出一般性与特殊性。例如,咨询服务具有知识密集的特征,重大工程具有复杂性特征。备选理论库是形成研究理论贡献的标尺。当备选理论库扩展到管理与组织领域,那么研究的理论贡献可能会是针对管理与组织领域,则所投稿的期刊可能是管理领域期刊;当备选理论库限于项目管理领域,那么研究的理论贡献主要是针对项目管理领域,投稿的期刊主要以项目管理领域的期刊为主。

（2）对实践问题进行分解和属性的描述。实践问题的分解是指从一个大的实践问题中分解出子问题。例如,可按对象特征进行划分,也可依照管理规则和步骤进行划分。

第二步:理论的筛选与实践问题的聚焦

以实践问题和理论的吻合性为原则对实践问题和理论进行双向筛选。在筛选过程考虑以下因素:①是否找到了理论和实践问题的最佳契合,有助于将实践问题抽象成一类理论问题;②实践问题的呈现是否抓住了问题的关键特征和属性。在归纳、取舍过程中,需要有效解释为什么做这种归纳和取舍决策。

【例】 针对全过程工程咨询的实践问题,可能是"跨专业"或"跨团队"的问题,前者强调专业知识融合,后者强调不同团队合作。在考虑对象属性,即知识密集型专业服务,在该特征下,归纳成"跨专业"的理论问题。

第三步:以特定实践问题与理论中的一类问题相吻合作为决策规则

如果已有实践问题和某一理论较好对应,意味着实践问题在理论化阶段可以被充分定义,即能够找到一类理论对实践问题进行分析。但也存在未充分定义的问题,即难以转化为一类已知理论的问题。针对该情形,需要从问题角度进一步展开研究,以确定理论问题类型。

11.2.2 项目管理实践问题理论化的能力要求

在实践问题理论化过程中需要具备三个关键能力(图 11-3):

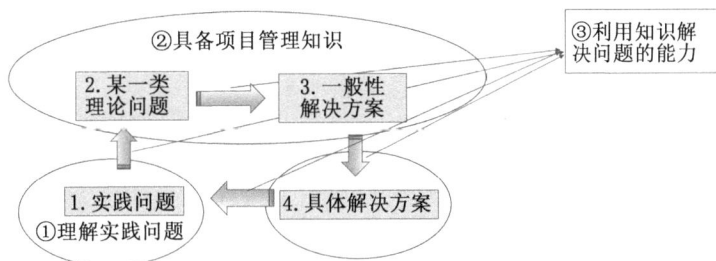

图 11-3 能力培养示意

1) 理解实践问题

对实践问题有充分认识和理解才能归纳和提炼其中抽象部分,才能透过理论进行一般化抽象。在不具备充分认识实践问题的情形下,可通过调研等方式增加对实践问题的认识。

2) 具备项目管理知识

在分析解决问题时应系统性地利用所掌握的知识进行分析,因此需要加强对理论和方法的学习,系统地掌握知识。

3) 利用知识解决问题的能力

该能力包括常见的三类推理能力:

(1) 从具体实践问题到一类理论问题:从具体到一般的归纳推理。将实践问题归纳到一类理论问题采用归纳推理,即对具体实践问题归纳分析其一般性属性。归纳推理从具体观察开始,依靠对具体观察的比较来推断出可能的一般性。归纳推理类似于医生看病,如何从具体的症状中归纳到某病症的过程。

(2) 从一般性解决方案到具体解决方案:从一般到具体的演绎推理。采用演绎逻辑,通常采用检验的方式来确定具体解决方案是否与一般保持一致。可以通过理论演绎形成具体解决方案。从假设中有逻辑推导,形成预测,再与具体观察对比。演绎理论始于假设,以解释和规则作为前提,然后从假设中有逻辑地推导出具体的观察,推断观察。

(3) 循环过程:溯因推理。从具体到一般、从一般到具体的过程中,可能存在不可解释的内容,需要通过溯因推理进行有效解释。各步骤存在循环迭代关系。如果解决方案未能有效实现目标,则对解决方案进行修正,如此循环,至问题最终被解决。迭代可能由以下原因所致:①问题形成、解决方案设计的生成性过程,有许多认知和设计需求是逐渐浮现,这些新的认知和需求的出现会影响问题的呈现和解决方案的设计;②认知的局限。参与主体(如设计者)存在认知局限,难以快速、准确、完备地识别问题,设计解决方案。需要通过不断收集信息、提升认知，除理性分析外，还需直觉决策的综合；③解决方案设计的逼近性。设计需要在一个较大范围内搜索解决方案，是一个迭代逼近过程。

迭代包括以下形式：①修正 4 中的具体解决方案，由于具体解决方案评估并未实现预期的需求，对解决方案调整，调整后，再进行评估；②修正 3 中的一般性解决方案，由于一般性解决方案存在方向性偏差，重新进行调整，例如存在一些不可预测的副作用、意外效果等。③重新诊断问题出现的原因，即重新思考 1 和 2。

彼得·德鲁克在《管理的实践》提到，"最终检验管理的是企业的绩效。唯一能证明这一点的是成就而不是知识。换言之，管理是一种实践而不是一种科学或一种专业，虽然它包含了这两方面的因素"。研究者也强调对于实践性强的管理工作，需要强调实践智慧。例如，Bredillet 等(2015)认为实践智慧可中介理论与实践之间的距离。

11.3 项目管理实践与理论的结合

1. 项目管理实践的特征与理论的作用

Mintzberg(2009)提出管理实践的三个关键特征：①科学性。强调寻求客观规律及机理。②艺术性。基于创造性的思维和想象进行系统综合，管理实践强调艺术性，需要融入直觉和判断等。③工艺性。注重实践经验，强调迭代性的决策与动态学习。在项目管理情境下，实践可从开放系统与人的参与两方面来认识其特征：

（1）开放系统。项目是典型的开放系统，受到外部系统约束，存在于一个更大系统中。项目与外部环境存在模糊的相互关系，项目内部存在不可预测系统要素行为。开放系统意味着存在不可解释、未知的关系，并且存在动态、难以预测的变化。

例如，2024 年两会期间，记者问重庆市委书记："设计宇宙飞船和管理重庆哪项工作更有挑战性？"书记回答道："共性都是复杂性，按照系统工程的划分，都是复杂巨系统，但设计飞船是一个封闭巨系统。什么概念？就是我这个图纸，我设计飞船的时候，我今天晚上累了，我把它锁到抽屉里，第二天这个图纸不会变。但是，我们做社会管理工作，是开放复杂巨系统，因为我们是跟人打交道。开放复杂巨系统最大的问题是今天你说好了，明天变了，变了你怎么办？实际上是复杂系统更多了，但它也符合系统工程原理。"

（2）人的参与。人是项目管理中最为复杂的因素。在个体层面特别体现在有限理性与主观能动性，在群体层面体现在团队合作。有限理性意味着管理者对问题和解决方案难以形成完整的认识，并且分析工具不能弥补其有限理性，解决问题过程存在理性分析和直觉决策的混合，因此形成的解决方案通常是最满意方案，而非最优方案。人的主观能动性指个体主观意识和实践活动对于客观世界的能动作用。主观能动性需要管理者在自身意识的指导下主动地改造客观世界(如实现项目的成功)和改造自身(如反思自身行为和加强对客观规律的认识)。

管理实践的开放系统与人的参与特征导致管理理论、规则、原则在实践中的使用具有不确定性。因此,在项目管理领域,实践与理论结合的方式也有别于工程领域,如表 11-2 所示。

表 11-2 工程理论与项目管理理论的应用对比

对比维度	工程理论的应用	项目管理理论的应用
系统的特征	部分的开放系统,系统要素可充分定义,系统要素相互之间的关系可事先确定	开放系统,存在可观察与不可观察的系统要素,模糊的相互关系,不可预测的系统要素行为
理论的作用	设计原则与解决方案强对应; 高分析性,可用精确的数据分析和工具做支撑	设计原则在具体解决方案中的对应关系存在不确定性和不完美性 分析工具不能弥补设计者的有限理性
设计过程	基于优化的原理	设计是可生成的,逐步迭代

2. 实践与理论的结合

项目管理实践包括设计、实施和总结三个环节(图 11-4)。设计是对问题进行分析,获得解决方案的过程。设计是连接问题状态和预期状态的桥梁,是将当前状态到目标状态转化的整体性规划。实施是解决方案付诸现实的过程。解决方案在实践中面临真实环境,会遇到不同的干扰,可能需要迭代调整。实施后,进行总结和提炼,形成新理论。

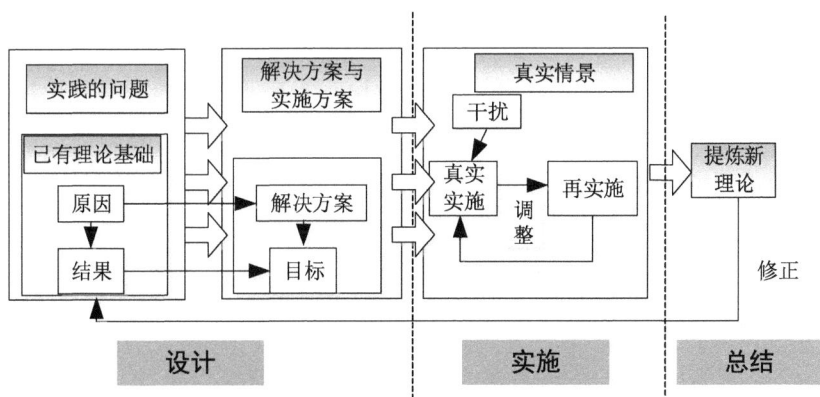

图 11-4 项目管理设计、实施与总结

理论与实践的结合在设计、实施和总结三个阶段都有体现。设计过程充分考虑已有的理论基础,并分析当前问题的特征,结合当前问题情境特征和已有的理论基础,设计解决方案。在实施过程中,评估符合预期情况,对存在的非预期情况、负面情况进行反思,并提出优化和改进措施。总结阶段,通过理论的提炼进一步完善理论。

【知行统一观】 《实践论》提出,"实践、认识、再实践、再认知,这种形式,循环往复以至无穷,而实践和认识之每一个循环的内容,都比较地进到了高一级的程度,这就是辩证唯物论的全部认识论,这就是辩证唯物论的知行统一观"。"由于实践中发生了前所未料的情况,因而部分地改变思想、理论、计划、方案的事是常有的,全部地改变的事也是有的。即是说,原定的思想、理论、计划、方案,部分地或全部地不合于实际,部分错了或全部错了的事,都是有的。许多时候须反复失败过多次,才能纠正错误的认识,才能到达于和客观过程的规律性相符合,因而才能够变主观的东西为客观的东西,即在实践中取得预想的结果"。

【实践与理论的结合】 《战争论》提到,"这些原则与规则,目的是确定思维的基本线索,而不是像路标一样指出行动的具体道路","理论应该是一种考察,而不是死板的教条。理论不能是死板的,也就说理论不能是对行动的规定。理论越是能促使人们深入地了解事物的本质,就越能够把客观的知识变成主观能动性,也越能在一切依靠智慧才能解决问题的情况下发挥作用,即它对人的才能本身发生作用"。《整顿党的作风》提到,"真正的理论在世界上只有一种,就是从客观实际抽出来又在客观实际中得到了证明的理论,没有任何别的东西可以称得起我们所讲的理论。"

知行统一观对研究者提出以下要求:①针对实践中的"真"问题展开理论研究,获得研究结论,提供管理启示,避免纯粹的"从论文中来,到论文中去"。②做负责的研究。在遵照理论贡献和学术期刊发表要求的基础上,力求研究结论可经得起实践的检验。持续、密切关注理论在实践中的应用,通过观察理论的实践情况进而获得进一步的研究问题。③积极地传播研究结论。一方面,在学术领域,通过传播进行更大范围的学术讨论;另一方面,对实践者传播,力求获得实践的检验。

知行统一观对实践者提出以下要求:①持续学习相关理论,并应用到实践中。对实践者而言,理论包括广义的实践经验、相关规范、制度、学术理论等。在学习理论时反思实践,或者是面对实践问题时,调研、学习与利用相关理论。②在实施过程观察理论的实施效果,对实践中的负面情形、非预期情形等进行反思。③对实践经验进行总结提炼,通过总结提炼规律,进而修正和调整自身认识。④积极地交流和传播实践经验和相关总结。

《PMBOK 指南》(第 8 版) 公开征求意见稿的框架

本书提交东南大学出版社后不久,PMI 上线了《PMBOK 指南》(第 8 版)公开征求意见稿(以下简称"《PMBOK 指南》(第 8 版)"),从 2024 年 12 月 20 日开始为期一个月的征求意见。在出版社编辑本书的过程中,笔者以附录的形式增加了对《PMBOK 指南》(第 8 版)的分析。值得注意的是,第 8 版的正式版可能会与征求意见稿有出入。

1 概要

沿用了第 7 版的整体架构,《PMBOK 指南》(第 8 版)包括指南和标准两个部分。其中,指南部分包括引论、项目管理绩效域、裁剪、输入与输出、工具与技术、附录。标准部分包括引论、价值交付系统、项目生命周期、项目管理原则。

《PMBOK 指南》(第 8 版)与第 7 版主要有三方面的变化(如表 A-1):

① 融合了《PMBOK 指南》(第 6 版)的部分内容,如过程组(指南部分绩效域)、输入与输出、工具与技术。

② 优化了项目管理原则和项目管理绩效域。从原来的 12 个项目管理原则和 8 个绩效域,分别修改为 6 个原则和 7 个域,此外,名称上也有变化。

③ 标准部分增加了项目生命周期。项目生命周期与第 7 版指南部分的开发方法和生命周期相接近。

表 A-1　《PMBOK 指南》第 6、7、8 版结构比较

组成	第 6 版	第 7 版	第 8 版
指南	1) 引论; 2) 项目环境; 3) 项目经理的角色; 4) 知识领域:整合、范围、进度、成本、质量、资源、沟通、风险、采购、干系人	1) 引论; 2) 项目绩效域:干系人、项目工作、团队、交付、开发方法和生命周期、测量、规划、不确定性; 3) 裁剪; 4) 模型、方法和工件; 5) 附录、术语表、索引	1) 引论; 2) 项目管理绩效域:治理、范围、进度、资金、干系人、资源、风险; 3) 裁剪; 4) 输入与输出; 5) 工具与技术; 6) 附录

组成	第6版	第7版	第8版
标准	1）引论； 2）过程组：启动、规划、执行、监控、收尾	1）引论； 2）价值交付系统； 3）项目管理原则：管家精神、裁剪、团队、质量、干系人、复杂性、价值、风险、系统思考、适应性和韧性、领导力、变革	1）引论； 2）价值交付系统； 3）项目生命周期； 4）项目管理原则：采用整体视角、关注价值、在过程和交付物中植入质量、作为一个担责的领导、在所有的项目领域中集成可持续、建立一个授权赋能的文化

2 指南部分

第8版的指南部分包括引论、项目管理绩效域、裁剪、输入与输出、工具与技术、附录。附录除开发者和评审人附录外，还包括项目管理办公室、人工智能、采购。第7版的指南部分包括赞助人、项目管理办公室、产品、项目管理标准的研发、词汇表。

1. 项目管理绩效域

《PMBOK指南》（第8版）包括治理、范围、进度、资金、干系人、资源、风险7个绩效域。每个绩效域包括关键概念、流程、裁剪的考虑、与其他域之间的关联、审核结果五个部分。其中，流程部分融合了《PMBOK指南》（第6版）的过程组，如表A-2所示。每个流程都是通过ITTO的方式来进行呈现，如治理的发起阶段涉及授权项目发起，其中包括输入、工具与技术、输出等。

表 A-2 绩效域与过程组的关联

绩效域	发起	规划	执行	监控	关闭
治理	授权项目发起	集成和一致性的项目计划	指导和管理项目执行； 管理项目知识	监督和控制项目绩效； 管理项目变更	关闭项目或项目阶段
范围		计划范围管理； 收集需求； 创建工作分解结构； 定义范围	验证范围	管理和控制范围	
进度		设计进度； 开发进度		维持进度	
资金 （Finance）		计划资金管理； 制定"做或买"决策； 估算成本； 确定预算		控制资金	

绩效域	发起	规划	执行	监控	关闭
干系人	识别干系人	计划干系人的融合；计划沟通管理	管理赞助人的融合；管理干系人的融合；管理沟通	监控干系人的融合；监控沟通	
资源		计划资源管理；估算活动资源	获取资源；领导团队	控制资源	
风险		计划风险管理；识别风险；执行风险分析；计划风险应对	执行风险应对	监控风险	

相较于第 6 版的 10 个知识领域，增加了治理，但没有包含整合管理、质量管理、沟通管理、采购管理。此外用词有变化的是成本管理，改成资金。相较于第 7 版的 8 个绩效域，第 8 版的 7 个绩效域发生了很大变化，唯一接近的是干系人绩效域，其他的 7 个绩效域（项目工作、团队、交付、开发方法和生命周期、测量、规划、不确定性）均未保留。总体上，第 8 版的绩效域和第 6 版的知识领域更为接近。

2. 裁剪

裁剪包括总览、为什么裁剪、裁剪什么、裁剪过程四个部分。裁剪对象包括生命周期和开发方法选择、流程、融合三部分。

3. ITTO

指南部分新增加了输入与输出、工具和技术，分别对应 ITTO 的两部分。所有的输入和输出是依据字母进行排序，并没有采用结构化的方式进行陈述。ITTO 沿用了第 6 版的结构组织。其中，I 是指输入（input）；TT 指工具与技术（tool & technology）；O 是输出（output）。例如，项目成本管理包括规划成本管理、估算成本、制定预算、控制成本四个小节。每个小节包括输入、工具与技术、输出三个部分。不同知识领域所涉及的工具与技术呈现在《PMBOK 指南》附录 X6，共包括 132 种工具与技术，分为数据收集技术、数据分析技术、数据表现技术、决策技术、沟通技巧、人际关系与团队技能，及其他等类别。

3 标准部分

标准部分共包括引论、价值交付系统、项目生命周期、项目管理原则四章。其中，引论部分包括项目管理标准的目的、关键术语和概念、项目管理的基础要素。在该部分，提供了一个新的项目定义，即"在一个独特的情境中实施一项临时性活动来创造价值"。基本要素介绍了四个内容，分别是项目特征；在项目启动中关联组织治理与项目治理；运营与项目管理；项目组合、项目群、项目和运营管理的关系。项目包括临时、独特的情境、通过变革管理创造价值三个关键特征。

1. 价值交付系统

价值交付系统包括创造价值、项目相关的职能、项目环境、产品管理的考虑、项目管理的角色。其中,项目相关的七个职能分别是提供监督与协调、反馈、促进与支持、执行工作、利用专业技能、提供商业指导和洞察、提供资源。项目环境包括七个方面,分别是企业环境因素、组织内企业环境因素、组织过程资产、计划、流程和文档、组织知识存储、组织结构。项目管理的角色包括项目管理团队,赞助人、客户和产品所有者,项目团队和用户四个部分。

2. 项目生命周期

项目生命周期章节包括项目阶段、开发方法、开发方法选择的考虑、交付节奏、项目管理过程组五个部分。

项目生命周期确定的过程包括:①选择开发方法或混合方法;②确定流程类型和活动;③调整活动、阶段、流程的特征,如名称、持续时间。

开发方法是用于创造和演进在项目生命周期中产品、服务或结果的途径,包括预测、适应、混合三类。其中,混合包括四个类型:①先敏捷,再预测;②敏捷与预测同时进行;③预测中有部分是敏捷;④敏捷中有部分是预测。开发方法的选择需要考虑交付物、项目、组织三类关键性因素。

基于选择的开发方法,项目可采用的交付节奏包括:①单次交付;②多次交付,如按阶段多次交付;③周期性交付,按照固定的周期交付;④持续交付。

项目管理过程组包括发起过程组、规划过程组、执行过程组、监控过程组、收尾过程组。

3. 项目管理原则

该部分首先介绍了项目管理心智与绩效域。其中,项目管理心智包括三个维度,分别是积极主动(Proactive)维度、主人翁(Ownership)维度、价值驱动维度。绩效域是促进对项目管理原则的应用和确保心智得以有效实施。每个项目管理原则从项目影响、行动中的原则、关联的绩效域三个方面进行阐述。其中,项目影响主要是描述采用对应项目管理原则对项目所带来的有益的效果。行动中的原则主要是通过举例的方式说明如何在实践中使用项目管理原则。关联的绩效域主要是说明项目管理原则如何影响项目管理绩效域。

项目管理原则分别是采用整体视角、关注价值、在过程和交付物中植入质量、作为一个担责的领导、在所有的项目领域中集成可持续、建立一个授权赋能的文化。

参 考 文 献

安德鲁·戴维斯,2023.项目管理[M].胡毅,译.南京:译林出版社.

成虎,2011.工程全寿命期管理[M].北京:中国建筑工业出版社.

成虎,许叶林,李俊娜,2008.对目前我国项目管理几个问题的思考[J].项目管理技术,6(3):54-57.

成虎,宁延,等,2018.工程管理导论[M].北京:机械工业出版社.

成虎,李洁,佘健俊,等,2024.工程项目管理[M].5版.北京:中国建筑工业出版社.

何清华,陈发标,2001.建设项目全寿命周期集成化管理模式的研究[J].重庆建筑大学学报,23(4):75-80.

姜涌,庄惟敏,苗志坚,等,2020.建设工程招标投标方法研究兼论建筑师在招标投标中的作用[J].中国勘
    察设计(2):64-69.

华罗庚,2020.优选法与统筹法平话[M].北京:北京出版社.

赖苑苑,高尚,周晶,等,2023.数字化背景下企业项目管理运营化的实现机制:基于华为的案例研究[J].管
    理学报,20(11):1579-1589.

李开孟,徐成彬,2023.投资项目可行性研究迈入高质量论证新阶段[N/OL].中国经济导报,2023-05-16
    (7).[2024-03-27].https://www.ceh.com.cn/cjpd/2023/05/1588092.shtml.

李开孟,2022.投资项目可行性研究的关键作用和实施保障[EB/OL].(2022-05-18)[2024-03-27].
    https://rc.ciecc.com.cn/art/2022/5/18/art_4281_80054.html.

李迁,朱永灵,刘慧敏,等,2019.港珠澳大桥决策治理体系:原理与实务[J].管理世界,35(4):52-60.

乐云,李永奎,胡毅,等,2019."政府—市场"二元作用下我国重大工程组织模式及基本演进规律[J].管理
    世界,35(4):17-27.

乐云,崇丹,蒋卫平,2010.大型复杂群体项目分解结构(PBS)概念与方法研究[J].项目管理技术,8(2),
    39-43.

盛昭瀚,薛小龙,安实,2019.构建中国特色重大工程管理理论体系与话语体系[J].管理世界,35(4):2-16.

盛昭瀚,2020.重大工程管理基础理论:源于中国重大工程管理实践的理论思考[M].南京:南京大学出
    版社.

钱学森,许国志,王寿云.组织管理的技术:系统工程[N].文汇报,1978-09-07.

吴启迪,2017.中国工程师史[M].上海:同济大学出版社.

王歌,覃柳淼,曾赛星,等,2024.新型举国体制下重大工程创新生态系统的资源配置模式:来自港珠澳大桥
    技术创新的证据[J].管理世界,40(5):192-216.

王卓甫,丁继勇,曾新华,等,2023.重大水电工程项目治理40年:演进与展望[J].管理世界,39(2):
    224-244.

薛小龙,张鸣功,王亮,等,2023.重大工程由建设转向运维的过渡机制:港珠澳大桥的实践创新[J].管理世

界,39(7)：158-180.

欧立雄,2019. IPMA ICB4.0 的六大变化[J]. 项目管理评论(3)：36-37.

曾赛星,陈宏权,金治州,等,2019. 重大工程创新生态系统演化及创新力提升[J]. 管理世界,35(4)：28-38.

张水波,匡伟,2021. FIDIC 2017 版施工合同条件中工程师角色职能分析[J]. 天津大学学报(社会科学版)，23(6)：481-487.

周三多,贾良定,2024. 管理学：原理与方法(第八版)习题与案例指南[M]. 上海：复旦大学出版社.

AGUILAR VELASCO M M, WALD A, 2022. The dark side of projectification：a systematic literature review and research agenda on the negative aspects of project work and their consequences for individual project workers[J]. International Journal of Managing Projects in Business, 15(2)：272-298.

ÅHLSTRÖM P, DANESE P, HINES P, et al., 2021. Is lean a theory? Viewpoints and outlook[J]. International Journal of Operations & Production Management, 41(12)：1852-1878.

AHOLA T, RUUSKA I, ARTTO K, ET al, 2014. What is project governance and what are its origins? [J]. International Journal of Project Management, 32(8)：1321-1332.

AHOLA T, 2018. So alike yet so different：a typology of interorganisational projects[J]. International Journal of Project Management, 36(8)：1007-1018.

AMABILE T M, HADLEY C N, KRAMER S J, 2002. Creativity under the gun[J]. Harvard Business Review, 80(8)：52-61, 147.

ANDERSEN E S, 2008. Rethinking project management：an organizational perspective[M]. Essex, England：FT Prentice Hall.

ANSAR A, FLYVBJERG B, BUDZIER A, et al., 2016. Does infrastructure investment lead to economic growth or economic fragility? Evidence from China[J]. Oxford Review of Economic Policy, 32(3)：360-390.

AOKI K, WILHELM M, 2017. The role of ambidexterity in managing buyer-supplier relationships：the Toyota case[J]. Organization Science, 28(6)：1080-1097.

ASHFORTH B E, ROGERS K M, PRATT M G, et al., 2014. Ambivalence in organizations：a multilevel approach[J]. Organization Science, 25(5)：1453-1478.

AYAT M, MALIKAH, ULLAH A, et al., 2022. An analysis of research published in the International journal of managing projects in business from 2008 to 2019[J]. International Journal of Managing Projects in Business, 15(3)：522-547.

BACCARINI D, 1999. The logical framework method for defining project success[J]. Project Management Journal, 30(4)：25-32.

BAKHSHI J, IRELAND V, GOROD A, 2016. Clarifying the project complexity construct：past, present and future[J]. International Journal of Project Management, 34(7)：1199-1213.

BAKKER R M, 2010. Taking stock of temporary organizational forms：a systematic review and research agenda[J]. International Journal of Management Reviews, 12(4)：466-486.

BAKKER R M, BOROŞ S, KENIS P, et al., 2013. It's only temporary：time frame and the dynamics of creative project teams[J]. British Journal of Management, 24(3)：383-397.

BAKKER R M, DEFILLIPPI R J, SCHWAB A, et al., 2016. Temporary organizing：promises, processes, problems[J]. Organization Studies, 37(12): 1703-1719.

BECHKY B A, 2006. Gaffers, gofers, and grips: role-based coordination in temporary organizations[J]. Organization Science, 17(1): 3-21.

BECHKY B A, OKHUYSEN G A, 2011. Expecting the unexpected? how SWAT officers and film crews handle surprises[J]. Academy of Management Journal, 54(2): 239-261.

BECK T E, PLOWMAN D A, 2014. Temporary, emergent interorganizational collaboration in unexpected circumstances: a study of the Columbia Space shuttle response effort[J]. Organization Science, 25(4): 1234-1252.

BESNER C, HOBBS B, 2008. Project management practice, generic or contextual: a reality check[J]. Project Management Journal, 39(1): 16-33.

BETTIS R A, GAMBARDELLA A, HELFAT C, et al., 2014. Theory in strategic management[J]. Strategic Management Journal, 35(10): 1411-1413.

BLOMQUIST T, HÄLLGREN M, NILSSON A, et al., 2010. Project-as-practice: in search of project management research that matters[J]. Project Management Journal, 41(1): 5-16.

BORDAT C, MCCULLOUCH B G, LABI S, SINHA K C, 2004. An analysis of cost overruns and time delays of INDOT projects[R]. Washington, D. C. : Transportation Research Board.

BOSCH-REKVELDT M, JONGKIND Y, MOOI H, et al., 2011. Grasping project complexity in large engineering projects: The TOE (Technical, Organizational and Environmental) framework [J]. International Journal of Project Management, 29(6): 728-739.

BRADY T, DAVIES A, 2004. Building project capabilities: from exploratory to exploitative learning[J]. Organization Studies, 25(9): 1601-1621.

BROWNING T, RAMASESH R, 2015. Reducing unwelcome surprises in project management[J]. MIT Sloan Management Review, 56(3): 53-62.

BSI, 2024. What is a standard[EB/OL]. (2024-08-06)[2024-11-29]. https://www. bsigroup. com/zh-CN/standards/Information-about-standards/what-is-a-standard/.

BURKE C M, MORLEY M J, 2016. On temporary organizations: a review, synthesis and research agenda [J]. Human Relations, 69(6): 1235-1258.

CAMPBELL D J, 1988. Task complexity: a review and analysis [J]. The Academy of Management Review, 13(1): 40.

CANTARELLI C C, FLYVBJERG B, BUHL S L, 2012. Geographical variation in project cost performance: the Netherlands versus worldwide[J]. Journal of Transport Geography, 24: 324-331.

CHANDLER A D, 1990. Scale and scope: the dynamics of industrial capitalism[M]. Cambridge, MA: Belknap Press of Harvard University Press.

CHOO A S, 2014. Defining problems fast and slow: the U-shaped effect of problem definition time on project duration[J]. Production and Operations Management, 23(8): 1462-1479.

CIRIC LALIC D, LALIC B, DELIĆ M L, et al., 2022. How project management approach impact project success? From traditional to agile[J]. International Journal of Managing Projects in Business, 15(3): 494-521.

CICMIL S, WILLIAMS T, THOMAS J, et al. , 2006. Rethinking project management: researching the actuality of projects[J]. International Journal of Project Management, 24(8): 675-686.

CLEGG S R, DA CUNHA J V, CUNHA M P E, 2002. Management paradoxes: a relational view[J]. Human Relations, 55(5): 483-503.

COOKE-DAVIES T J, CRAWFORD L H, LECHLER T G, 2009. Project management systems: Moving project management from an operational to a strategic discipline[J]. Project Management Journal, 40 (1): 110-123.

COVA B, GHAURI P N, SALLE R, 2002. Project marketing: beyond competitive bidding [M]. Chichester: Wiley.

COVA B, SALLE R, 2005. Six key points to merge project marketing into project management[J]. International Journal of Project Management, 23(5): 354-359.

CRAWFORD L, POLLACK J, ENGLAND D, 2006. Uncovering the trends in project management: journal emphases over the last 10 years[J]. International Journal of Project Management, 24 (2): 175-184.

CRAWFORD L, POLLACK J, 2004. Hard and soft projects: a framework for analysis[J]. International Journal of Project Management, 22(8): 645-653.

DANIEL D R, 1961. Management information crisis[J]. Harvard Business Review, 39(5): 111-121.

DAVIES A, BRADY T, 2000. Organisational capabilities and learning in complex product systems: towards repeatable solutions[J]. Research Policy, 29(7/8): 931-953.

DAVIES A, DODGSON M, GANN D, et al. , 2017, Five rules for managing large, complex projects[J]. MIT Sloan Management Review, 59(1): 73-78.

DAVIES A, BRADY T, 2000. Organisational capabilities and learning in complex product systems: towards repeatable solutions[J]. Research Policy, 29(7/8): 931-953.

DAVIES A, GANN D, DOUGLAS T, 2009. Innovation in megaprojects: systems integration at London heathrow terminal 5[J]. California Management Review, 51(2): 101-125.

DAVIES A, MACAULAY S, DEBARRO T, et al. , 2014. Making innovation happen in a megaproject: London's crossrail suburban railway system[J]. Project Management Journal, 45(6): 25-37.

DAVIES A, MACKENZIE I, 2014. Project complexity and systems integration: constructing the London 2012 olympics and Paralympics games [J]. International Journal of Project Management, 32 (5): 773-790.

DAVIES A, LENFLE S, LOCH C H, et al. , 2023. Introduction: building bridges between innovation and project management research [M]//Handbook on innovation and project management. Cheltenham: Edward Elgar Publishing: 1-34.

DEFILLIPPI R J, ARTHUR M B, 1998. Paradox in project-based enterprise: the case of film making[J]. California Management Review, 40(2): 125-139.

DEFILLIPPI R, SYDOW J, 2016. Project networks: governance choices and paradoxical tensions[J]. Project Management Journal, 47(5): 6-17.

DENICOL J, DAVIES A, KRYSTALLIS I, 2020. What are the causes and cures of poor megaproject performance? A systematic literature review and research agenda[J]. Project Management Journal, 51(3): 328-345.

DVIR D, LIPOVETSKY S, SHENHAR A, et al. , 1998. In search of project classification: a non-universal approach to project success factors[J]. Research Policy, 27(9): 915-935.

DUBOIS A, GADDE L E, 2000. Supply strategy and network effects: purchasing behaviour in the construction industry[J]. European Journal of Purchasing & Supply Management, 6(3/4): 207-215.

EBERS M, MAURER I, 2016. To continue or not to continue? drivers of recurrent partnering in temporary organizations[J]. Organization Studies, 37(12): 1861-1895.

EBERS M, OERLEMANS L, 2016. The variety of governance structures beyond market and hierarchy [J]. Journal of Management, 42(6): 1491-1529.

ELFENBEIN D W, ZENGER T R, 2014. What is a relationship worth? repeated exchange and the development and deployment of relational capital[J]. Organization Science, 25(1): 222-244.

ELIA G, MARGHERITA A, SECUNDO G, 2021. Project management canvas: a systems thinking framework to address project complexity[J]. International Journal of Managing Projects in Business, 14 (4): 809-835.

ECCLES R G, 1981. The quasifirm in the construction industry[J]. Journal of Economic Behavior & Organization, 2(4): 335-357.

ENGWALL M, 2003. No project is an island: linking projects to history and context[J]. Research Policy, 32(5): 789-808.

EUROPEAN COMMISSION, 2024. PM^2 Project Management[EB/OL]. [2024-07-29]. https://pm2. europa. eu/pm2-methodologies/pm2-project-management_en.

FLYVBJERG B, 2006. Five misunderstandings about case-study research[J]. Qualitative Inquiry, 12(2): 219-245.

FLYVBJERG B, 2014. What you should know about megaprojects and why: an overview[J]. Project Management Journal, 45(2): 6-19.

FLYVBJERG B, 2016. The fallacy of beneficial ignorance: a test of Hirschman's hiding hand[J]. World Development, 84: 176-189.

FLYVBJERG B, 2021. Top ten behavioral biases in project management: an overview[J]. Project Management Journal, 52(6): 531-546.

FLYVBJERG B, ANSAR A, BUDZIER A, et al. , 2018. Five things you should know about cost overrun [J]. Transportation Research Part A: Policy and Practice, 118: 174-190.

FLYVBJERG B, BUDZIER A, LEE J S, et al. , 2022. The empirical reality of IT project cost overruns: discovering A power-law distribution [J]. Journal of Management Information Systems, 39 (3): 607-639.

FLYVBJERG B, GARBUIO M, LOVALLO D, 2009. Delusion and deception in large infrastructure projects: two models for explaining and preventing executive disaster [J]. California Management Review, 51(2): 170-194.

FLYVBJERG B, HOLM M S, BUHL S, 2002. Underestimating costs in public works projects: error or lie? [J]. Journal of the American Planning Association, 68(3): 279-295.

DE VASCONCELOS GOMES L A, DE PAULA R A S R, FACIN A L F, et al. , 2022. Design principles of hybrid approaches in new product development: a systematic literature review[J]. R&D Management, 52(1): 79-92.

FLYVBJERG B, SKAMRIS HOLM M K, BUHL S L, 2005. How (In)accurate are demand forecasts in public works projects?: the case of transportation[J]. Journal of the American Planning Association, 71 (2): 131-146.

FLYVBJERG B, SUNSTEIN C R, 2016. The principle of the malevolent hiding hand: or, the planning fallacy writ large[J]. Social Research: An International Quarterly, 83(4): 979-1004.

GERALDI J, PEMSEL S, JACOBSSON M, 2022. In search of the soul of temporary organizations: Taking stock and moving forward from 30 years of 'Temporary Organization' Research[J]. Scandinavian Journal of Management, 38(2): 101184.

GERALDI J, SÖDERLUND J, 2016. Project studies and engaged scholarship[J]. International Journal of Managing Projects in Business, 9(4): 767-797.

GERALDI J, LECHTER T, 2012. Gantt charts revisited[J]. International Journal of Managing Projects in Business, 5(4): 578-594.

GERALDI J, MAYLOR H, WILLIAMS T, 2011. Now, let's make it really complex (complicated)[J]. International Journal of Operations & Production Management, 31(9): 966-990.

GHAZIMATIN E, MOOI E A, HEIDE J B, 2021. Mobilizing the temporary organization: the governance roles of selection and pricing[J]. Journal of Marketing, 85(4): 85-104.

GILLIER T, LENFLE S, 2019. Experimenting in the unknown: lessons from the Manhattan Project[J]. European Management Review, 16(2): 449-469.

GOODMAN R A, GOODMAN L P, 1976. Some management issues in temporary systems: a study of professional development and manpower — the theater case[J]. Administrative Science Quarterly, 21 (3): 494.

GRABHER G, 2002. Cool projects, boring institutions: temporary collaboration in social context[J]. Regional Studies, 36(3): 205-214.

GRABHER G, 2004. Temporary architectures of learning: knowledge governance in project ecologies[J]. Organization Studies, 25(9): 1491-1514.

GULATI R, SYTCH M, 2008. Does familiarity breed trust? Revisiting the antecedents of trust[J]. Managerial and Decision Economics, 29(2/3): 165-190.

GAREL G, 2013. A history of project management models: From pre-models to the standard models[J]. International Journal of Project Management, 31(5): 663-669.

GIL N, FU Y C, 2022. Megaproject performance, value creation, and value distribution: an organizational governance perspective[J]. Academy of Management Discoveries, 8(2): 224-251.

KARRBOM GUSTAVSSON T, HALLIN A, 2014. Rethinking dichotomization: a critical perspective on the use of "hard" and "soft" in project management research[J]. International Journal of Project Management, 32(4): 568-577.

HÄLLGREN M, NILSSON A, BLOMQUIST T, et al. , 2012. Relevance lost! A critical review of project management standardisation[J]. International Journal of Managing Projects in Business, 5(3): 457-485.

HADIDA A L, HEIDE J B, BELL S J, 2019. The temporary marketing organization[J]. Journal of Marketing, 83(2): 1-18.

HARRISON J W, LEWIS M A, ROEHRICH J K, et al. , 2024. Scale in project management: a review and research agenda[J]. Project Management Journal, 55(6): 708-722.

HARVEY J, AUBRY M, 2018. Project and processes: a convenient but simplistic dichotomy[J]. International Journal of Operations & Production Management, 38(6): 1289-1311.

HIRSCHMAN A O, 1967. Development projects observed[M]. Washington, D. C. : The Brookings Institution Press.

HINZE J, SELSTEAD G, MAHONEY J P, 1992. Cost overruns on State of Washington construction contracts[J]. Transportation Research Record, 1351: 87-93.

HOLLNAGEL E, 2011. Prologue: The scope of resilience engineering[C]// HOLLNAGEL E, PARIÈS J, WOODS D D, et al. . Resilience engineering in practice: a guidebook (Resilience Engineering Perspectives Vol 3). Farnham, UK: Ashgate Publishing Company, xxix-xxxix.

HOLLOWAY S S, PARMIGIANI A, 2016. Friends and profits don't mix: the performance implications of repeated partnerships[J]. Academy of Management Journal, 59(2): 460-478.

IKA L A, 2018. Beneficial or detrimental ignorance: the straw man fallacy of Flyvbjerg's test of Hirschman's hiding hand[J]. World Development, 103: 369-382.

IKA L A, LOVE P E D, PINTO J K, 2020. Moving beyond the planning fallacy: the emergence of a new principle of project behavior[J]. IEEE Transactions on Engineering Management, 69(6): 3310-3325.

IIVARI J, 2021. A paradox lens to systems development projects: the case of the agile software development[J]. Communications of the Association for Information Systems, 49(1): 1-37.

IMANI T, 2017. Does a hybrid approach of agile and plan-driven methods work better for IT system development projects? [J]. International Journal of Engineering Research and Applications, 7(3): 39-46.

INTERNATIONAL TECHNOLOGY EDUCATION ASSOCIATION, 2007. Standards for Technological Literacy: Content for the Study of Technology[M]. 3rd ed. Reston VA: International Technology Education Association.

IPMA, 2021. History of IPMA[EB/OL]. (2021-08-06) [2024-03-27]. https://ipma. world/ipma-governance/history-of-ipma/.

JACOBSSON M, BURSTRÖM T, WILSON T L, 2013. The role of transition in temporary organizations: linking the temporary to the permanent[J]. International Journal of Managing Projects in Business, 6(3): 576-586.

JACOBSSON M, JAŁOCHA B, 2021. Four images of projectification: an integrative review [J]. International Journal of Managing Projects in Business, 14(7): 1583-1604.

JACOBSSON M, LUNDIN R A, SÖDERHOLM A, 2016. Towards a multi-perspective research program on projects and temporary organizations: analyzing the Scandinavian turn and the rethinking effort[J]. International Journal of Managing Projects in Business, 9(4): 752-766.

JONES C, LICHTENSTEIN B B, 2009. Temporary inter-organizational projects: how temporal and social embeddedness enhance coordination and manage uncertainty[M]//The Oxford Handbook of Inter-Organizational Relations. Oxford: Oxford University Press: 231-255.

JUGDEV K, THOMAS J, DELISLE C L, 2001. Rethinking project management: old truths and new insights[J]. International Project Management Journal, 7(1): 36-43.

KELLOGG K C, ORLIKOWSKI W J, Yates J, 2006. Life in the trading zone: structuring coordination across boundaries in postbureaucratic organizations[J]. Organization Science, 17(1): 22 44.

KLOPPENBORG T J, OPFER W A, 2002. The current state of project management research: trends, interpretations, and predictions[J]. Project Management Journal, 33(2): 5-18.

KOLLTVEIT B J, KARLSEN J T, GRØNHAUG K, 2007. Perspectives on project management[J]. International Journal of Project Management, 25(1): 3-9.

KREINER K, 2020. Conflicting notions of a project: the battle between Albert O. Hirschman and Bent Flyvbjerg[J]. Project Management Journal, 51(4): 400-410.

KUJALA J, AALTONEN K, GOTCHEVA N, et al., 2021. Dimensions of governance in interorganizational project networks[J]. International Journal of Managing Projects in Business, 14(3): 625-651.

KWAK Y H, ANBARI F T, 2009. Analyzing project management research: perspectives from top management journals[J]. International Journal of Project Management, 27(5): 435-446.

LAZZARINI S G, MILLER G J, ZENGER T R, 2008. Dealing with the paradox of embeddedness: the role of contracts and trust in facilitating movement out of committed relationships[J]. Organization Science, 19(5): 709-728.

LECOEUVRE-SOUDAIN L, DESHAYES P, 2006. From marketing to project management[J]. Project Management Journal, 37(5): 103-112.

LENFLE S, LOCH C, 2010. Lost roots: how project management came to emphasize control over flexibility and novelty[J]. California Management Review, 53(1): 32-55.

LENFLE S, MIDLER C, HÄLLGREN M, 2019. Exploratory projects: from strangeness to theory[J]. Project Management Journal, 50(5): 519-523.

LEPENIES P H, 2018. Statistical tests as a hindrance to understanding[J]. World Development, 103: 360-365.

LEVIN D Z, WALTER J, MURNIGHAN J K, 2011. Dormant ties: the value of reconnecting[J]. Organization Science, 22(4): 923-939.

LIGTHART R, OERLEMANS L, NOORDERHAVEN N, 2016. In the shadows of time: a case study of flexibility behaviors in an interorganizational project[J]. Organization Studies, 37(12): 1721-1743.

LIU P, LI Z Z, 2012. Task complexity: a review and conceptualization framework[J]. International Journal of Industrial Ergonomics, 42(6): 553-568.

LOCATELLI G, IKA L, DROUIN N, et al., 2023. A manifesto for project management research[J].

European Management Review, 20(1): 3-17.

LOCATELLI G, KONSTANTINOU E, GERALDI J, et al., 2022. The dark side of projects: dimensionality, research methods, and agenda[J]. Project Management Journal, 53(4): 367-381.

LOCATELLI G, ZERJAV V, KLEIN G, 2020. Project transitions: navigating across strategy, delivery, use, and decommissioning[J]. Project Management Journal, 51(5): 467-473.

LOCH C, JIANG M T, SI H J, 2025. A typology of project types and processes offering flexibility for the project manager[J]. Project Management Journal, 56(3): 310-324.

LOCH C, SOMMER S, 2019. The tension between flexible goals and managerial control in exploratory projects[J]. Project Management Journal, 50(5): 524-537.

LOVE P E D, AHIAGA-DAGBUI D D, 2018. Debunking fake news in a post-truth era: the plausible untruths of cost underestimation in transport infrastructure projects[J]. Transportation Research Part A: Policy and Practice, 113: 357-368.

LOVE P E, SMITH J, SIMPSON I, et al., 2015. Understanding the landscape of overruns in transport infrastructure projects[J]. Environment and Planning B: Planning and Design, 42(3): 490-509.

LOVE P E D, SING M C P, IKA L A, et al., 2019. The cost performance of transportation projects: The fallacy of the Planning Fallacy account[J]. Transportation Research Part A: Policy and Practice, 122: 1-20.

LOVE P E D, IKA L A, AHIAGA-DAGBUI D D, 2019. On de-bunking 'fake news' in a post truth era: Why does the Planning Fallacy explanation for cost overruns fall short? [J]. Transportation Research Part A: Policy and Practice, 126: 397-408.

LUNDIN R A, 1995. Editorial: Temporary organizations and project management[J]. Scandinavian Journal of Management, 11(4): 315-318.

LUNDIN R A, SÖDERHOLM A, 1995. A theory of the temporary organization[J]. Scandinavian Journal of Management, 11(4): 437-455.

LUNDIN R A, SÖDERHOLM A, 2013. Temporary organizations and end states[J]. International Journal of Managing Projects in Business, 6(3): 587-594.

MANNING S, 2017. The rise of project network organizations: Building core teams and flexible partner pools for interorganizational projects[J]. Research Policy, 46(8): 1399-1415.

MAYLOR H, BRADY T, COOKE-DAVIES T, et al., 2006. From projectification to programmification [J]. International Journal of Project Management, 24(8): 663-674.

MAYLOR H, MEREDITH J R, SÖDERLUND J, et al., 2018. Old theories, new contexts: extending operations management theories to projects [J]. International Journal of Operations & Production Management, 38(6): 1274-1288.

MAYLOR H, GERALDI J, BUDZIER A, et al., 2023. Mind the gap: Towards performance measurement beyond a plan-execute logic [J]. International Journal of Project Management, 41 (4): 102467.

MAYLOR H, VIDGEN R, CARVER S, 2008. Managerial complexity in project-based operations: a grounded model and its implications for practice[J]. Project Management Journal, 39(S1): S15-S26.

MAYLOR H R, TURNER N W, MURRAY-WEBSTER R, 2013. How hard can it be?: actively managing complexity in technology projects[J]. Research-Technology Management, 56(4): 45-51.

MAYLOR H, TURNER N, 2017. Understand, reduce, respond: project complexity management theory and practice[J]. International Journal of Operations & Production Management, 37(8): 1076-1093.

MAYLOR H, TURKULAINEN V, 2019. The concept of organisational projectification: past, present and beyond? [J]. International Journal of Managing Projects in Business, 12(3): 565-577.

MAYLOR H, TURNER N, MURRAY-WEBSTER R, 2015. "It worked for manufacturing …!": operations strategy in project-based operations[J]. International Journal of Project Management, 33(1): 103-115.

MIDLER C, ALOCHET M, 2024. Understanding the Phoenix phenomenon: can a project be both a failure and a success? [J]. Project Management Journal, 55(2): 187-204.

MIDLER C, 1995. "Projectification" of the firm: the renault case [J]. Scandinavian Journal of Management, 11(4): 363-375.

MINTZBERG H, 2009. Managing [M]. [S. l.]: Read HowYouWant.

MIRZAEI M, MABIN V J, ZWIKAEL O, 2024. Customising Hybrid project management methodologies [J]. Production Planning & Control: 1-18.

MISHRA A, BROWNING T R, 2020. The innovation and project management department in the Journal of Operations Management[J]. Journal of Operations Management, 66(6): 616-621.

MORRIS P W G, 1994. The Management of Projects[M]. London: Thomas Telford Ltd.

MORRIS P W G, 2013. Reconstructing project management[M]. Chicester: John Wiley & Sons.

MORRIS P W G, GERALDI J, 2011. Managing the institutional context for projects [J]. Project Management Journal, 42(6): 20-32.

MORRIS P W G, HOUGH G, 1988. The anatomy of major projects[M]. New York: Wiley.

MORRIS P W G, 2014. Project management: a profession with a hole in its head or, why a change in the culture of academic support is needed for the profession[J]. Engineering Project Organization Journal, 4 (2/3): 147-151.

MÜLLER R, 2009. Project governance[M]. Farnham, UK: Gower.

MUSAWIR A U, ABD-KARIM S B, MOHD-DANURI M S, 2020. Project governance and its role in enabling organizational strategy implementation: a systematic literature review[J]. International Journal of Project Management, 38(1): 1-16.

NATIONAL ASSESSMENT GOVERNING BOARD, 2013. Technology and Engineering Literacy Framework for the 2014 National Assessment of Educational Progress[R]. Washington, DC: U. S. Department of Education.

NIETO-RODRIGUEZ A, 2021. Harvard Business Review Project management handbook: how to launch, lead, and sponsor successful projects[M]. Boston, Massachusetts: Harvard Business Review Press.

NING Y, 2017. Combining formal controls and trust to improve dwelling fit-out project performance: a configurational analysis[J]. International Journal of Project Management, 35(7): 1238-1252.

NING Y, FENG M J, FENG J, et al. , 2019. Understanding clients' experience of trust and distrust in dwelling fit-out projects [J]. Engineering, Construction and Architectural Management, 26 (3): 444-461.

NING Y, GAO S, 2021. A resilience framework to explorative quality management in innovative building projects[J]. Journal of Engineering and Technology Management, 62: 101654.

NING Y, ZWIKAEL O, 2022. Effective combinations of control strategies in inter-organizational projects [J]. IEEE Transactions on Engineering Management, 71: 3062-3075.

OKHUYSEN G A, BECHKY B A, 2009. Coordination in organizations: an integrative perspective[J]. Academy of Management Annals, 3(1): 463-502.

O'LEARY T, WILLIAMS T, 2013. Managing the social trajectory: a practice perspective on project management[J]. IEEE Transactions on Engineering Management, 60(3): 566-580.

PACKENDORFF J, 1995. Inquiring into the temporary organization: new directions for project management research[J]. Scandinavian Journal of Management, 11(4): 319-333.

PADALKAR M, GOPINATH S, 2016. Six decades of project management research: thematic trends and future opportunities[J]. International Journal of Project Management, 34(7): 1305-1321.

PINTO J K, 2022. Avoiding the inflection point: project management theory and research after 40 years [J]. International Journal of Project Management, 40(1): 4-8.

PINTO J K, DAVIS K, IKA L A, et al., 2022. Coming to terms with project success: current perspectives and future challenges[J]. International Journal of Project Management, 40(7): 831-834.

PINTO J K, WINCH G, 2016. The unsettling of "settled science": the past and future of the management of projects[J]. International Journal of Project Management, 34(2): 237-245.

PITSIS T S, CLEGG S R, MAROSSZEKY M, et al., 2003. Constructing the Olympic dream: a future perfect strategy of project management[J]. Organization Science, 14(5): 574-590.

PITSIS T S, SANKARAN S, GUDERGAN S, et al., 2014. Governing projects under complexity: theory and practice in project management [J]. International Journal of Project Management, 32 (8): 1285-1290.

POLLACK J, ADLER D, 2015. Emergent trends and passing fads in project management research: a scientometric analysis of changes in the field[J]. International Journal of Project Management, 33(1): 236-248.

POLLACK J, ANICHENKO E, 2022. The ten differences between programs and projects, and the problems they cause[J]. Engineering Management Journal, 34(2): 314-328.

POLLACK J, HELM J, ADLER D, 2018. What is the iron triangle, and how has it changed? [J]. International Journal of Managing Projects in Business, 11(2): 527-547.

POOLE M S, VAN DE VEN A H, 1989. Using paradox to build management and organization theories [J]. The Academy of Management Review, 14(4): 562.

PRENCIPE A, TELL F, 2001. Inter-project learning: processes and outcomes of knowledge codification in project-based firms[J]. Research Policy, 30(9): 1373-1394.

PRINCE2, 2024a. Prince2 methodology[EB/OL]. [2024-08-06]. https://www.prince2-online.co.uk/prince2-methodology.

PRINCE2, 2024b. The history of Prince2[EB/OL]. [2024-07-29]. https://www. prince2. com/uk/ blog/the-history-of-prince2.

PRYKE S D, 2004. Analysing construction project coalitions: exploring the application of social network analysis[J]. Construction Management and Economics, 22(8): 787-797.

RAMASESH R V, BROWNING T R, 2014. A conceptual framework for tackling knowable unknown unknowns in project management[J]. Journal of Operations Management, 32(4): 190-204.

REICH B H, LIU L, SAUER C, et al. , 2013. Developing better theory about project organizations[J]. International Journal of Project Management, 31(7): 938-942.

ROEHRICH J K, DAVIES A, TYLER B B, et al. , 2024. Large interorganizational projects (LIPs): toward an integrative perspective and research agenda on interorganizational governance[J]. Journal of Operations Management, 70(1): 4-21.

SAMSET K, VOLDEN G H, 2016. Front-end definition of projects: ten paradoxes and some reflections regarding project management and project governance[J]. International Journal of Project Management, 34(2): 297-313.

SANDERSON J, 2012. Risk, uncertainty and governance in megaprojects: a critical discussion of alternative explanations[J]. International Journal of Project Management, 30(4): 432-443.

SCARBROUGH H, BRESNEN M, EDELMAN L F, et al. , 2004. The processes of project-based learning [J]. Management Learning, 35(4): 491-506.

SCHOPER Y G, WALD A, THOR INGASON H, et al. , 2018. Projectification in Western economies: a comparative study of Germany, Norway and Iceland[J]. International Journal of Project Management, 36(1): 71-82.

SHA K X, 2016. Understanding construction project governance: an inter-organizational perspective[J]. International Journal of Architecture, Engineering and Construction, 5(2): 117-127.

SHENHAR A J, LEVY O, DVIR D, 1997. Mapping the dimensions of project success[J]. Project Management Journal, 28: 5-13.

SHENHAR A J, 1998. From theory to practice: toward a typology of project-management styles[J]. IEEE Transactions on Engineering Management, 45(1): 33-48.

SHENHAR A J, 2001. One size does not fit all projects: exploring classical contingency domains[J]. Management Science, 47(3): 394-414.

SHENHAR A J, DVIR D, 2007. Reinventing project management: the diamond approach to successful growth and innovation[M]. Boston: Harvard Business Review Press.

SHENHAR A J, HOLZMANN V, 2017. The three secrets of megaproject success: clear strategic vision, total alignment, and adapting to complexity[J]. Project Management Journal, 48(6): 29-46.

SHENHAR A J, DVIR D, 2007. Project management research: the challenge and opportunity[J]. Project Management Journal, 38(2): 93-99.

SIMON H A, 1996. The Sciences of the artificial[M]. Cambridge: MIT Press.

SKAATES M A, TIKKANEN H, 2003. International project marketing: an introduction to the INPM approach[J]. International Journal of Project Management, 21(7): 503-510.

SMITH W K, LEWIS M W, 2011. Toward a theory of paradox: a dynamic equilibrium model of organizing[J]. Academy of Management Review, 36(2): 381-403.

SODA G, USAI A, ZAHEER A, 2004. Network memory: the influence of past and current networks on performance[J]. Academy of Management Journal, 47(6): 893-906.

SONG J B, SONG L C, LIU H Y, et al., 2022. Rethinking project governance: incorporating contextual and practice-based views[J]. International Journal of Project Management, 40(4): 332-346.

SÖDERLUND J, 2004. On the broadening scope of the research on projects: a review and a model for analysis[J]. International Journal of Project Management, 22(8): 655-667.

SÖDERLUND J, 2011. Pluralism in project management: navigating the crossroads of specialization and fragmentation[J]. International Journal of Management Reviews, 13(2): 153-176.

SÖDERLUND J, 2023. Project-based organizations: an overview of an emerging field of research[M]// Research Handbook on Complex Project Organizing. Cheltenham: Edward Elgar Publishing: 172-182.

SÖDERLUND J, MAYLOR H, 2012. Project management scholarship: relevance, impact and five integrative challenges for business and management schools [J]. International Journal of Project Management, 30(6): 686-696.

STARKEY K, BARNATT C, TEMPEST S, 2000. Beyond networks and hierarchies: latent organizations in the U. K. television industry[J]. Organization Science, 11(3): 299-305.

SVEJVIG P, ANDERSEN P, 2015. Rethinking project management: a structured literature review with a critical look at the brave new world[J]. International Journal of Project Management, 33(2): 278-290.

SYDOW J, 2022. Studying the management of project networks: from structures to practices? [J]. Project Management Journal, 53(1): 3-7.

SYDOW J, BRAUN T, 2018. Projects as temporary organizations: an agenda for further theorizing the interorganizational dimension[J]. International Journal of Project Management, 36(1): 4-11.

SYDOW J, STABER U, 2002. The institutional embeddedness of project networks: the case of content production in German television[J]. Regional Studies, 36(3): 215-227.

SYDOW J, WINDELER A, 2020. Temporary organizing and permanent contexts[J]. Current Sociology, 68(4): 480-498.

TEKIC A, ZERJAV V, TEKIC Z, 2022. Evolution of project studies through the lens of engaged scholarship: a longitudinal bibliometric analysis[J]. International Journal of Project Management, 40 (5): 531-546.

TERRILL M, EMSLIE O, COATES B, 2016. Roads to riches: better transport investment[R]. Carlton, Victoria: Grattan Institute.

THIEL J, GRABHER G, 2024. Abolish, accept, apply: coping with ignorance in project ecologies[J]. Project Management Journal, 55(2): 139-150.

THIRY M, 2016. Managing Programmes of Projects[M]// TURNER R. Gower Handbook of Project Management. 5th ed. London: Routledge, 71-95.

THOMKE S H, 2003. Experimentation matters: unlocking the potential of new technologies for innovation [M]. Boston, MA: Harvard Business School Press.

THURGOOD G S, WALTERS L C, WILLIAMS G R, WRIGHT N D, 1990. Changing environmental for highway construction: the Utah experience with construction cost overruns[J]. Transportation Research Record, 1262: 121-130.

TURNER J R, 2006a. Towards a theory of project management: the nature of the project [J]. International Journal of Project Management, 24(1): 1-3.

TURNER J R, 2006b. Towards a theory of project management: the functions of project management[J]. International Journal of Project Management, 24(3): 187-189.

TURNER J R, 2006c. Towards a theory of project management: the nature of the functions of project management[J]. International Journal of Project Management, 24(4): 277-279.

TURNER J R, 2009. The handbook of project-based management[M]. New York: The McGraw-Hill Companies, Inc.

TURNER J R, 2018. The management of the project-based organization: a personal reflection [J]. International Journal of Project Management, 36(1): 231-240.

TURNER J R, ANBARI F, BREDILLET C, 2013. Perspectives on research in project management: the nine schools[J]. Global Business Perspectives, 1(1): 3-28.

TURNER J R, LECOEUVRE L, SANKARAN S, et al. , 2019. Marketing for the project: project marketing by the contractor [J]. International Journal of Managing Projects in Business, 12 (1): 211-227.

TURNER J R, LECOEUVRE L, 2017. Marketing by, for and of the project: project marketing by three types of organizations[J]. International Journal of Managing Projects in Business, 10(4): 841-855.

TURNER J R, KEEGAN A, 2001. Mechanisms of governance in the project-based organization: roles of the broker and steward[J]. European Management Journal, 19(3): 254-267.

TURNER J R, MÜLLER R, 2003. On the nature of the project as a temporary organization [J]. International Journal of Project Management, 21(1): 1-8.

TURNER R, PINTO J, BREDILLET C, 2011. The evolution of project management research: The evidence from the journals [M]// MORRIS P W G, PINTO J K, SÖDERLUND J. The Oxford Handbook of Project Management. Oxford: Oxford University Press.

TURNER N, AITKEN J, BOZARTH C, 2018. A framework for understanding managerial responses to supply chain complexity[J]. International Journal of Operations & Production Management, 38(6): 1433-1466.

UZZI B, 1997. Social structure and competition in interfirm networks: the paradox of embeddedness[J]. Administrative Science Quarterly, 42(1): 35.

VALENTINE M A, EDMONDSON A C, 2015. Team scaffolds: how mesolevel structures enable role-based coordination in temporary groups[J]. Organization Science, 26(2): 405-422.

VAN AKEN J E, 2004. Management research based on the paradigm of the design sciences: the quest for field-tested and grounded technological rules[J]. Journal of Management Studies, 41(2): 219-246.

WALLER M J, ZELLMER-BRUHN M E, GIAMBATISTA R C, 2002. Watching the clock: group pacing behavior under dynamic deadlines[J]. Academy of Management Journal, 45(5): 1046-1055.

WEAVER P, 2014. A brief history of scheduling: back to the future[J]. PM World Journal, 3(8): 1-27.

WILSON J M, 2003. Gantt charts: a centenary appreciation [J]. European Journal of Operational Research, 149(2): 430-437.

WINCH G M, 2014. Three domains of project organising [J]. International Journal of Project Management, 32(5): 721-731.

WINCH G M, CHA J, 2020. Owner challenges on major projects: the case of UK government[J]. International Journal of Project Management, 38(3): 177-187.

WINCH G, LEIRINGER R, 2016. Owner project capabilities for infrastructure development: a review and development of the "strong owner" concept[J]. International Journal of Project Management, 34(2): 271-281.

WINCH G M, BRUNET M, CAO D P, 2023. Introduction to the research handbook on complex project organizing[M]//Research Handbook on Complex Project Organizing. Cheltenham: Edward Elgar Publishing: 1-10.

WINTER M, SMITH C, MORRIS P, et al., 2006. Directions for future research in project management: The main findings of a UK government-funded research network[J]. International Journal of Project Management, 24(8): 638-649.

YAKURA E K, 2002. Charting time: timelines as temporal boundary objects [J]. Academy of Management Journal, 45(5): 956-970.

YIN R K, 2011. Applications of case study research[M]. Thousand Oaks, CA: SAGE Publications.

ZHANG D L, LINDERMAN K, SCHROEDER R G, 2012. The moderating role of contextual factors on quality management practices[J]. Journal of Operations Management, 30(1/2): 12-23.

ZHANG X Y, DENICOL J, CHAN P W, et al., 2024. Designing the transition to operations in large inter-organizational projects: strategy, structure, process, and people [J]. Journal of Operations Management, 70(1): 107-136.

ZWIKAEL O, MEREDITH J R, 2018. Who's who in the project zoo? The ten core project roles[J]. International Journal of Operations & Production Management, 38(2): 474-492.

ZWIKAEL O, SMYRK J, 2012. A general framework for gauging the performance of initiatives to enhance organizational value[J]. British Journal of Management, 23(S1): S6-S22.

ZWIKAEL O, MEREDITH J R, SMYRK J, 2019. The responsibilities of the project owner in benefits realization[J]. International Journal of Operations & Production Management, 39(4): 503-524.